BENJAMIN JAWORSKYJ

# Fotos nach Rezept

## Schritt für Schritt zum perfekten Foto

Vom Foto-Guru

Speziell für Anfänger



humboldt

# INHALT

# ÜBER BENJAMIN JAWORSKYJ

Benjamin Jaworskyj brachte sich das Fotografieren autodidaktisch bei. 2009 startete er den YouTube-Kanal „jaworskyjpictures“, auf dem er wöchentlich Videos zum Thema Fotografie und Bildbearbeitung mit Photoshop hochlud. Ab 2012 setzte Jaworskyj mit speziellen Anleitungsvideos für Anfänger einen neuen Schwerpunkt bei seinen Fotografie-Tutorials. Zusammen mit Kameramann Michal Suminski produzierte er allein in diesem Jahr mehr als 100 kostenfreie Videos und wurde dafür 2013 mit dem „Deutschen Webvideopreis“ in der Kategorie „FAQ“ ausgezeichnet. Das freute auch die Abonnenten: Der Kanal wuchs binnen weniger Monate zum größten deutschsprachigen Fotografiekanal auf YouTube. Der Erfolg ist nicht zuletzt Bens authentischer Art und seiner Fähigkeit, komplexe Dinge einfach erklären zu können, zuzuschreiben.

Heute konzentriert sich Ben vollständig auf die Lehre der Fotografie, hat eigens dafür das Online-Lernportal lernvonben.de ins Leben gerufen und das Konzept für „Fotos nach Rezept“ entwickelt.

Das passende Buch dazu hältst du gerade in den Händen.

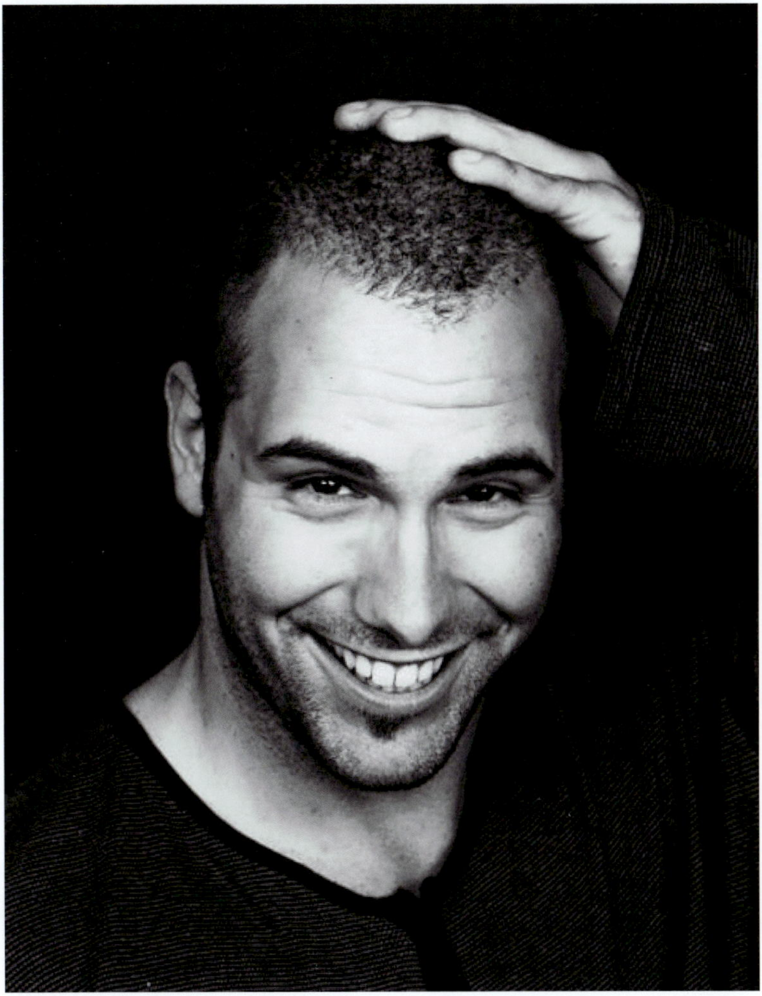

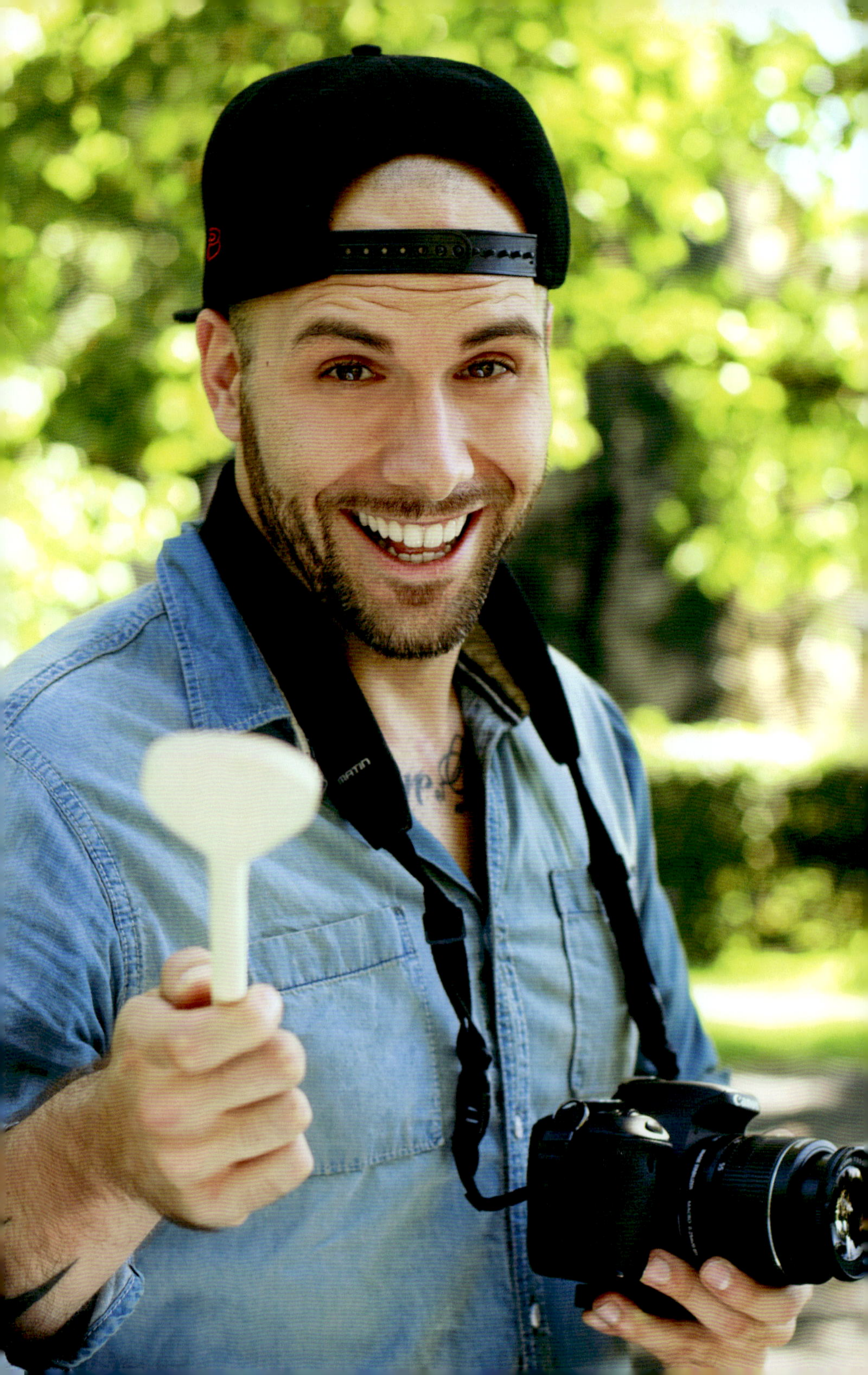

# VORWORT

*Schön, dass du dich für dieses Buch entschieden hast! Du hast Spaß am Fotografieren, aber noch keine Ahnung, worauf man achten sollte? Ich zeige dir in 30 „Fotorezepten“, wie du tolle Bilder machst – so verständlich, dass du sie direkt nachbilden kannst.*

Wieso eigentlich „Rezepte“? Ich bin der Meinung, ein gutes Foto ist wie ein gutes Essen: Man braucht die richtigen Zutaten, die passenden Arbeitsmaterialien und ein geeignetes Rezept. Die „Rezepte“ in diesem Buch habe ich selbst kreiert, ausprobiert und für dich zusammengestellt. Du benötigst lediglich eine digitale Spiegelreflexkamera, das Objektiv, das zum Lieferumfang gehört (auch „Kit-Objektiv“ genannt), ein Stativ, eine Speicherkarte und einen Akku. Zu den einzelnen Komponenten gebe ich dir auf den folgenden Seiten Tipps, falls du noch vor einer Kaufentscheidung stehst. Wenn du jedes Rezept in diesem Buch nachfotografierst, wirst du merken, wie viel sicherer du mit der Kamera umgehen kannst und wie du langsam anfängst, deine eigene Note in die Bilder mit einfließen zu lassen.

Viel Spaß mit deiner neuen Leidenschaft!

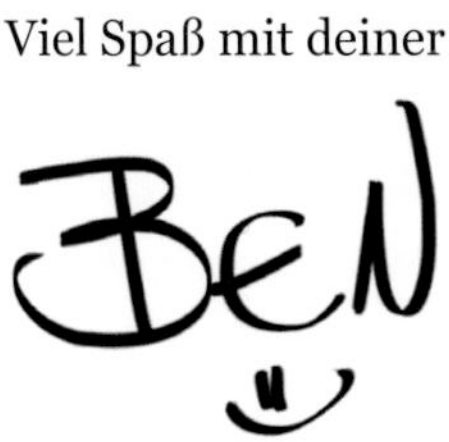

# Die richtige Spiegelreflexkamera

Die richtige digitale Spiegelreflexkamera zu finden ist gar nicht so leicht. Du solltest dir vor dem Kauf folgende Fragen stellen:

- Was möchte ich fotografieren?
- Wie viel kann und möchte ich ausgeben?
- Brauche ich Zubehör?
- Benötige ich eine Videofunktion?

Die aktuellen Kameramodelle unterscheiden sich auf den ersten Blick nur minimal in ihren Funktionen, liegen preislich aber zwischen 400 Euro und 3.000 Euro. Wie findet man nun die beste Kamera?

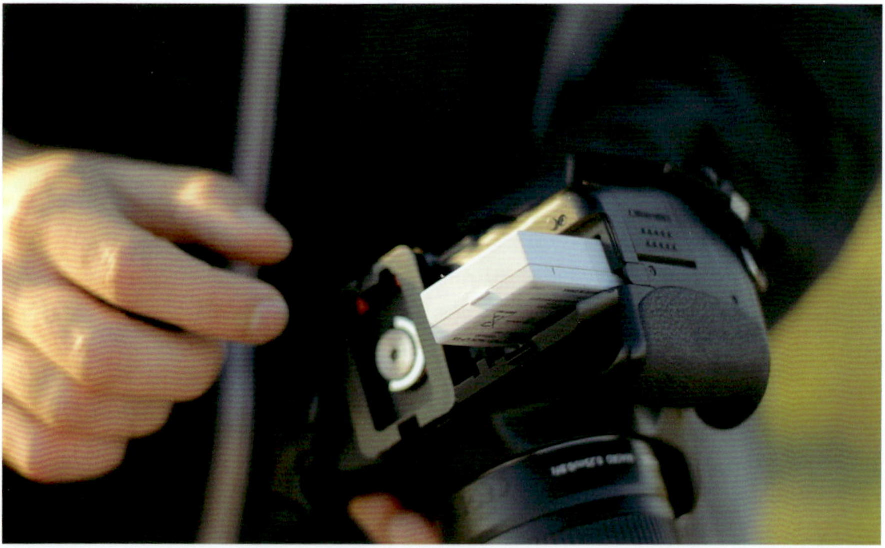

Nimm die Kamera beim Kauf richtig in die Hand und prüfe, ob du mit der Bedienung zurechtkommst.

So viel vorab: Die beste Kamera gibt es nicht. Jede Kamera ist nur so gut wie der Mensch dahinter. Die unterschiedlichen Modelle haben jedoch verschiedene Stärken.

Möchte man Sportfotos machen, sollte man beispielsweise auf eine schnelle Serienbildfunktion achten. Möchte man viel bei Nacht oder gar die Milchstraße fotografieren, sollte man auf einen großen Sensor und rauscharmes Verhalten setzen. Möchte man viele Schnappschüsse machen, sollte man auf einen internen Blitz und ein geringes Gewicht Wert legen.

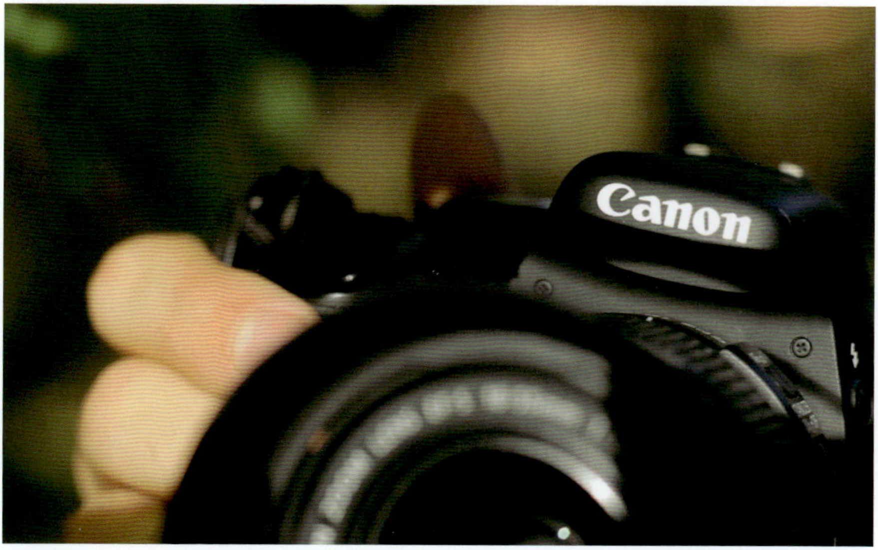


Hat man sich einmal für ein Kamerasystem eines Herstellers entschieden, sollte man bei diesem bleiben, da das Zubehör oft nicht mit anderen Systemen kompatibel ist.

> **!** **TIPP: GELD SPAREN BEIM KAMERABODY**
>
> Ich empfehle, auf das Portemonnaie zu achten und eher in einen Kamerabody unter 1000 Euro zu investieren, da Objektive und Zubehör schnell ins Geld gehen, dafür aber über Jahrzehnte weiterbenutzt werden können. Der Body hingegen kann leicht ausgetauscht werden, wenn man damit an seine fotografischen Grenzen kommt.

Wer Wert auf viel Zubehör legt, sollte sich vorher informieren, ob es für das entsprechende Kameramodell ausreichend Auswahl gibt. Für große Marken gibt es viele Hersteller von Zubehör, wohingegen es für kleinere Marken eher wenig Zubehör gibt und dieses oft vergleichsweise teuer ist.

Viele moderne Kameras haben eine Videofunktion. Möchte man mit der Spiegelreflexkamera überwiegend filmen, dann sollte man auf den Autofokus im Videomodus achten, auf die passenden Anschlüsse für Mikrofone und Kopfhörer und auf die interne Tonqualität.

## Der Sensor

Die berühmt-berüchtigten Megapixel waren schon immer ein beliebtes Werbeinstrument, um Kameras zu verkaufen: Je mehr Megapixel, desto besser die Kamera? Das ist so nicht richtig. Entscheidend für die Bildqualität ist der Sensor der Kamera. Günstige Geräte haben einen kleinen Sensor, auch APS-C genannt. Er liefert gute Bildergebnisse, gerät in schlechten Lichtsituationen allerdings schnell an seine Grenzen. Vollformatsensoren sind größer und liefern auch bei weniger günstigen Lichtsituationen mit hohem ISO-Wert gute Bildergebnisse.

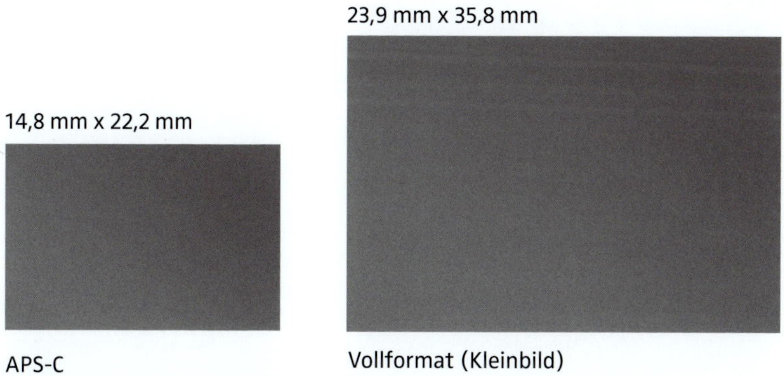


APS-C-Sensor und Vollformatsensor im Größenvergleich (nicht maßstabsgetreu).

Der ISO-Wert beschreibt, wie lichtempfindlich der Sensor ist. Je höher der Wert, desto größer ist die Verstärkung, desto lichtempfindlicher der Sensor, desto heller das Bildergebnis.

# BEGRIFFE, DIE DU KENNEN SOLLTEST

*Blende, Belichtung, ISO – wer mit dem Fotografieren anfängt, für den klingen diese Bezeichnungen zunächst einmal rätselhaft. Doch keine Angst, für jedes Rätsel gibt es eine Auflösung. Auch in der Fotografie.*

## Objektiv

Das Objektiv, das mit vielen Kameras verkauft wird und auf dem ich alle Rezepte aufgebaut habe, ist das 18–55-mm-Zoomobjektiv. Es hat eine maximale Offenblende (also die größtmögliche Blendenöffnung des Objektivs) von f3,5 bei 18 mm und f5,6 bei 55 mm. Dieses Objektiv bietet die Möglichkeit, sowohl weitwinklig als auch im leichten Telebereich zu fotografieren.

Für unterschiedliche Motive eignen sich unterschiedliche Brennweiten, so benutzt man für Landschaften häufig ein Weitwinkelobjektiv, um möglichst viel aufs Bild zu bekommen, und für Porträts ein Normalobjektiv oder leichtes Teleobjektiv, um Verzerrungen im Gesicht zu vermeiden.

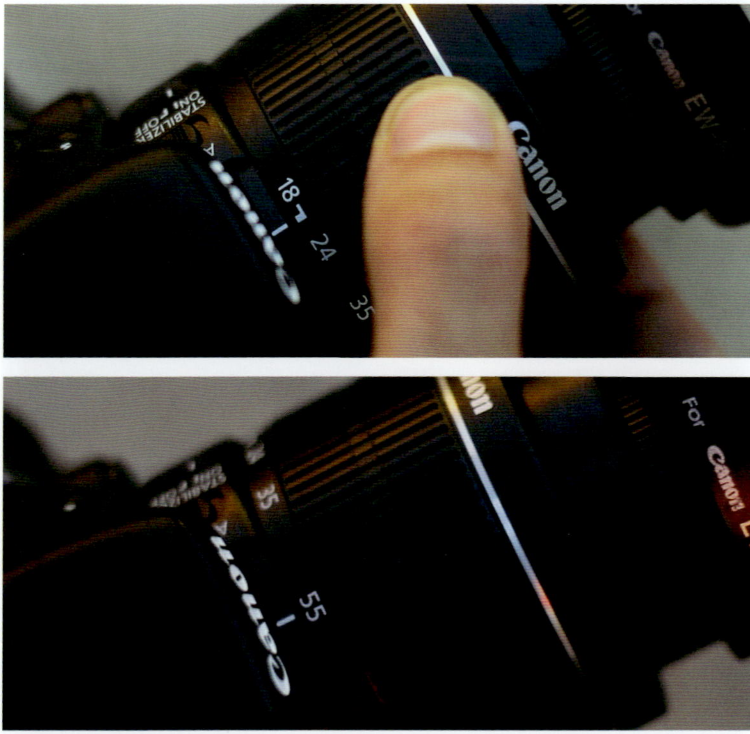


Objektiv-Einstellung mit 18 und 55 mm.

## WAS BEDEUTET „f“?

Mit „f“ wird angegeben, wie weit die Blende geöffnet ist und wie viel Licht durch das Objektiv auf den Sensor trifft. Je größer die Blendenzahl ist, desto kleiner ist die Öffnung und desto weniger Licht fällt auf den Sensor.

Die Blendenzahl ergibt sich aus dem Verhältnis von Brennweite zur Öffnungsweite des Objektivs. Eine sehr große Blende ist zum Beispiel f1,4, eine sehr kleine f22.

Das gleiche Motiv mit unterschiedlichen Einstellungen:
18 mm, 55 mm, 100 mm und 200 mm.

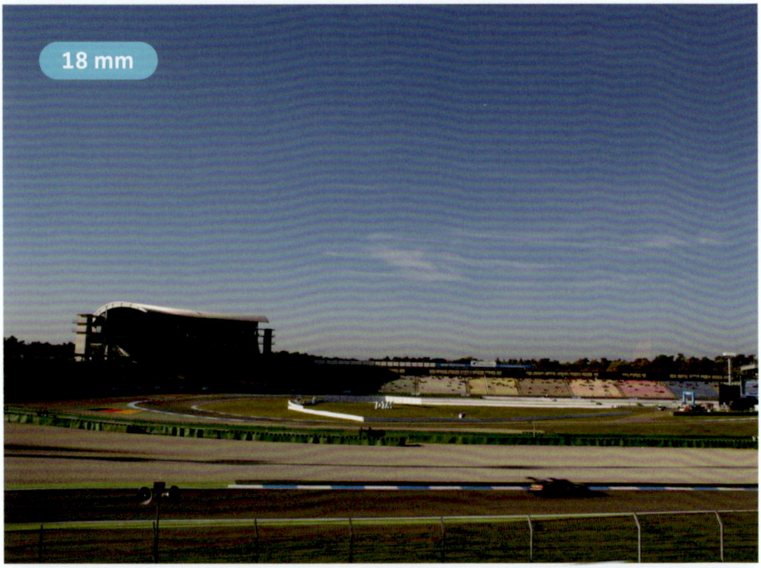


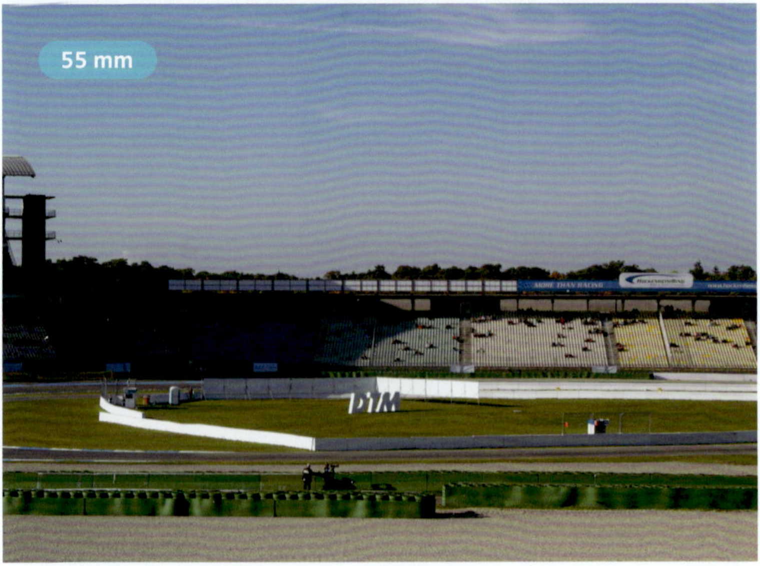

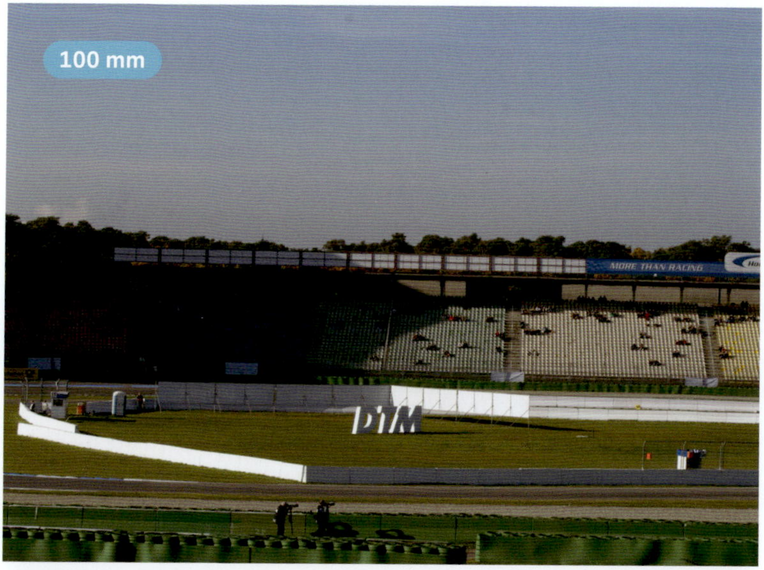

100 mm

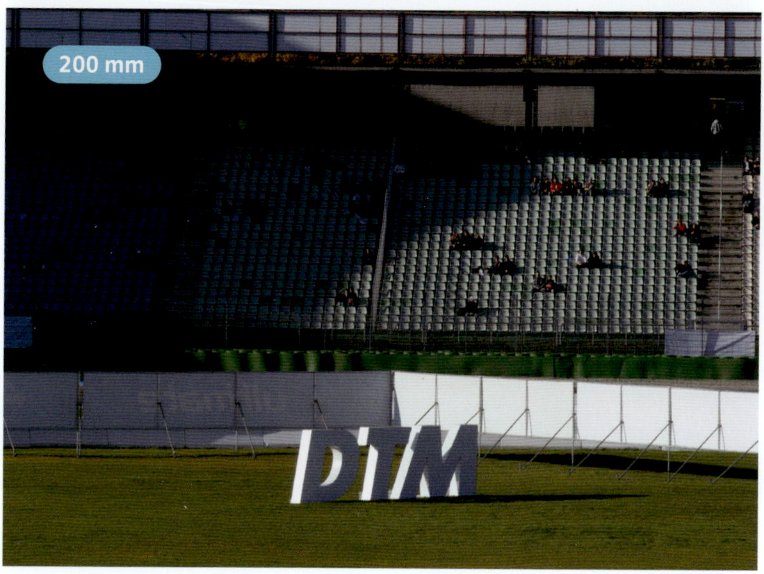

200 mm

Man kann diese Verzerrungen aber auch bewusst benutzen und so einen karikaturartigen Effekt erzeugen.

Man unterscheidet zwischen folgenden Objektiven mit entsprechender Brennweite:

- Fisheyeobjektiv < 14 mm
- Ultraweitwinkelobjektiv < 14 mm
- Weitwinkelobjektiv ca. 14 – 30 mm
- Normalobjektiv ca. 30 – 50 mm
- Teleobjektiv ca. 55 – 200 mm
- Superteleobjektiv > 200 mm

Festbrennweiten, also Objektive ohne Zoomfunktion, sind häufig sehr lichtstark und haben eine gute Schärfe. Das beliebteste Festbrennweitenobjektiv ist das 50-mm-f1,8-Objektiv, welches preislich bei knapp 100 Euro liegt.

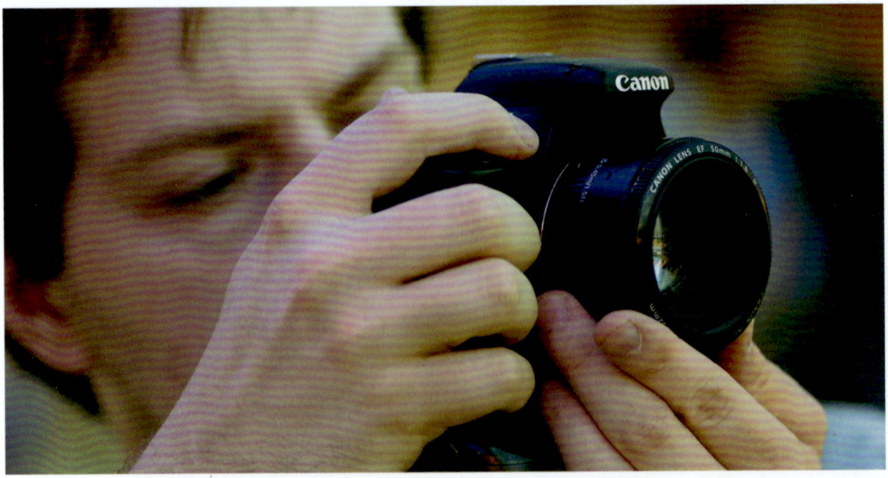


Bei diesem Objektiv ist die Brennweite fest vorgegeben.

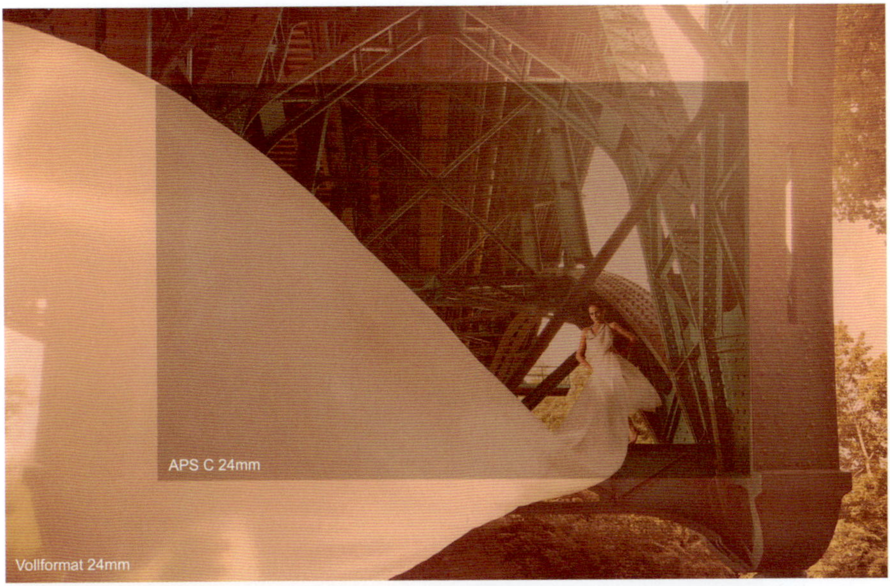


Der Sensor macht den Unterschied, auch beim Objektiv.

Ob Vollformat- oder APS-C-Sensor macht auch beim Objektiv einen Unterschied, denn der Blickwinkel wird beschnitten. So erscheinen 35 mm auf APS-C wie 50 mm auf Vollformat. Man bekommt mit einer Vollformatkamera, also bei gleichem Abstand, mehr auf das Bild als mit einem APS-C-Sensor.

## Speicherkarte

Grundsätzlich sollte man bei guten Speicherkarten preislich mit ca. einem Euro pro 1 GB rechnen. Günstige Speicherkarten schreiben häufig nicht schnell genug, was sich besonders bei Reihen- und Filmaufnahmen bemerkbar macht.

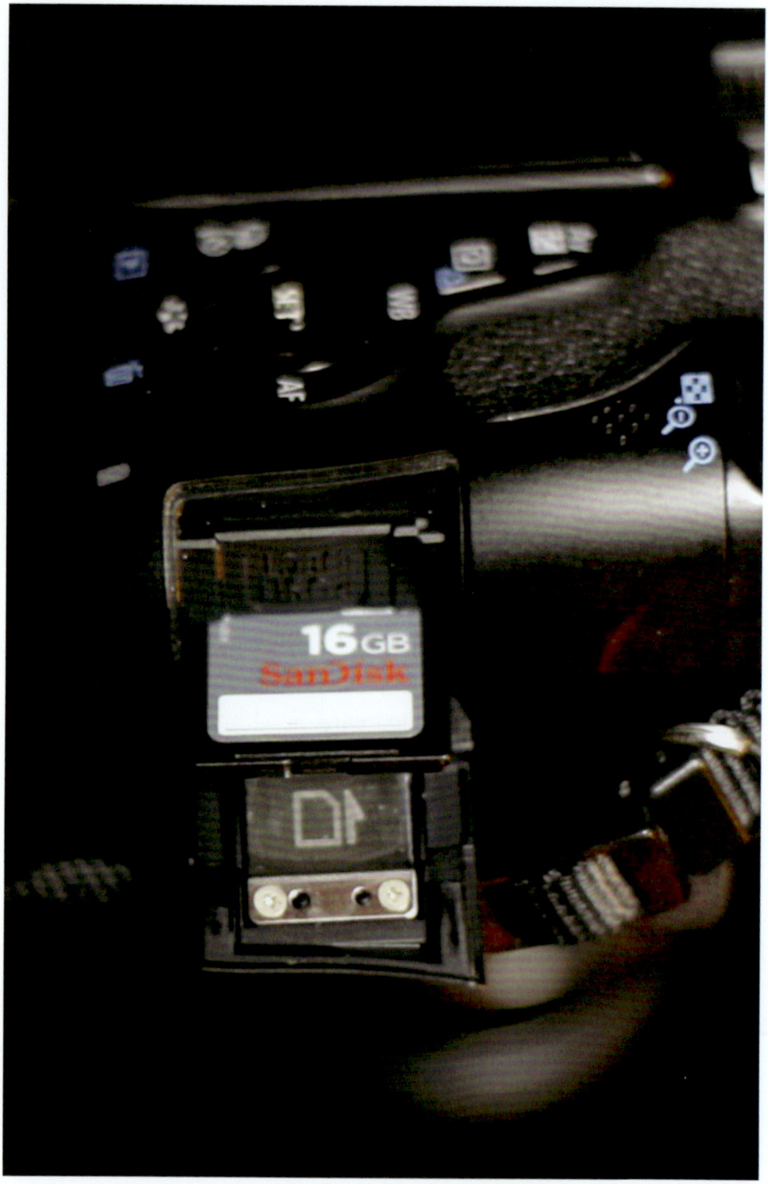


Ab in den Schlitz: Platz findet die Speicherkarte im Kamerabody.

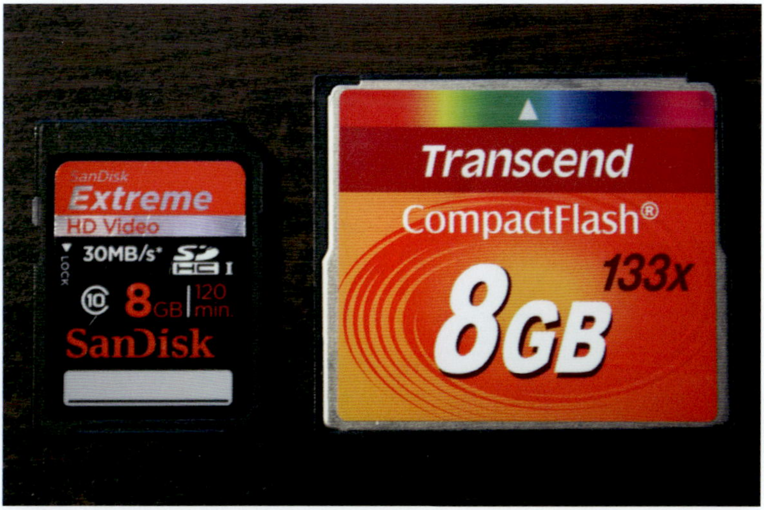


Es gibt zwei gängige Speicherkartentypen bei digitalen Spiegelreflexkameras: SD-und Compact-Flash-Karten.

Jeder Hersteller benennt seine schnellen Speicherkarten etwas anders. Achte auf Namenszusätze wie SDHC (z. B. Pretec oder Kingston) oder Speed (z. B. Lexar) oder auch Extreme III (z. B. SanDisk) und auf die Zahl im Kreis (die steht für die Klasse). Ich empfehle Klasse-10-Karten.

## Stativ

Ein Stativ ist für viele Rezepte in diesem Buch notwendig und sollte neben der Kamera und dem Objektiv zur Grundausstattung gehören. Es hält die Kamera still, und so sind lange Belichtungen ohne Verwacklungen möglich.

Stative unterscheiden sich in Höhe, Gewicht und dem Stativkopf. Auch hier ist der Einsatzort entscheidend. Ein Kugelkopf lässt sich schnell einstellen und ist mit einem Handgriff verstellbar, dafür kann man schlecht schwenken. Ein Drei-Wege-Kopf ist gut für Feineinstellungen und Schwenks, dafür lässt er sich aber nicht so schnell bedienen.

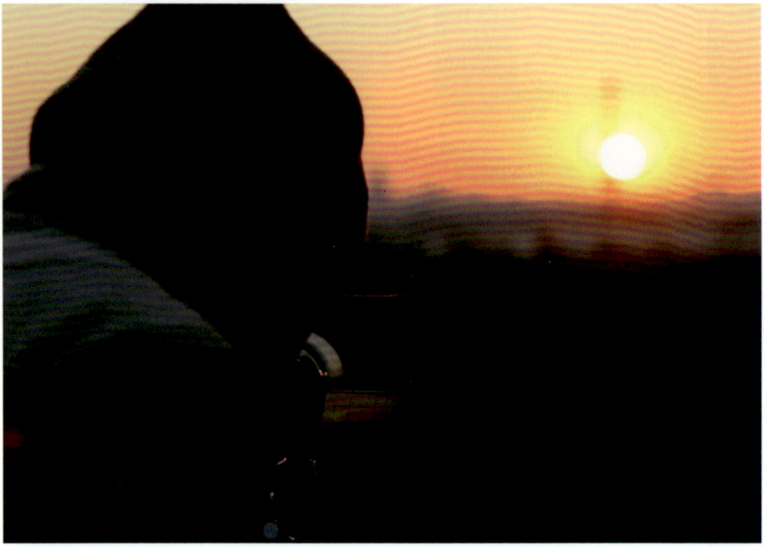

Ein Stativ sorgt beim Auslösen für eine ruhige Kamera.

Ein gutes Stativ überlebt in der Regel die Kamera und sollte dementsprechend sorgfältig gewählt werden. Zum Üben reicht aber auch ein simples 15-Euro-Stativ aus dem Elektromarkt.

## Blende

Die Blende steuert, wie viel Licht auf den Sensor der Kamera gelangt. Je kleiner die Blendenzahl, desto offener die Blende; je größer die Blendenzahl, desto geschlossener die Blende.

Die Blende beeinflusst außerdem die sogenannte Schärfentiefe. Hiermit wird der Bereich beschrieben, der scharf ist. Bei sehr offener Blende (kleine Blendenzahl) wird nur ein kleiner Teil des Motivs scharf dargestellt, und der Rest verschwimmt in der Unschärfe. Dieser Effekt wird sehr gerne in der Porträtfotografie angewendet, wenn es darauf ankommt, beispielsweise das Gesicht scharf zu stellen und den Hintergrund unscharf erscheinen zu lassen.

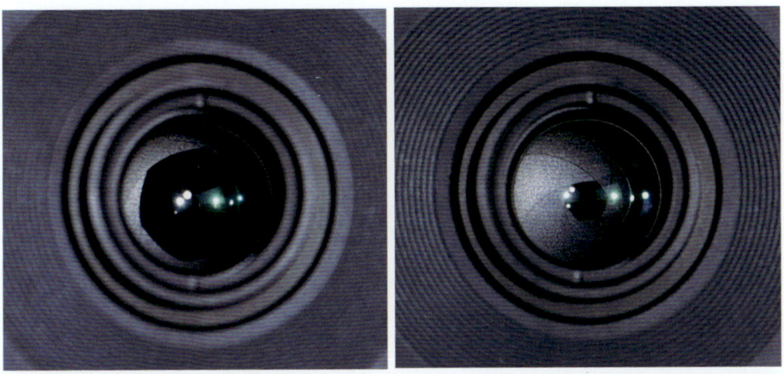

Große Blendenöffnung mit einer Blende f5,6 (links), kleine Blendenöffnung mit einer Blende f20 (rechts).

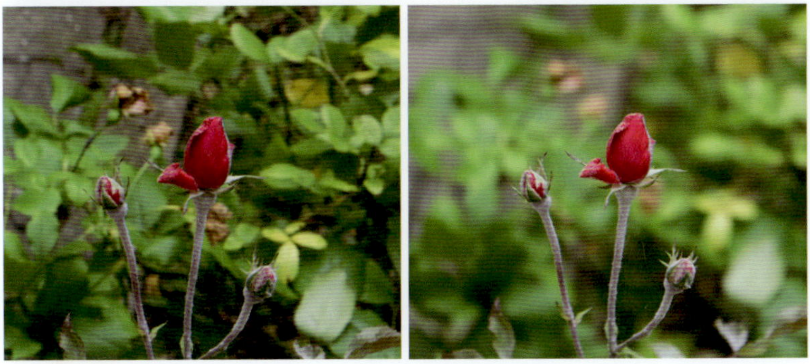

Die Wahl der Blende hat Einfluss auf das Ergebnis: rechts die Aufnahme mit einer Blende f5,6, links mit einer Blende f20.

## Die Belichtungsprogramme der Kamera

Jede Kamera bietet dem Fotografen unterschiedliche Einstellungsmöglichkeiten für unterschiedliche Belichtungssituationen an. Neben der vollen Programmautomatik (A oder P) gibt es halb automatische Modi, die dir helfen, die passende Einstellung zu treffen.

## Zeitautomatikmodus (Av/A)

Die Kamera stellt automatisch eine passende Verschlusszeit zur manuell eingestellten Blende ein.

Dieser Modus eignet sich für Porträts und Landschaftsaufnahmen, denn durch das Verstellen der Blende variiert die Schärfentiefe, also

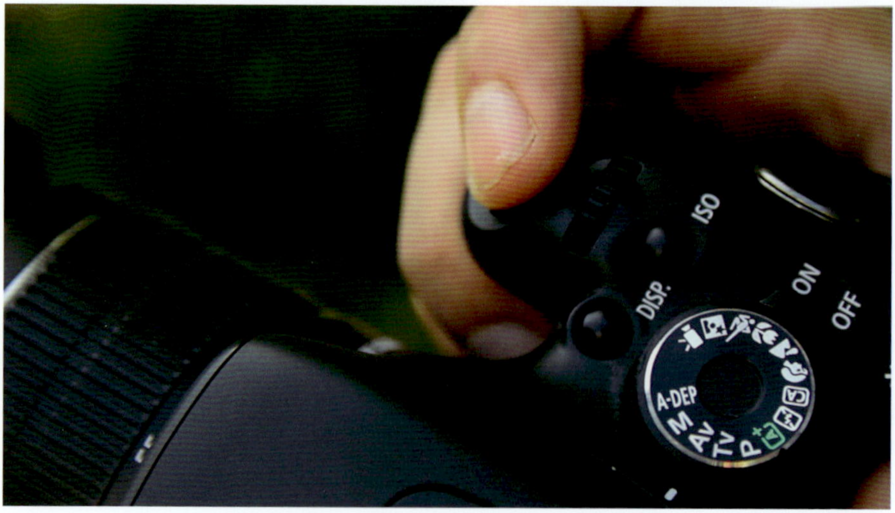


Bei Canon heißt der Zeitautomatikmodus Av, bei Nikon A.

der Bereich, der scharf abgebildet wird. Bei Porträts soll das Model scharf abgebildet sein, der Hintergrund eher in der Unschärfe liegen. Bei Landschaftsaufnahmen soll eine möglichst große Schärfentiefe erreicht werden.

## Blendenautomatikmodus (Tv/S)

Die Kamera stellt automatisch eine passende Blende zur manuell eingestellten Verschlusszeit ein.

Dieser Modus eignet sich für Motive, die sich schnell bewegen. Bei der Aufnahme von zum Beispiel Sportlern, kommt es darauf an, die rasche Bewegung im Bild festzuhalten, den Sportler quasi „einzufrieren“.

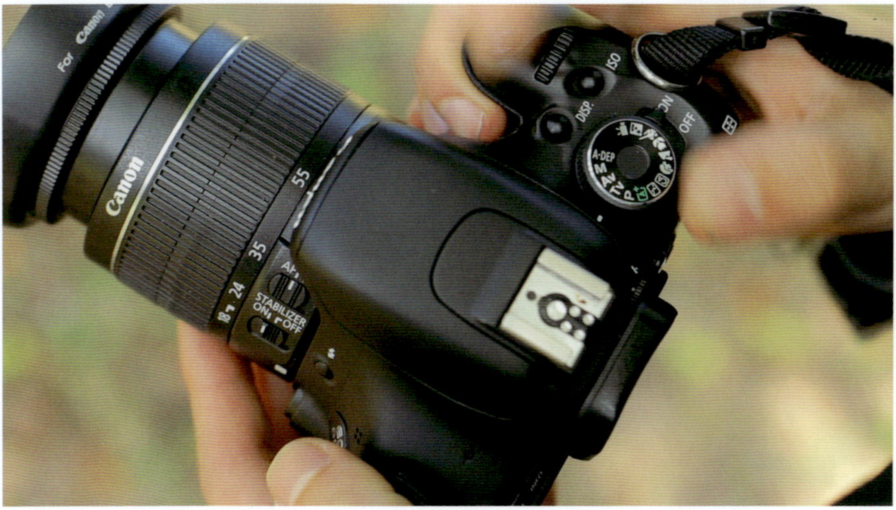


Bei Canon heißt der Blendenautomatikmodus Tv, bei Nikon S.

## Manueller Modus (M)

Dieser Modus verlangt dem Fotografen einiges ab: Blende, Verschlusszeit und ISO-Wert können manuell eingestellt werden, die Kamera wählt keine automatischen Einstellungen aus.

Mit diesem Modus hast du die volle Kontrolle über die Kamera. Setz ihn ein, wenn du Zeit hast, die oben genannten Werte in Ruhe einzustellen. Mit dem manuellen Modus kannst du Aufnahmen nach deinen Vorstellungen gezielt über- oder unterbelichten. Er eignet sich aber zum Beispiel auch bei Nachtaufnahmen: Wenn die Kameraautomatik bei sehr langen Belichtungszeiten nicht das gewünschte Ergebnis liefert, kannst du selbst „Hand anlegen".

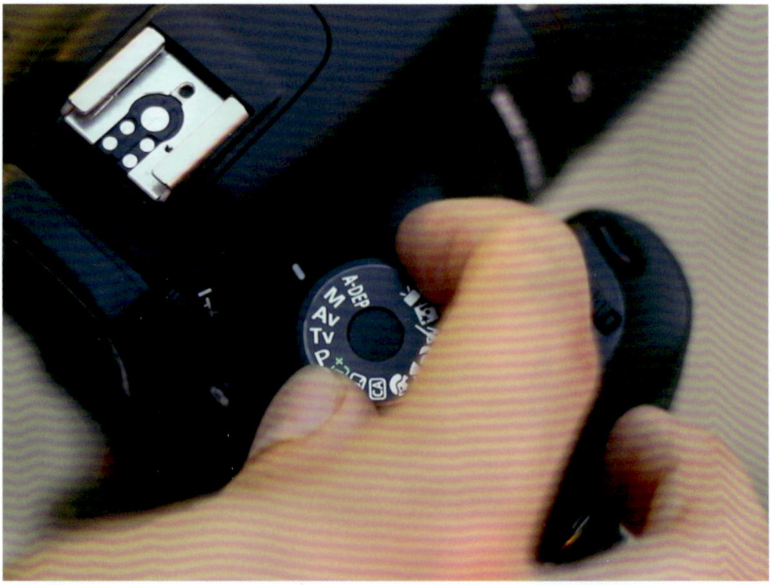


Bei Canon und Nikon heißt der manuelle Modus M.

# Licht

Fotografie heißt frei übersetzt „mit Licht malen“. Ohne Licht also kein Foto. Licht ist nicht nur für die Stimmung im Bild wichtig, sondern auch für eine korrekte Belichtung. Zu wenig Licht kann zu verwackelten Bildern führen, weil die Verschlusszeit nicht schnell genug und das Bild sonst unterbelichtet ist. Mit zu viel Licht kann man ohne Filter keine langen Verschlusszeiten wählen, weil das Bild dann überbelichtet wird.

**TIPP: DIE RICHTIGEN ZUTATEN FÜRS REZEPT**

Die richtige Tageszeit, das richtige Wetter und der richtige Ort spielen also zusammen, weshalb ich in jedem Fotorezept besonderen Wert auf das Zusammenspiel dieser Komponenten lege.

## Belichtung

Sobald man mit dem Fotografieren startet und anfängt, Einstellungen selbst zu wählen, kommt es häufig vor, dass Bilder zu hell oder zu dunkel werden. In der analogen Fotografie musste man noch Blende und Verschlusszeit zusammen mit dem ISO-Wert des Films berechnen oder mit einem externen Belichtungsmesser arbeiten. Diese Aufgabe nimmt uns die Kamera im digitalen Zeitalter ab.

Es gibt drei Varianten, die ich zur Überprüfung der korrekten Belichtung verwende.

**Belichtungsanzeige**

Die Belichtungsanzeige im Sucher oder auf dem Display der Kamera zeigt auf einer Skala von –2 bis +2 das optimale Zusammenspiel von Blende, Verschluss und ISO an. Zeigt der Pfeil auf „0“, ist das Bild mit der gewählten Messmethode korrekt belichtet.

Möchte man ein Bild bewusst unter- oder überbelichten, wählt man seine Einstellungen so, dass sich der Pfeil entweder im Bereich „+“ für überbelichtet oder im „–“ für unterbelichtet befindet.

**Live View**

Moderne Kameras haben einen Live View, der das Bild in Echtzeit auf dem Display anzeigt. (Ob deine Kamera das kann, checkst du im Handbuch.) Interessant dabei ist die Belichtungssimulation, in der

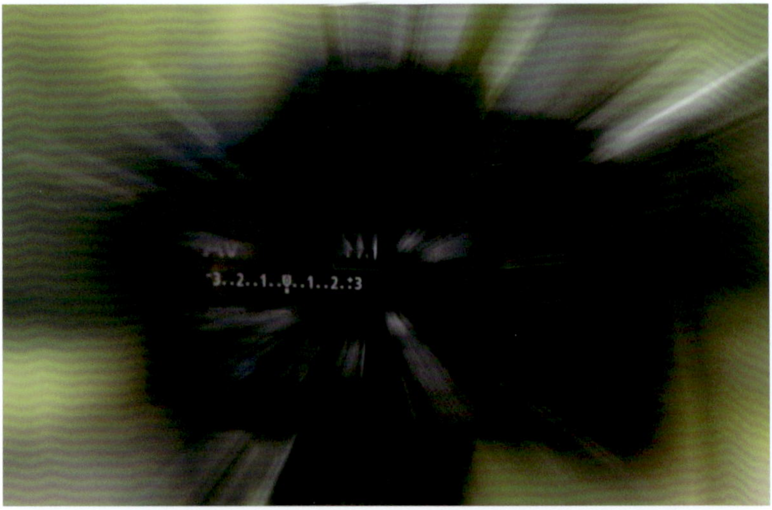

Die Belichtungsanzeige der Kamera auf dem Display.

die Kamera das Bild je nach Einstellungen genau so anzeigt, wie es gespeichert wird. So kannst du die Belichtung nach Augenmaß vornehmen, was vor allem bei „available light“, also bei dem vorhandenen Licht, von Vorteil ist.

### Testaufnahme

In der Analogfotografie noch undenkbar, heute kein Problem mehr: die Testaufnahme. Ich nutze Testaufnahmen häufig, um das Blitzlicht einzurichten oder wenn ich die Kameraeinstellungen optimieren möchte. Wie das geht? Einfach ein Foto machen und anschließend auf dem Display schauen, ob das Bild zu hell oder zu dunkel ist, und sich an das gewünschte Ergebnis herantasten. Im Zusammenspiel mit den beiden anderen Methoden eine gute Möglichkeit, um ein Gefühl für die richtigen Einstellungen zu bekommen.

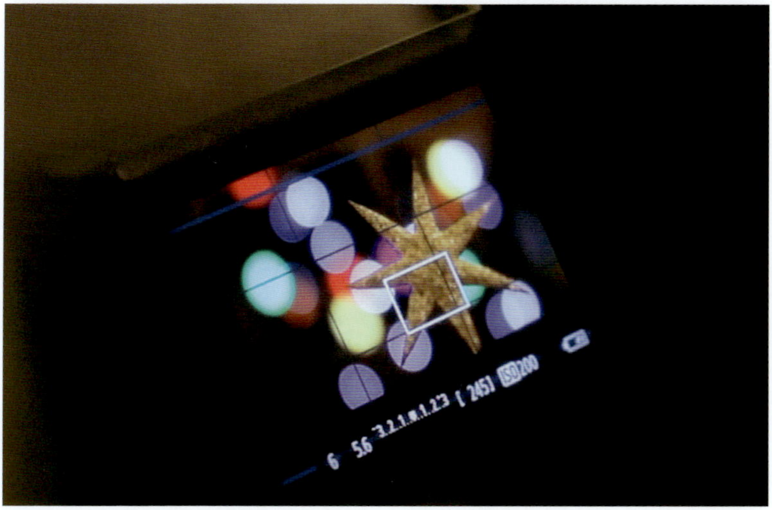

Der Live-View-Modus zeigt die Aufnahme in Echtzeit an.

## Verschlusszeit/Belichtungszeit

Der Verschluss regelt, wie lange Licht auf den Sensor gelangt.

Bei langen Verschlusszeiten braucht man ein Stativ, um das Bild nicht zu verwackeln. Je länger die Brennweite, desto kürzer muss die Verschlusszeit sein, um nicht zu verwackeln.

Mit einem Bildstabilisator am Objektiv oder in der Kamera kann man jedoch die Verschlusszeit verlängern, ohne dass das Bild verwackelt.

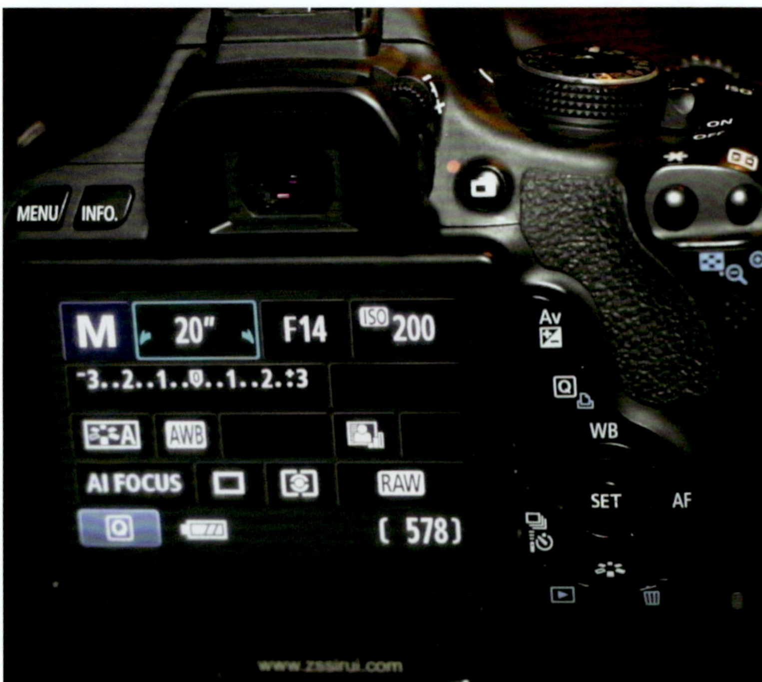


20" bedeutet: Für 20 Sekunden fällt Licht auf den Sensor.

## FAUSTREGEL FÜR FREIHANDFOTOGRAFIE

Brennweite = Verschlusszeit
50 mm Brennweite= 1/50 Verschlusszeit
100 mm Brennweite = 1/100 Verschlusszeit
200 mm Brennweite = 1/200 Verschlusszeit

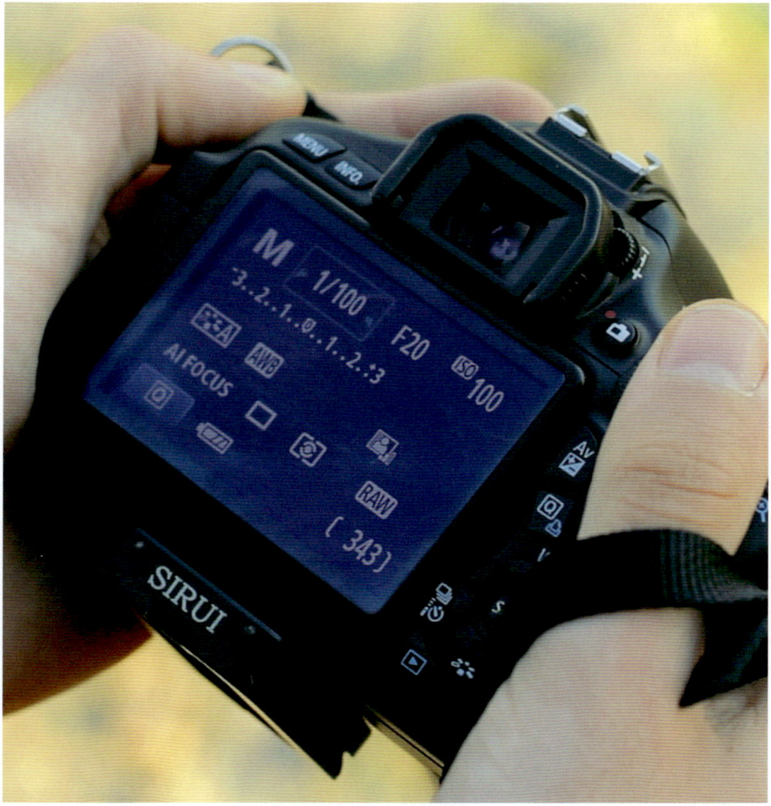


1/100 bedeutet: Eine hundertstel Sekunde lang fällt Licht auf den Sensor.

## Messmethode

Eine Kamera bietet verschiedene Messmethoden, um eine Belichtung zu wählen. Die am meisten verwendete Variante ist die Mehrfeld- bzw. Matrixmessung, dabei wird die Belichtung über mehrere Messfelder ermittelt und ein Durchschnittswert des gesamten Bildes errechnet. Je nach Kamera werden außer der Helligkeit auch die Brennweite des Objektivs, die Entfernung zum Objekt und die Farbverteilung berücksichtigt.

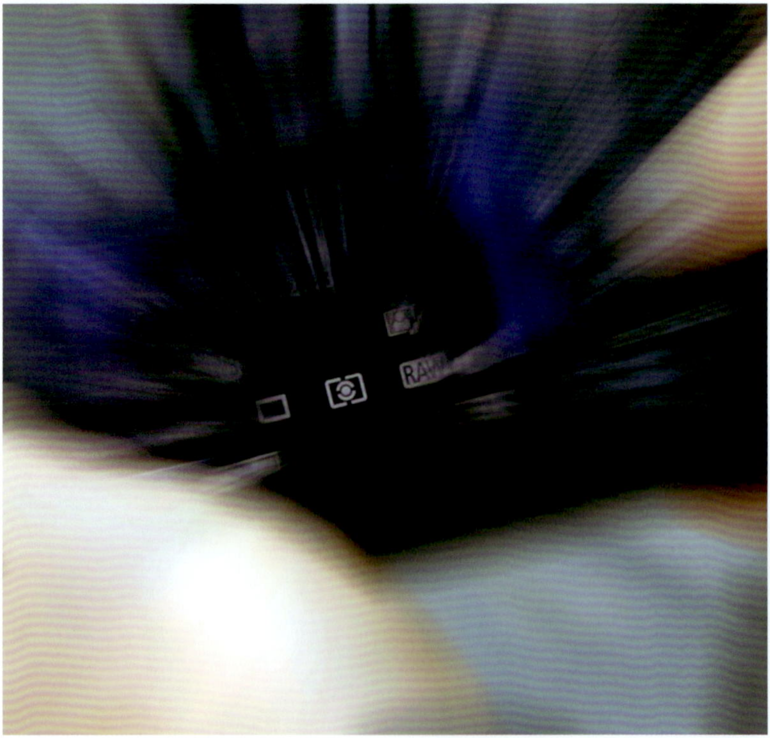

Dieses Symbol steht bei Canon für die Mehrfeldmessung.

# Bildstabilisator

Der Bildstabilisator kann leichtes Wackeln oder Zittern ausgleichen und sorgt auch bei längeren Verschlusszeiten für bessere Bildergebnisse bei Aufnahmen aus der freien Hand. Bei manchen Herstellern ist der Bildstabilisator direkt in der Kamera verbaut, bei anderen im Objektiv. Der Unterschied: In der Kamera wird der Bildsensor bewegt, im Objektiv sorgen optische Elemente für die Stabilisierung. Jeder Hersteller hat für den Bildstabilisator am Objektiv andere Bezeichnungen. Bei Canon heißt er beispielsweise IS (Image Stabilizer), bei Nikon VR (Vibration Reduction) und bei Tamron VC (Vibration Compensation).

Bei Langzeitbelichtungen mit Stativ kann der Bildstabilisator das Bild beim Auslösen aber auch unbeabsichtigt verwackeln, deshalb schalte ich ihn in diesem Fall aus.

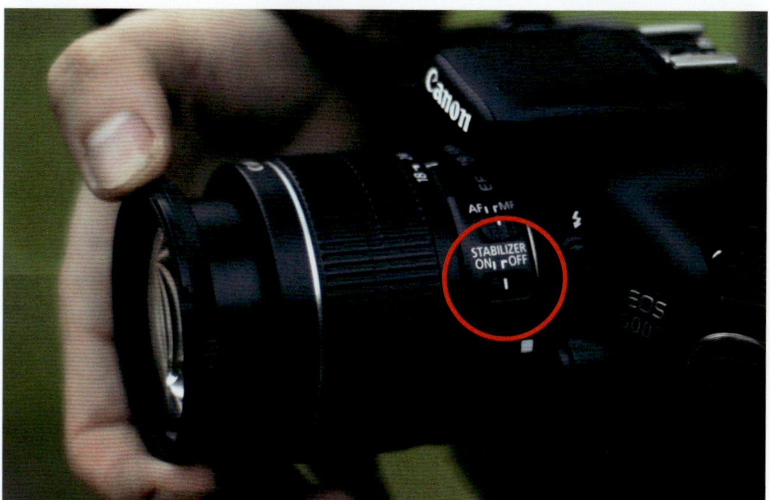


Der Bildstabilisator lässt sich zu- und abschalten.

Aufnahme mit eingeschaltetem (unten) und mit ausgeschaltetem Bildstabilisator (rechts, jeweils aufgenommen mit 55 mm / f5,6 / 1/10 s / ISO 200).

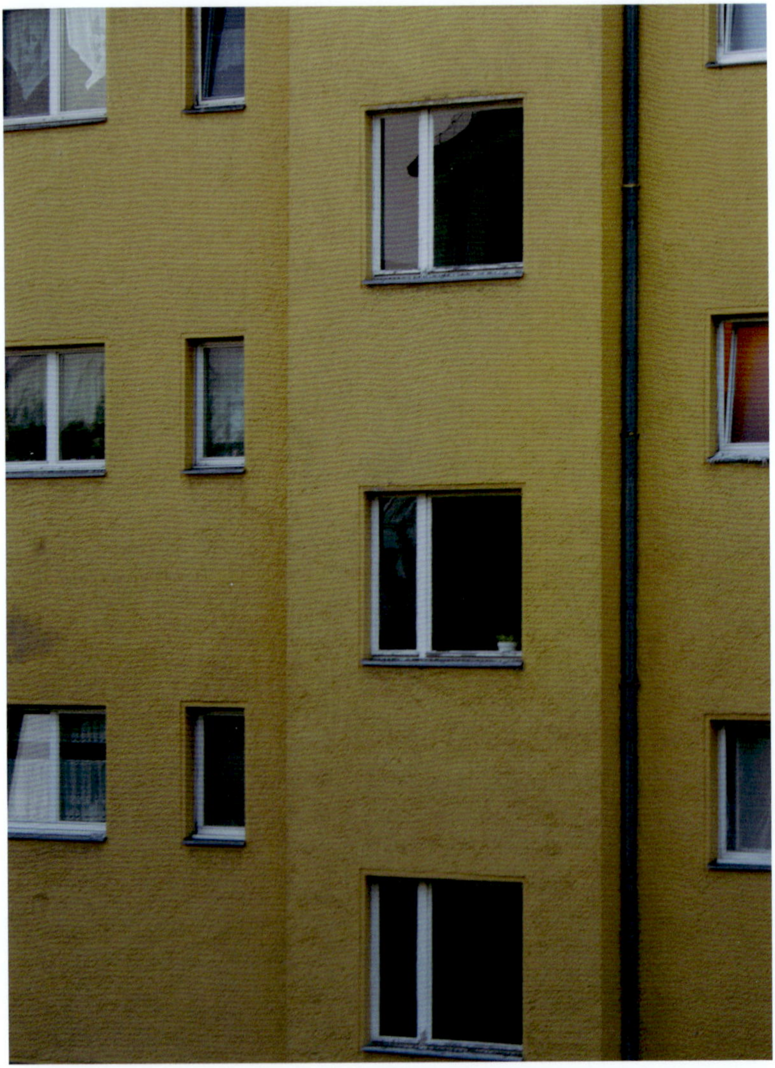

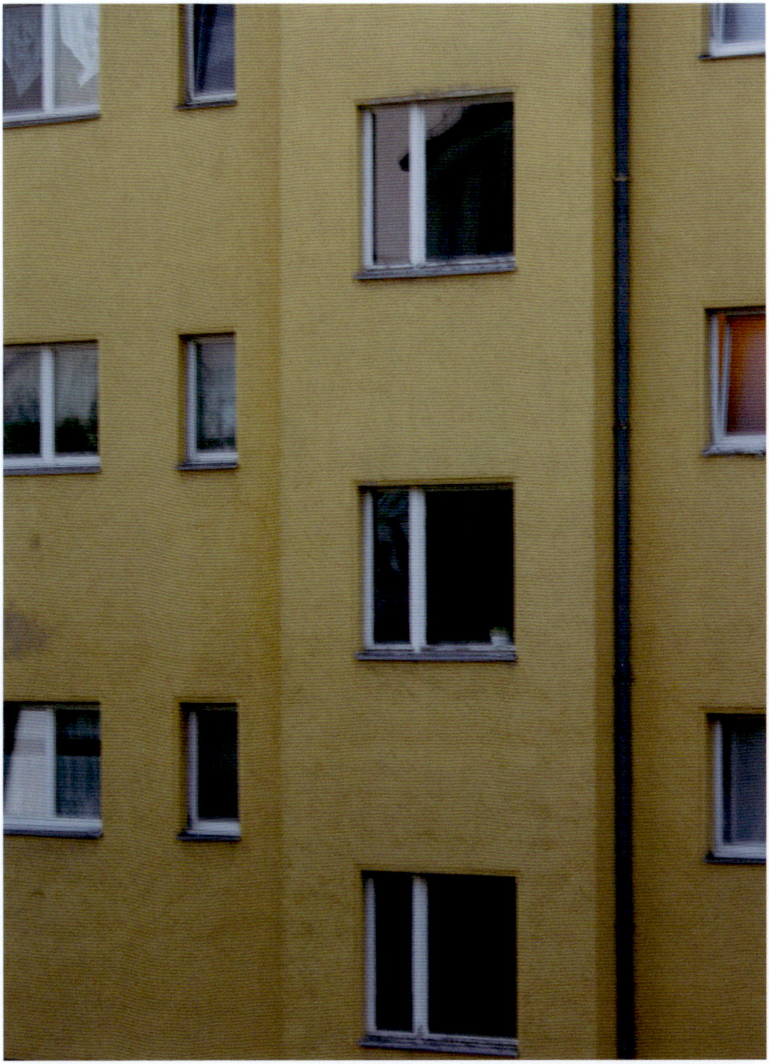

# ISO

Der ISO-Wert gibt die Lichtempfindlichkeit des Sensors an. Je höher die Zahl, desto empfindlicher der Sensor und desto heller wird das Bild bei gleichbleibender Blende und Verschlusszeit.

Bei APS-C-Kameras (also Kameras mit kleinerem Sensor) wird die Bildqualität ab ISO 800 sichtlich schlechter und sogenanntes Rauschen wird im Bild sichtbar. Vollformatkameras können problemlos mit höheren ISO-Werten arbeiten, da der größere Sensor rauscharmer ist.

ISO ist also nichts „Schlimmes“ oder „Kompliziertes“, sondern hilft, die Verschlusszeit und Blende zu ergänzen und Bilder heller oder dunkler zu gestalten, ohne die beiden anderen Einstellungen zu verändern.

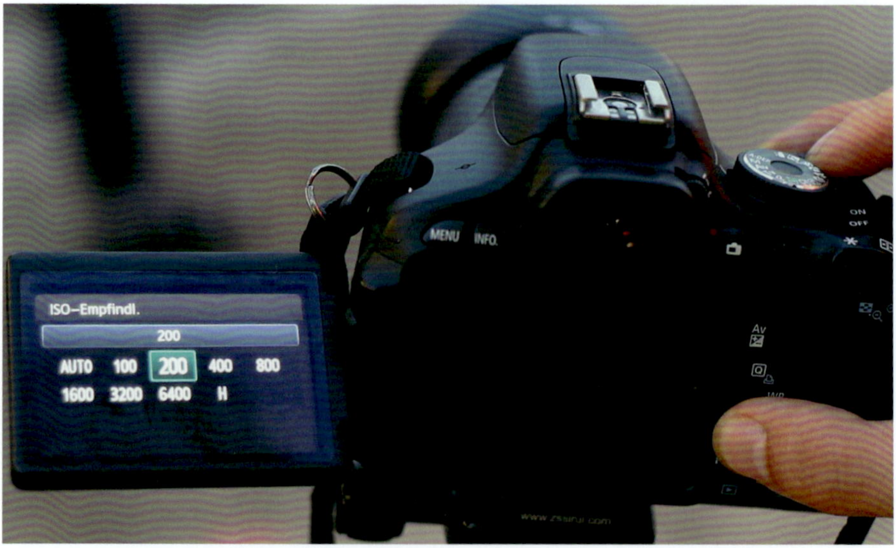


Übersicht über mögliche ISO-Einstellungen.

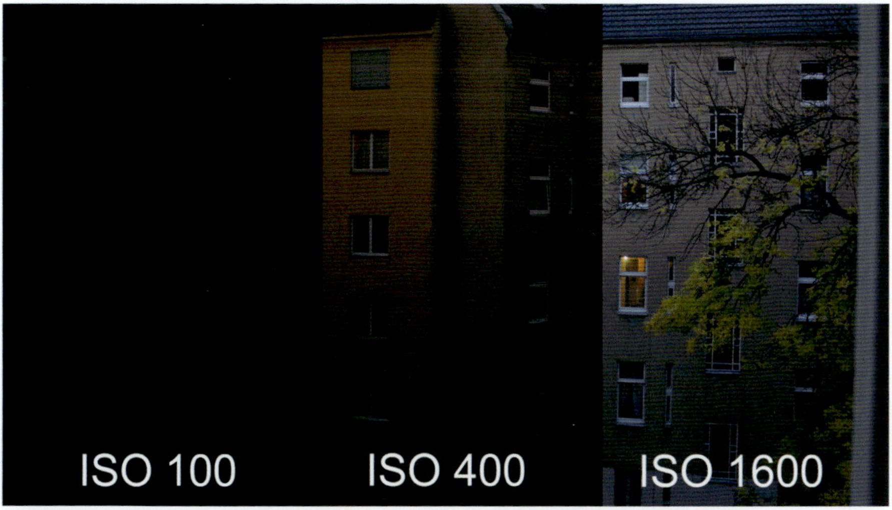


Drei Aufnahmen mit unterschiedlichem ISO-Wert bei gleicher Belichtung und Blende (1/160 s / f3,5).

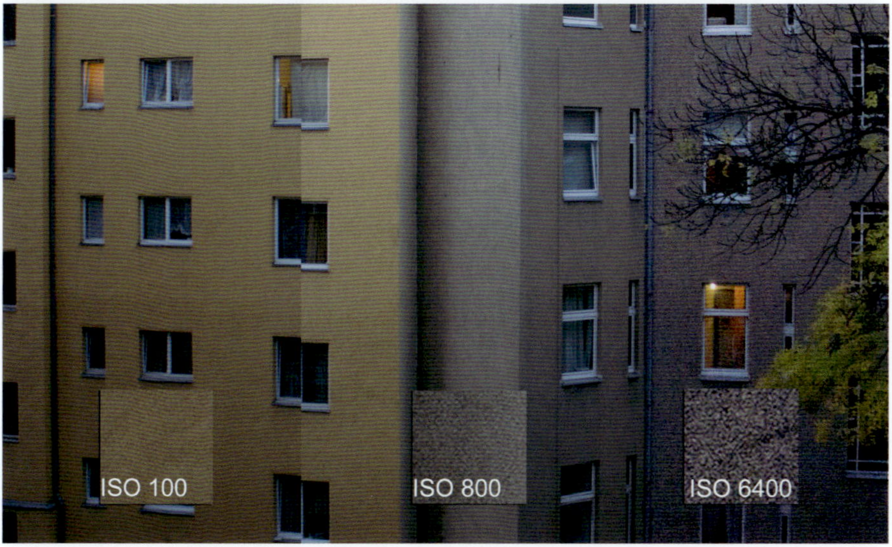


Mit steigender ISO-Zahl wird je nach Sensor das sogenannte Bildrauschen stärker. Das Bild wird krisselig. Ich bin aber der Meinung, lieber ein krisseliges Bild als ein unscharfes oder gar keines. Also keine Angst vor hohen ISO-Werten!

# Autofokus

Der Autofokus stellt das Bild automatisch scharf. Die Kamera verfügt über verschiedene Fokuspunkte. Beim Blick durch den Sucher siehst du sie und kannst sie über die Fokuseinstellungen verstellen.

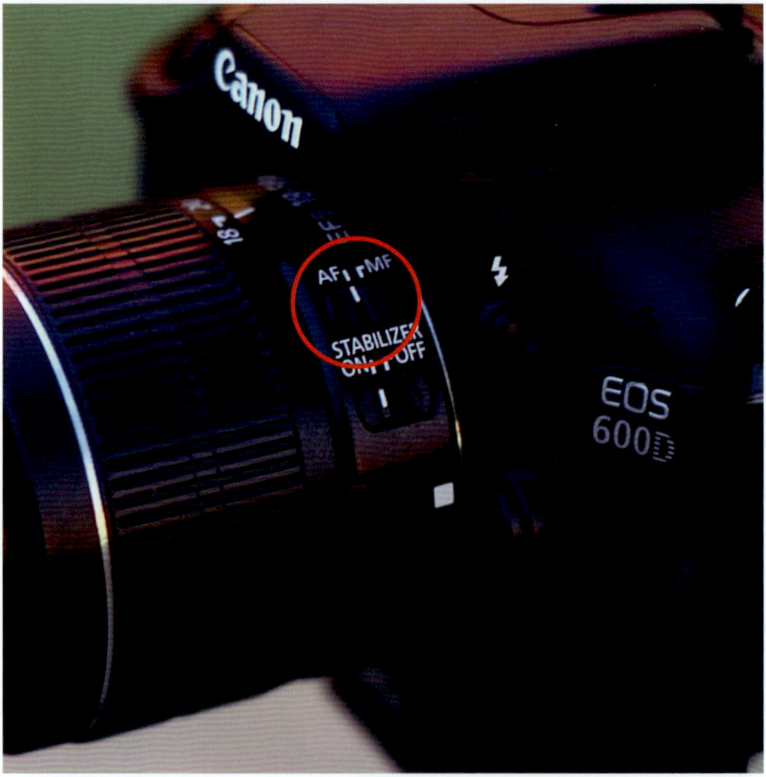


Über einen kleinen Schalter lässt sich der Autofokus zuschalten.

So kann man z. B. Dinge im linken oder rechten Bildbereich scharf stellen und den Blick des Betrachters gezielt lenken.

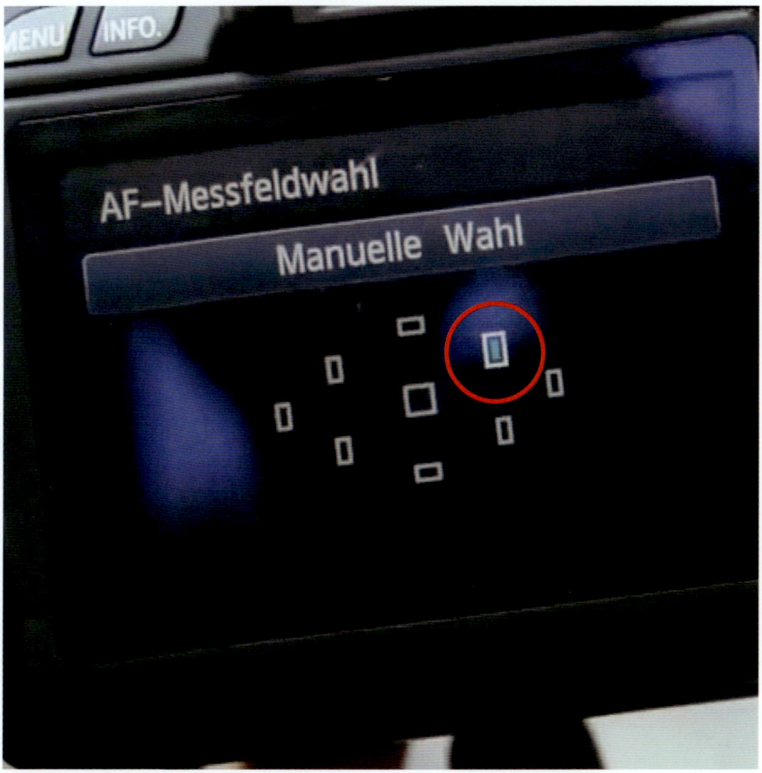


Über die Fokuspunkte wählst du, auf welchen Bildbereich scharf gestellt werden soll. In schlechten Lichtsituationen funktioniert der mittlere Fokuspunkt bei vielen Kameras am besten.

# Manuell fokussieren

Den Autofokus zu deaktivieren und manuell scharf zu stellen, empfiehlt sich bei Aufnahmen mit wenig Licht, bei denen der Autofokus nicht mehr verlässlich arbeitet.

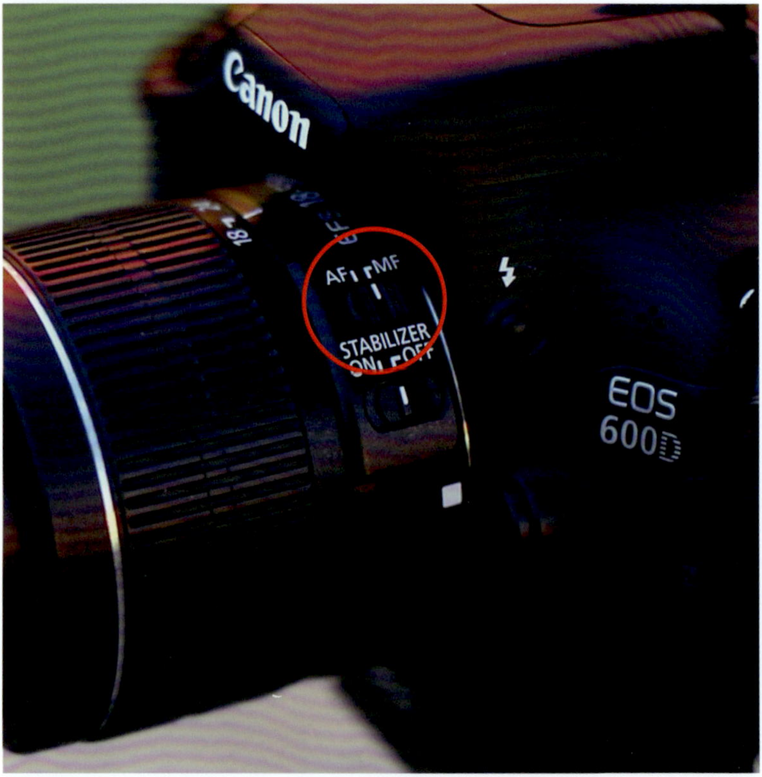


Der Autofokus lässt sich ausschalten. Das ist nötig, wenn du zum Beispiel Nachtaufnahmen machst und manuell fokussieren musst.

Ich nutze dabei häufig den „Live View"-Modus meiner Kamera. Damit schaue ich mir das Bild über den Monitor statt über den Sucher an. Ich vergrößere den Bildbereich, den ich scharf stellen möchte, mit dem digitalen Zoom in der Vorschau.

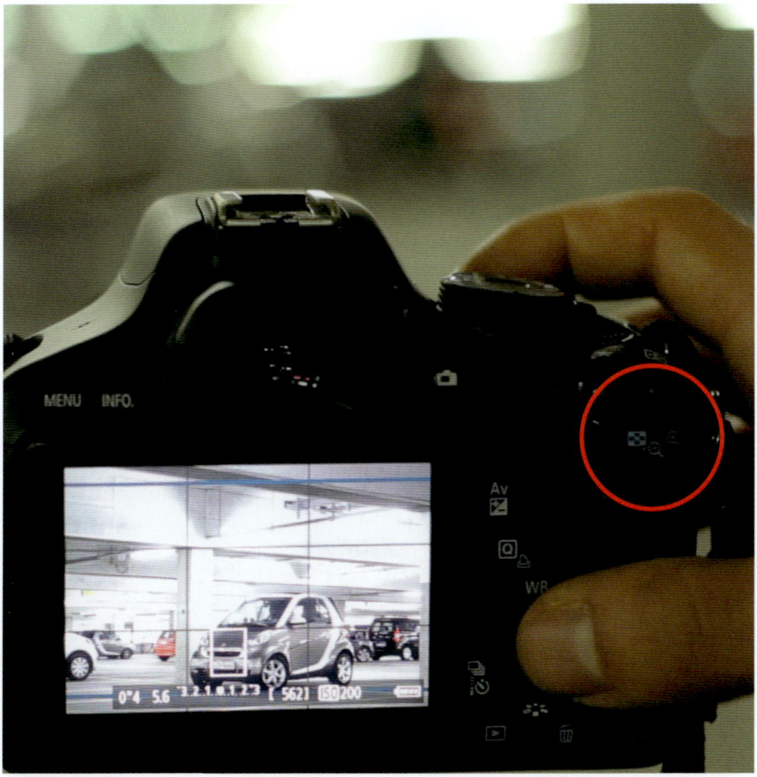


Wenn du im manuellen Modus fotografierst, kontrollierst du die Schärfe am besten im „Live View". Vergrößere das Motiv über die Zoomtasten an deiner Kamera - so erkennst du Unschärfen.

# Weißabgleich

Der Weißabgleich bestimmt die Farbtemperatur und lässt ein Bild gelblicher oder bläulicher erscheinen. Die Maßeinheit für die Farbtemperatur ist Kelvin und wird mit „K" abgekürzt. Der automatische Weißabgleich funktioniert bei Aufnahmen ohne Blitzlicht sehr zuverlässig.

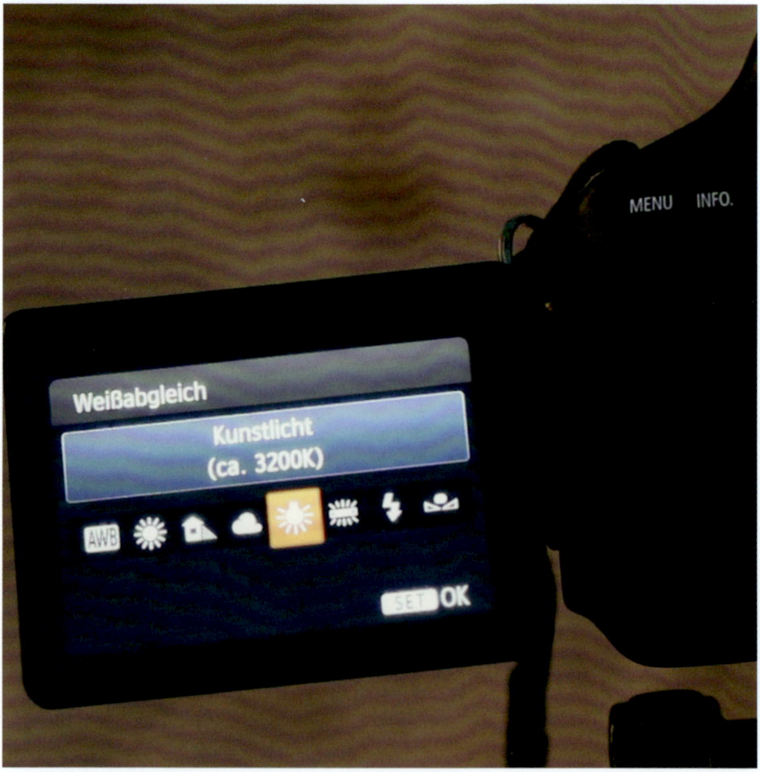


Mit dem Weißabgleich bestimmst du die Farbtemperatur eines Bildes.

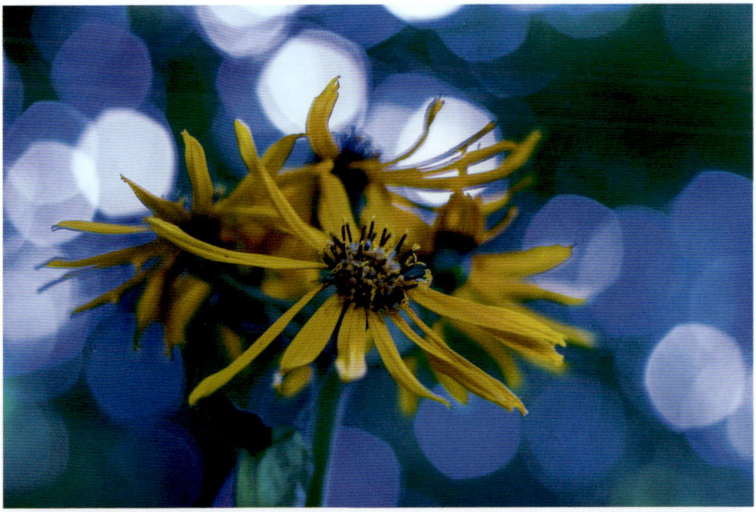

Stich ins Bläuliche: Blume mit 3150 Kelvin.

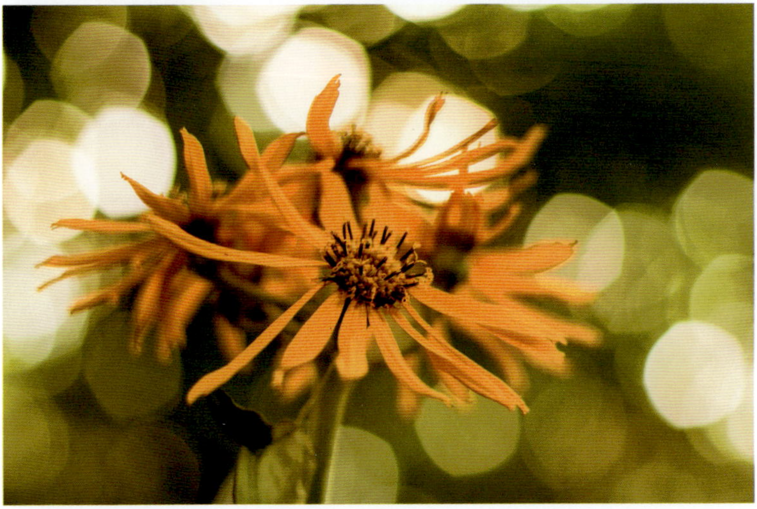

Stich ins Gelbliche: Blume mit 8800 Kelvin.

## Selbstauslöser

Der Selbstauslöser ist nicht nur geeignet für Familienfotos, sondern auch für verwacklungsfreie Langzeitbelichtungen ohne Fernauslöser.

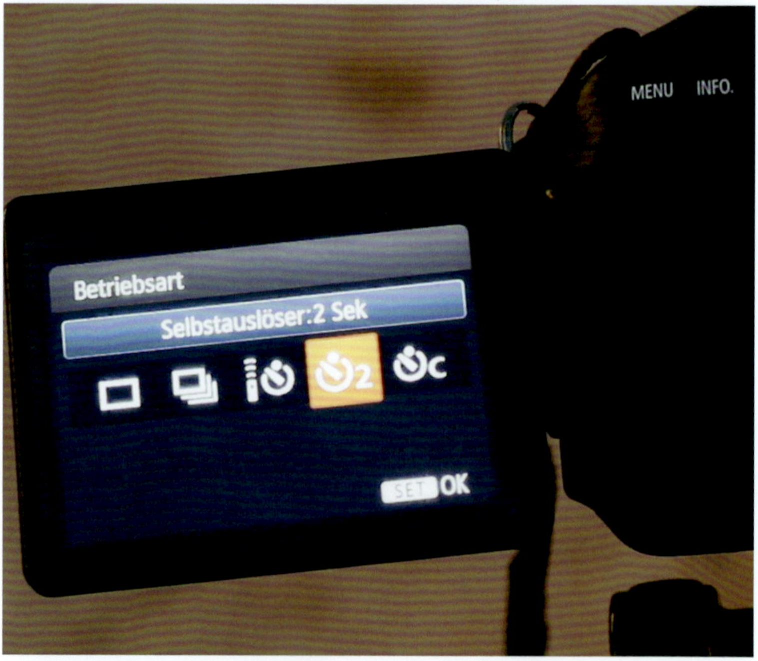


Nachtaufnahmen, Gruppenfoto und vieles mehr: Der Selbstauslöser hilft dir in vielen Situationen. Ich nutze meistens den Zwei-Sekunden-Selbstauslöser.

## JPEG oder RAW?

JPEG ist ein Format, bei dem die Bilddaten bereits komprimiert sind. Der Prozessor in der Kamera weist der Aufnahme automatisch einen erhöhten Kontrast, mehr Schärfe und Dynamik zu und speichert sie dann als JPEG ab. Während ein JPEG über 256 Helligkeitsstufen verfügt, sind es beim RAW-Format 4096. Durch die automatische Komprimierung gehen Bildinformationen, vor allem in den hellen und dunklen Bereichen, verloren und können mit Bildbearbeitungssoftware nur noch schwer gerettet werden. JPGS nehmen dafür weniger Platz auf der Speicherkarte ein und müssen nicht zwingend mit einer Software bearbeitet werden.

RAW ist das „rohe Format“ ohne Komprimierung und ohne interne Bearbeitung oder Anpassung. Bei Canon haben diese Dateien die Endung „.cr2“, bei Nikon „.nef“.

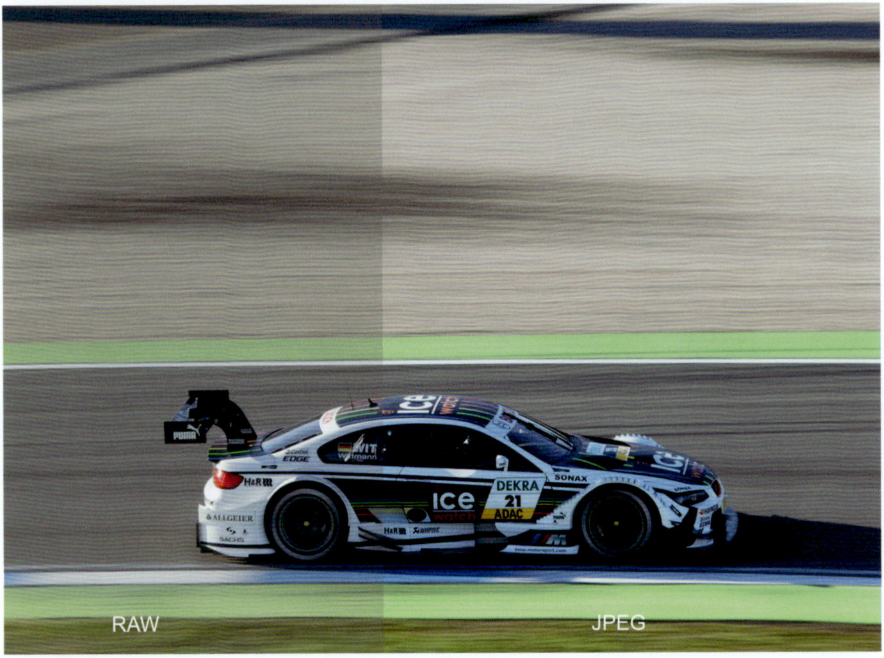


Die Qualität des RAW-Bildes sieht auf den ersten Blick schlechter aus. Der Eindruck täuscht aber.

RAW-Bilder sind im Vergleich zum JPEG größer und bieten mehr Bildinformationen. So kann das Bild später besser weiterbearbeitet werden. Dafür wird allerdings spezielle Software benötigt. JPEG-Dateien lassen sich direkt öffnen und z. B. bei Facebook oder Flickr hochladen, ohne sie zu bearbeiten.

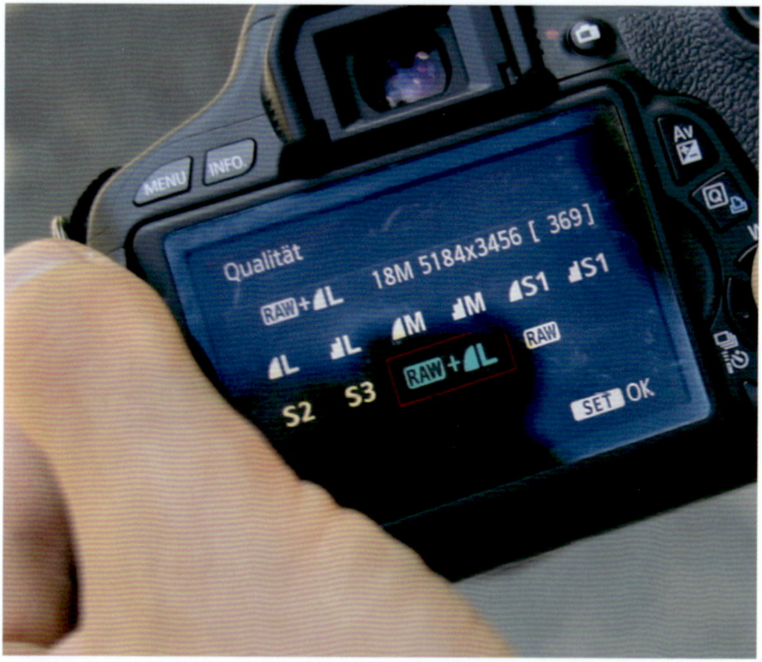


Ich empfehle, immer in beiden Modi, RAW und JPEG, zu fotografieren, wenn man die Bilder später noch bearbeiten möchte.

# FOTOS NACH REZEPT

*Jetzt verstehst du die Kamera schon ein bisschen besser und kannst loslegen zu fotografieren. In den folgenden Rezepten findest du Bildideen für jede Jahreszeit und für jedes Wetter. Die einzelnen Fotorezepte sind miteinander kombinierbar, und ich gebe dir bei jedem Rezept einen Extratipp für eine Variation oder Erweiterung zum Rezept. Wenn du alle 30 Rezepte ausprobiert hast, verstehst du deine Kamera richtig gut und kannst in neuen Situationen auf dein erlerntes Wissen zurückgreifen. Achte bei den „Zutaten" auf die angegebene Tageszeit und das Licht, da diese beiden Komponenten entscheidend für die Kameraeinstellungen sind.*

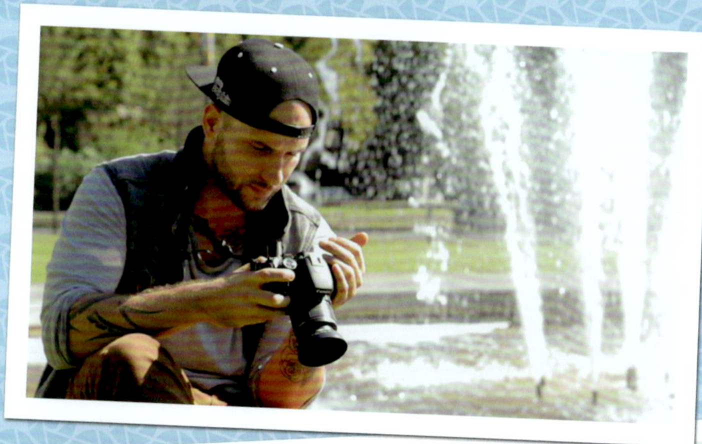

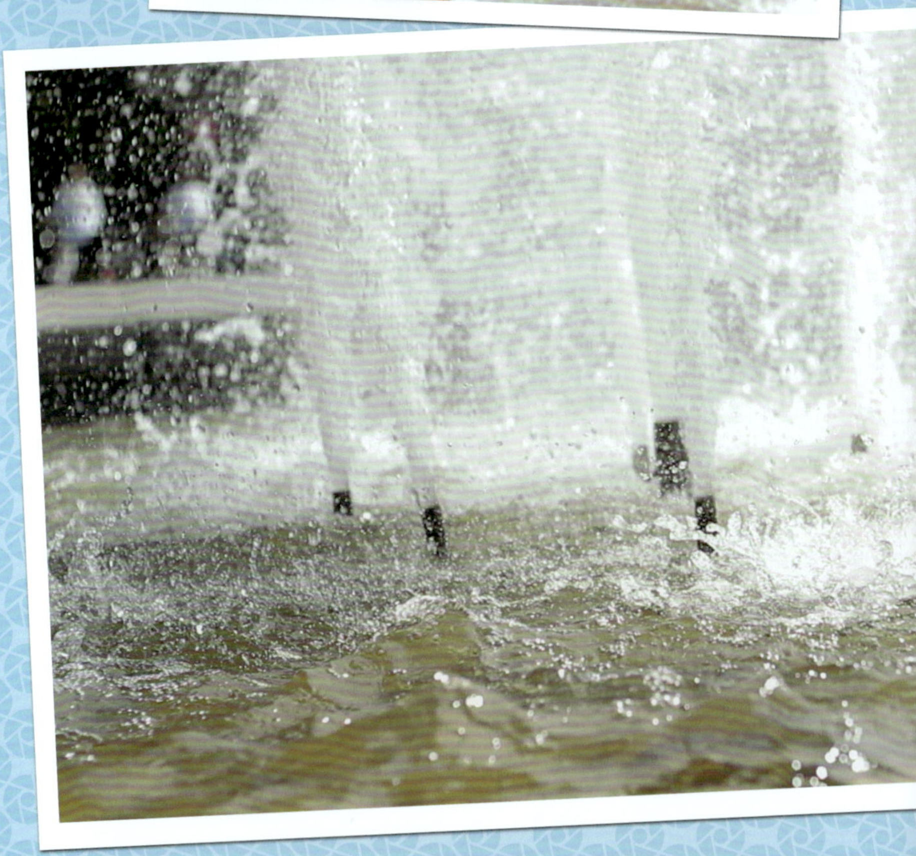

# DER SPRITZENDE BRUNNEN

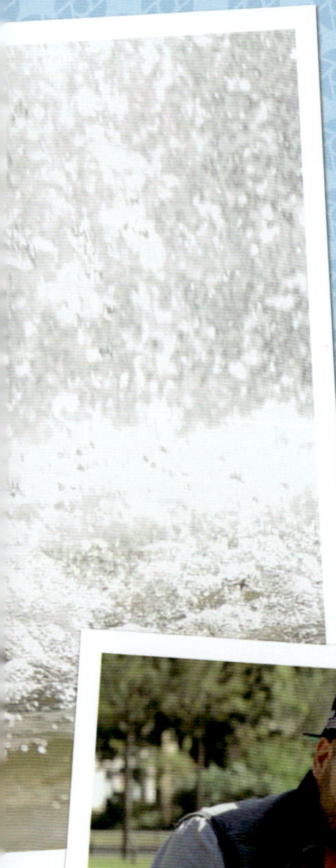

**Zutaten**

- Tageslicht mit Sonnenschein
- Springbrunnen oder Wasserhahn
- Digitale Spiegelreflexkamera
- Kit-Objektiv 18 – 55 mm
- Speicherkarte
- Akku

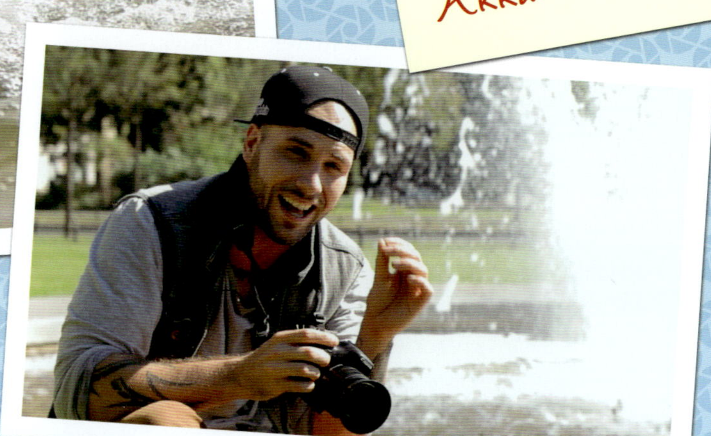

# Der spritzende Brunnen

## Vorbereitung

Halte Ausschau nach einem Springbrunnen, der das Wasser in die Luft spritzt und im direkten Sonnenlicht (ohne Schatten, denn ohne Sonne kein „Einfrieren") liegt. Der „Kniff" bei diesem Rezept ist die schnelle Verschlusszeit.

## Zubereitung

Stelle die Kamera in den manuellen Modus M und zoome das Objektiv auf 55 mm. Die Blende bleibt auf f5,6 und der ISO-Wert auf 100. Die Verschlusszeit passt du über die Belichtungsmessung so an, dass die Belichtung korrekt ist. Im prallen Sonnenschein sollte sie ca. 1/1600 s betragen.

Mit dem Autofokus und dem Fokuspunkt in der Mitte des Suchers positionierst du die Spitze des Brunnens nun wie auf dem Bild und fotografierst von unten nach oben in den Himmel.

Der Kontrast vom Blau des Himmels zum Weiß der gestochen scharfen Wassertropfen gibt dem Bild den besonderen Extrakick.

**TIPP**

Bewege dich um den Brunnen herum und ändere die Höhe, aus der du fotografierst, um neue Perspektiven und Winkel zu entdecken.

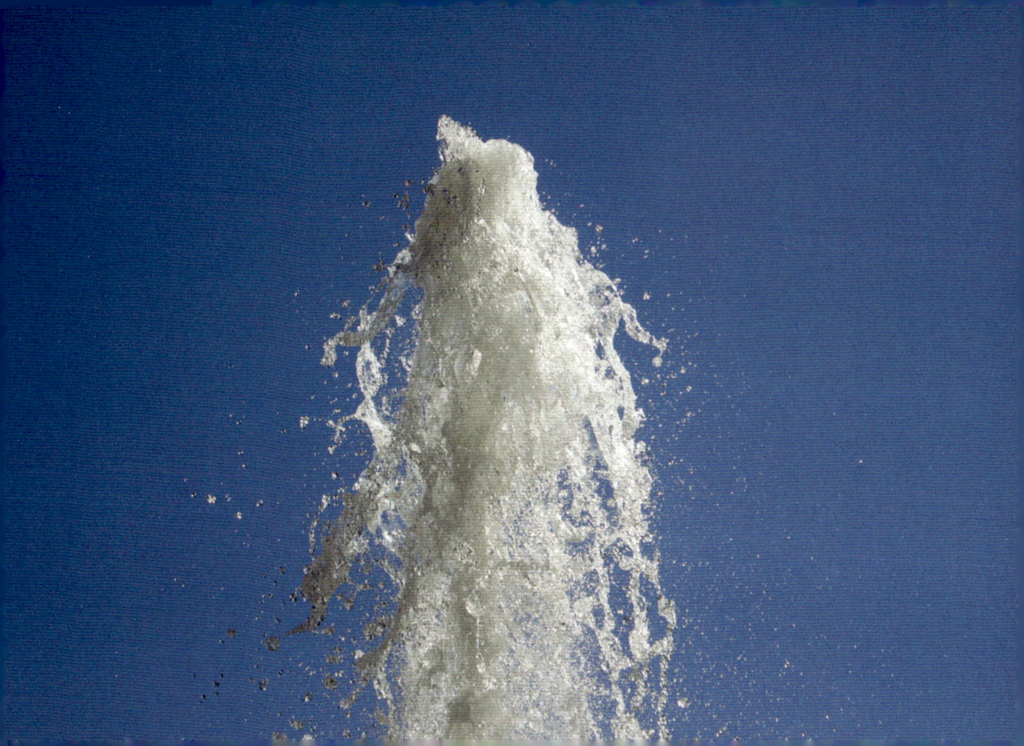

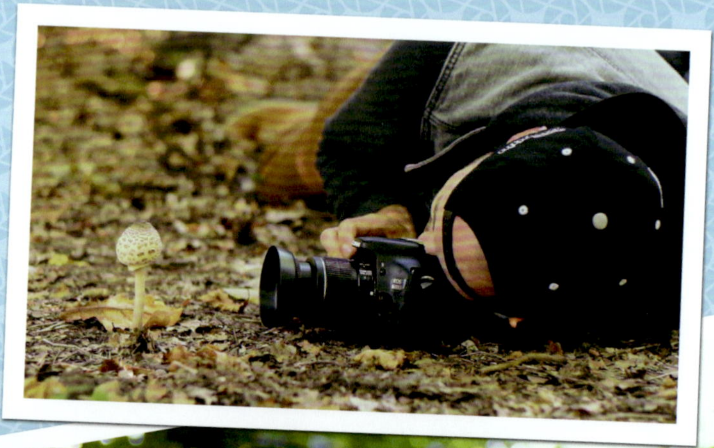

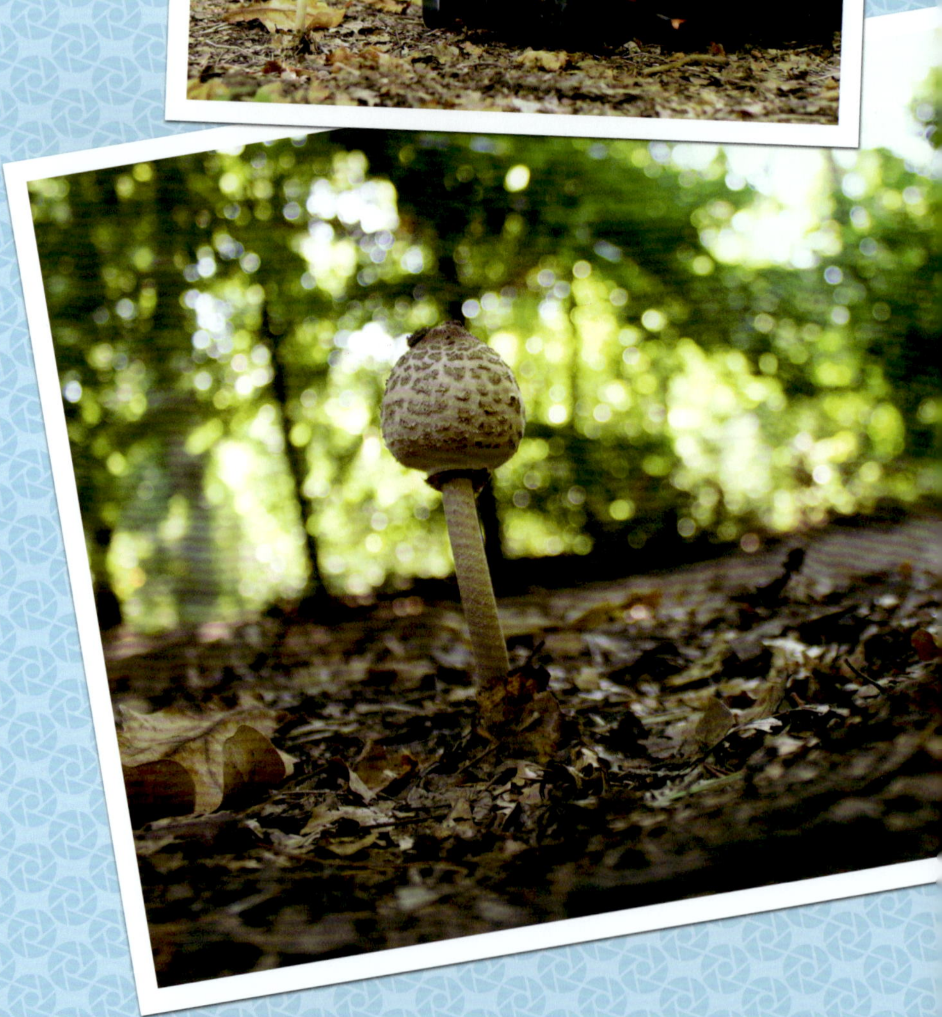

# DER PILZ

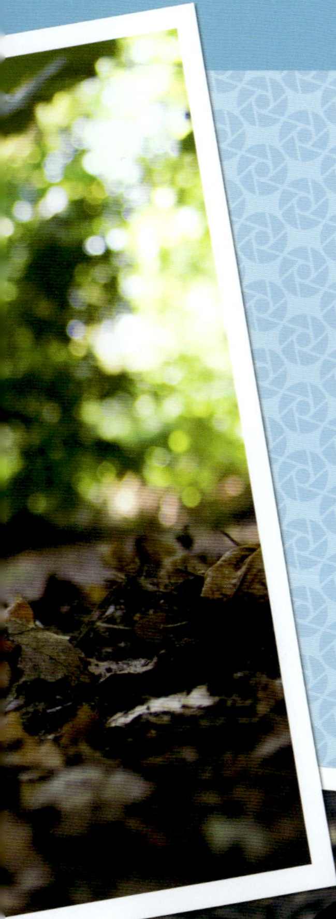

## Zutaten

Tageslicht, keine Dämmerung

ein Pilz, möglichst frei stehend und makellos

Digitale Spiegelreflexkamera

Kit-Objektiv 18 – 55 mm

Speicherkarte

Akku

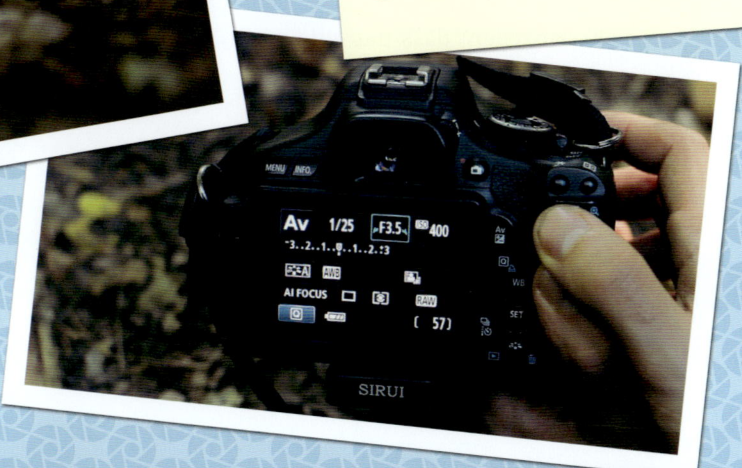

# Der Pilz

## Vorbereitung

Halte nach einer längeren Regenzeit im Wald Ausschau nach einem interessanten Pilz. Er sollte nicht im direkten Sonnenlicht und möglichst frei stehen.

## Zubereitung

Lege dich direkt vor dem Pilz auf den Bauch und wechsle in den Zeitautomatikmodus Av/A der Kamera. Zoome das Objektiv auf 18 mm, stelle die Blende auf f3,5 und den ISO-Wert auf 400. Die Verschlusszeit errechnet die Kamera.

Gehe nun mit der Kamera so weit wie möglich nach unten auf den Boden, lege den Fokuspunkt nach rechts außen und platziere ihn auf dem Pilz. Wenn du von unten nach oben fotografierst, erscheint der Pilz größer und du bekommst als „Nebeneffekt" noch ein interessantes Lichtspiel im Hintergrund.

Sollte die Verschlusszeit unter 1/20 s gehen, ändere den ISO-Wert auf 800, um sicherzustellen, dass das Bild nicht verwackelt, oder stütze die Kamera auf dem Boden ab.

**TIPP**

Geh mit der Kamera so nah an den Pilz, dass du gerade noch scharf stellen kannst. Durch den Weitwinkel entsteht so ein interessanter Effekt.

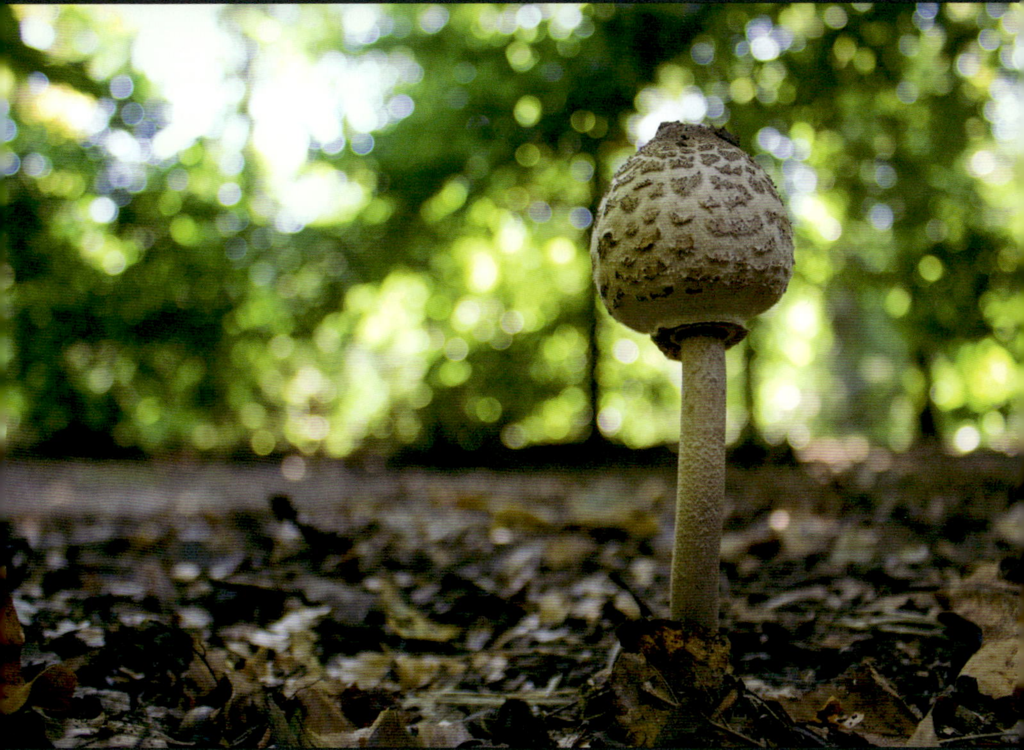

18 mm / f3,5 / 1/40s / ISO 400

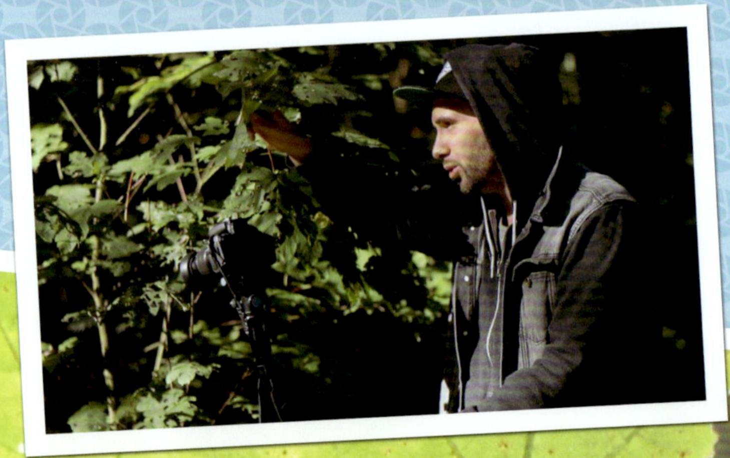

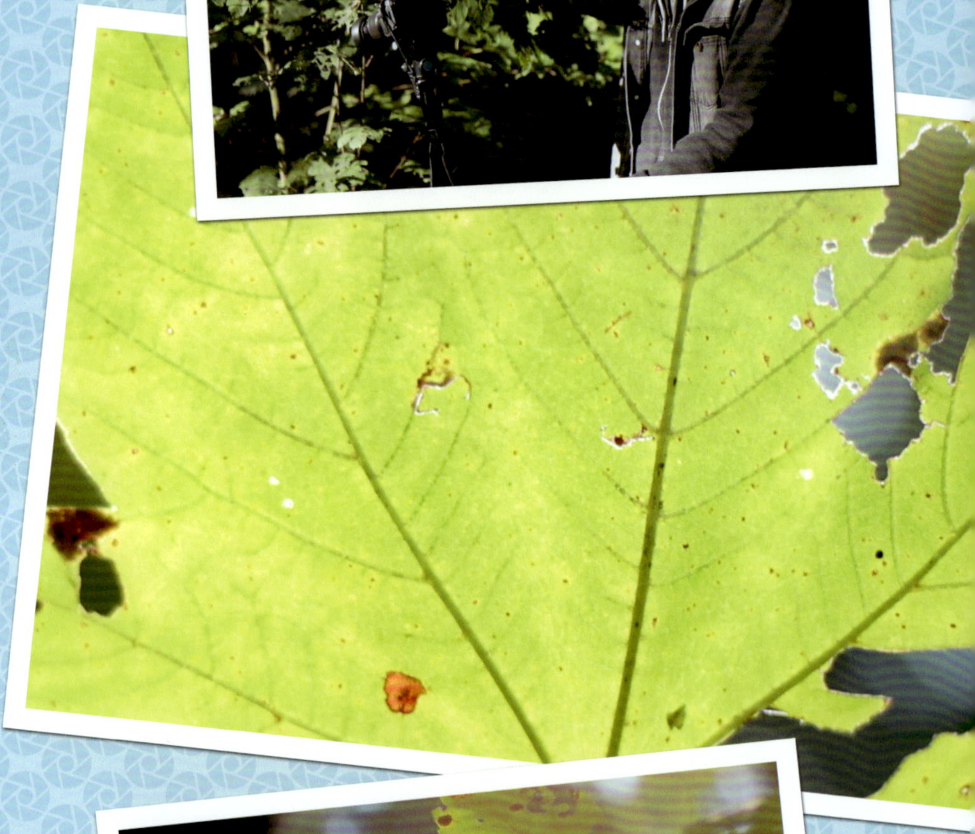

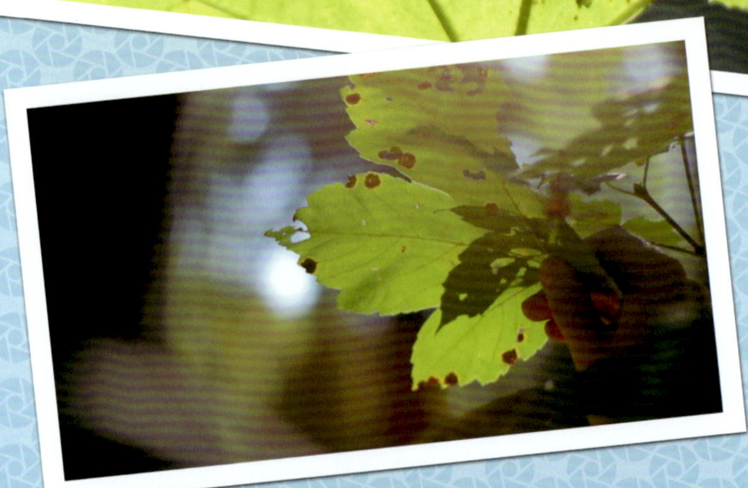

# DAS DURCHSICHTIGE BLATT

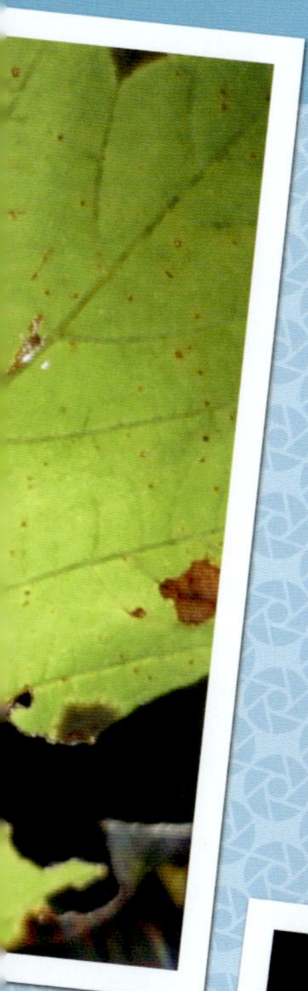

## Zutaten

direktes Sonnenlicht

Laubbaum

Digitale Spiegelreflexkamera

Kit-Objektiv 18 – 55 mm

Speicherkarte

Akku

Stativ

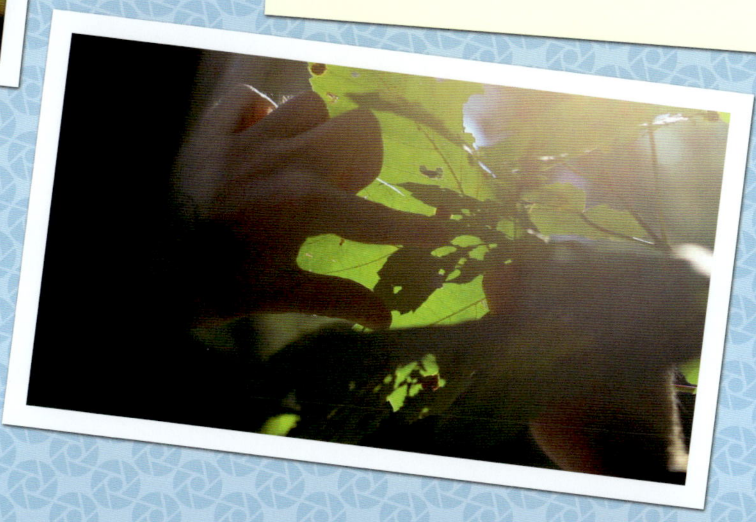

# Das durchsichtige Blatt

## Vorbereitung

Für dieses Bild brauchst du einen Laubbaum mit großen Blättern. Sammle entweder ein heruntergefallenes Blatt vom Boden auf oder greife dir ein Blatt an einem Ast in Reichweite.

## Zubereitung

Stelle die Kamera auf das Stativ und zoome auf 55 mm. Wähle den Zeitautomatikmodus Av/A, eine Blende von f7,1 und ISO 100.

Halte das Blatt direkt in die Sonne, sodass es von hinten beleuchtet wird. Gehe dann mit der Kamera so nah an das Blatt, dass es den Sucher komplett ausfüllt, aber dennoch scharf wird. Dafür solltest du immer wieder mit dem Autofokus fokussieren, bis du den richtigen Abstand hast. Falls das Blatt zu klein ist, schnapp dir einfach ein anderes.

Achte beim Fotografieren auf die Linien der Blattadern und darauf, dass du das Blatt parallel zum Objektiv hältst, so bekommst du eine durchgängige Schärfe.

**TIPP**

Rote und gelbe Blätter im Herbst leuchten besonders kräftig und geben den Extrakick.

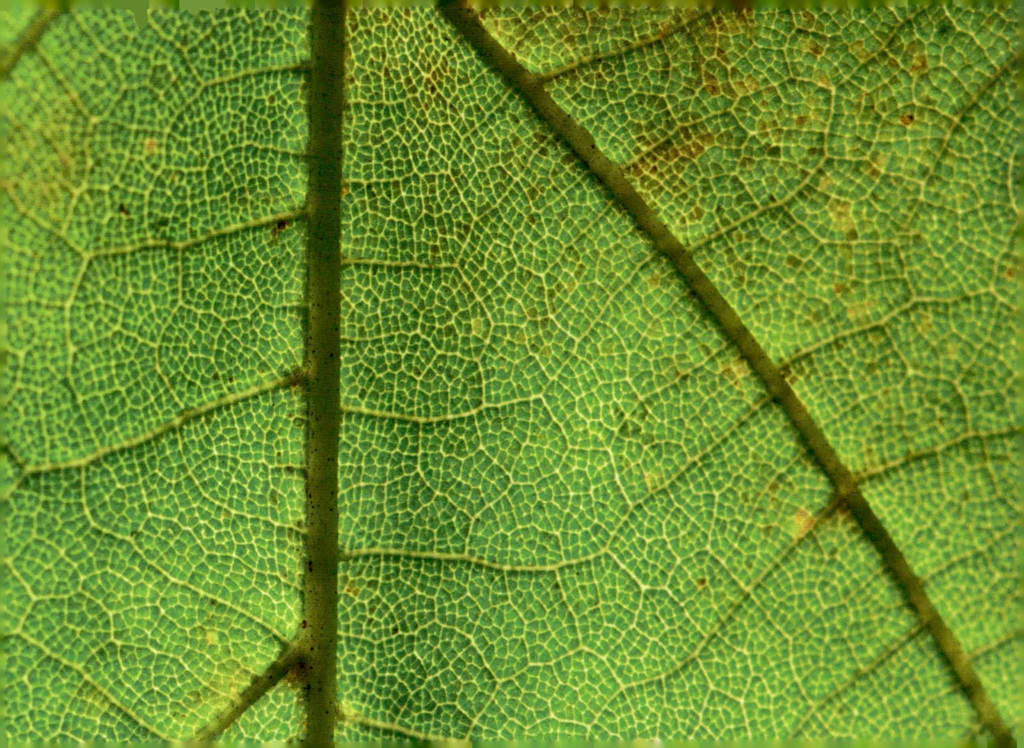

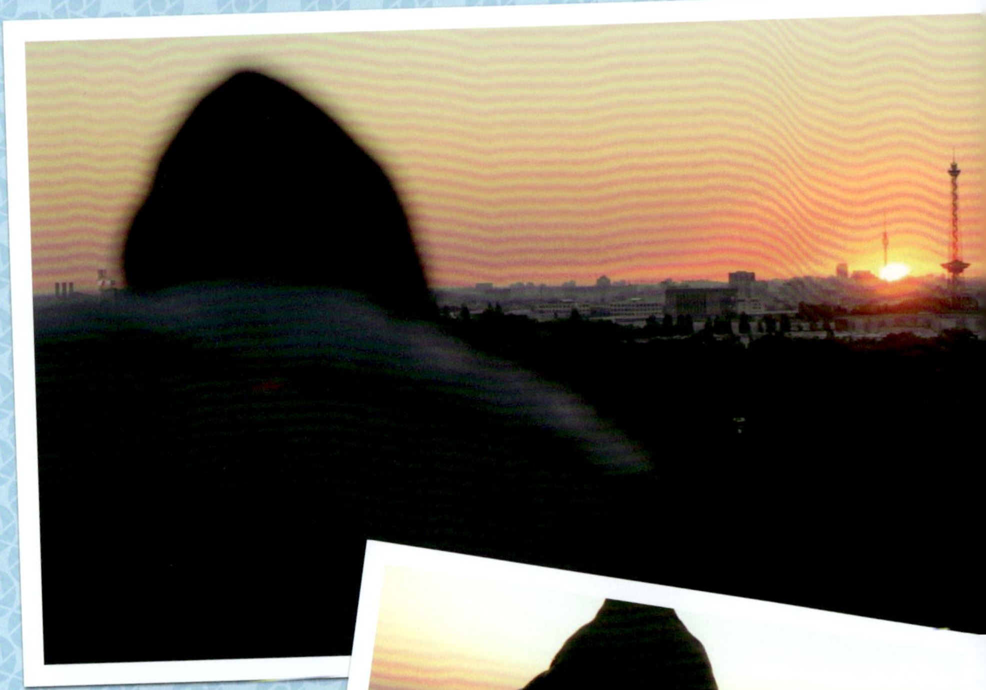

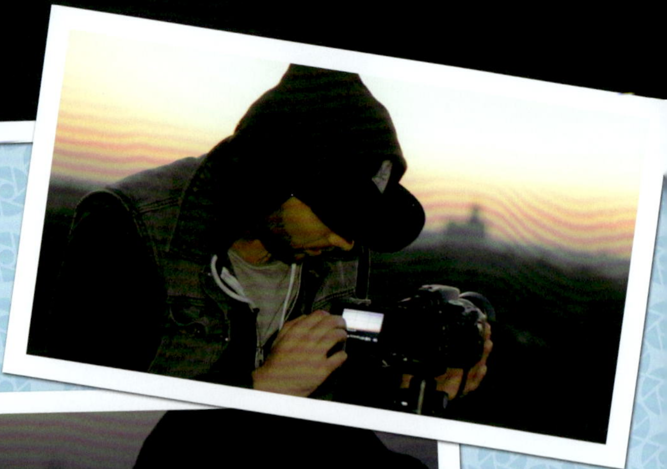

# ZAUBERHAFTE LANDSCHAFT

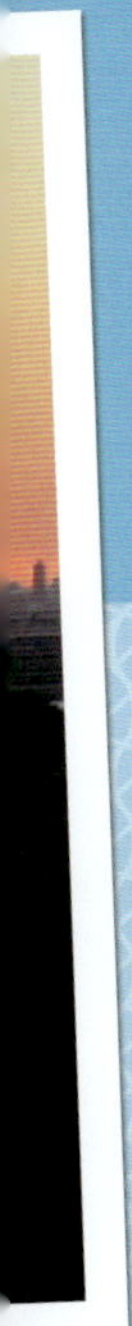

## Zutaten

- tief stehende Sonne am Morgen oder Abend
- interessante Landschaft
- Digitale Spiegelreflexkamera
- Kit-Objektiv 18 – 55 mm
- Speicherkarte
- Akku
- Stativ

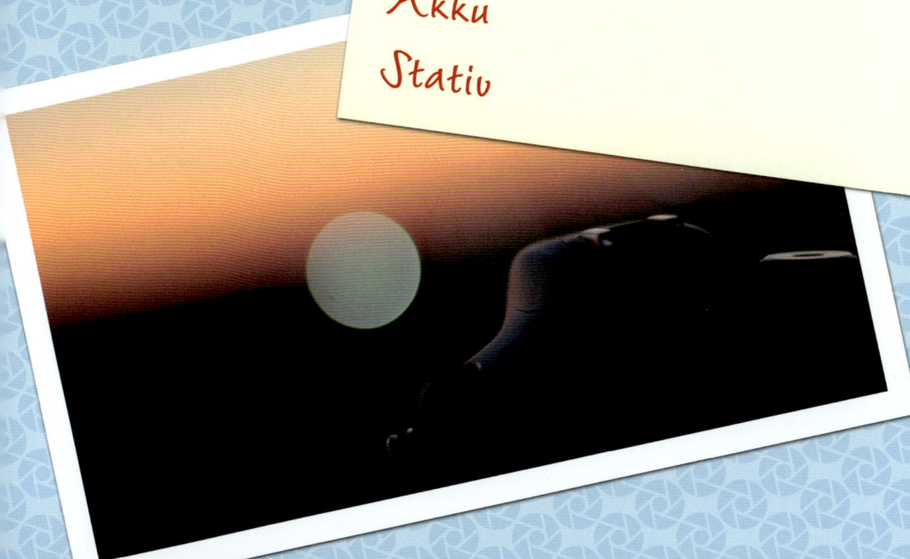

# Zauberhafte Landschaft

## Vorbereitung

Suche dir eine interessante Landschaft mit freier Sicht: Seen, Berge, Felder, aber auch Stadtlandschaften liefern tolle Motive. Wichtig für diese Aufnahme ist ein Tag mit gutem Wetter. Da sich das Licht schnell ändert, ist es von Vorteil, eine Stunde bevor du eigentlich fotografieren willst, vor Ort zu sein.

## Zubereitung

Befestige die Kamera auf dem Stativ, zoome das Objektiv auf 18 mm und wechsle in den manuellen Modus M der Kamera. Wähle die Blende f9, ISO 100 und beurteile die Verschlusszeit (wenn möglich) anhand des Live-View-Modus. So kannst du die Belichtung nach deinem Geschmack wählen und sie in Echtzeit an die Lichtsituation anpassen. Wenn du keinen Live View hast, kannst du die Belichtung mit der Belichtungsanzeige der Kamera und ein, zwei Testaufnahmen bestimmen.

Richte das Bild gerade am Horizont aus und teile es dabei so ein, dass das Motiv aus einem Drittel Erde und zwei Dritteln Himmel besteht. Das kannst du entweder über das Gitter des Live View machen oder mit den Fokuspunkten im Sucher. Stelle den Selbstauslöser auf zwei Sekunden ein, deaktiviere den Autofokus sowie den Bildstabilisator und fokussiere manuell.

**TIPP**

Besuche den gleichen Ort an verschiedenen Jahres- und Tageszeiten, du wirst überrascht sein, wie vielseitig er sein kann.

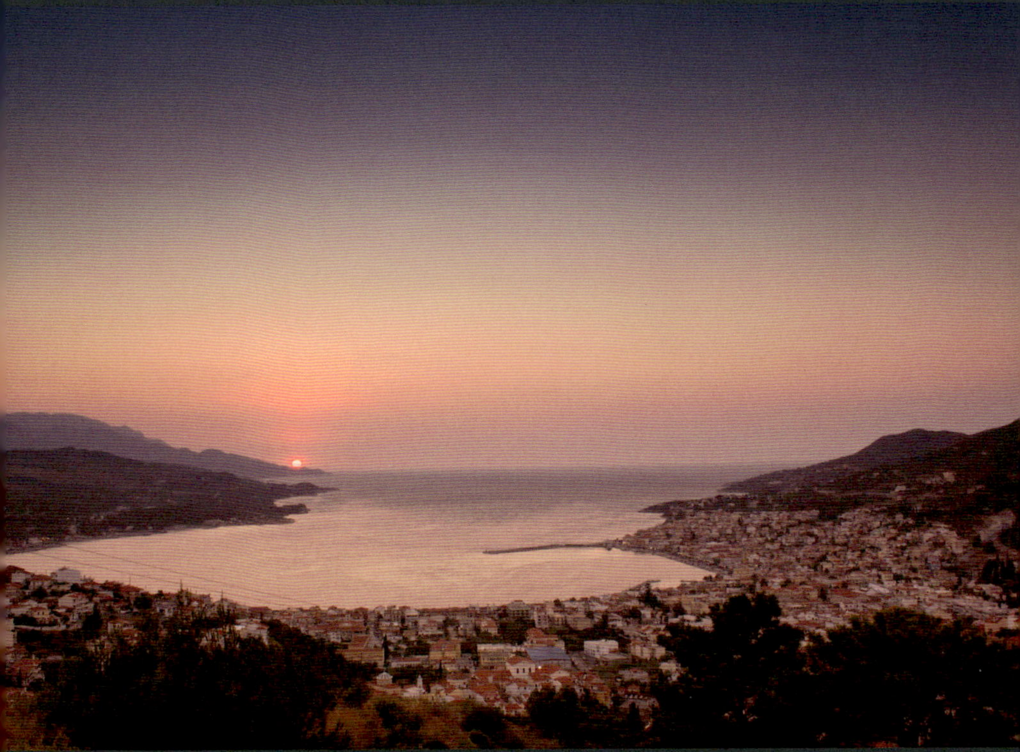

18 mm / f9 / 1/25 s / ISO 100

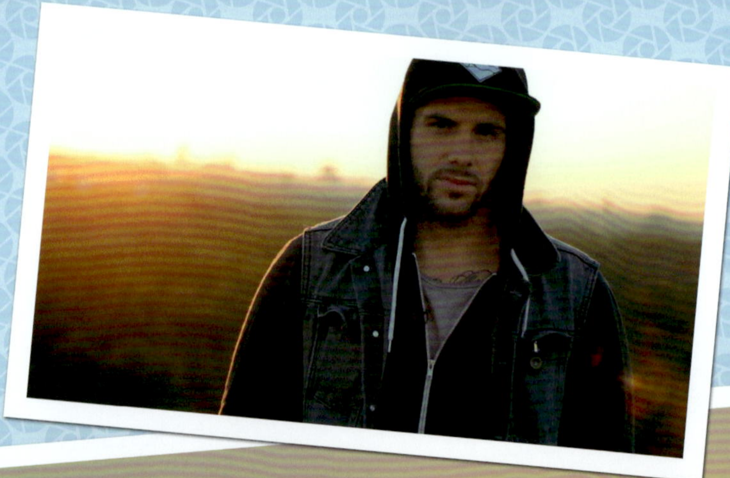

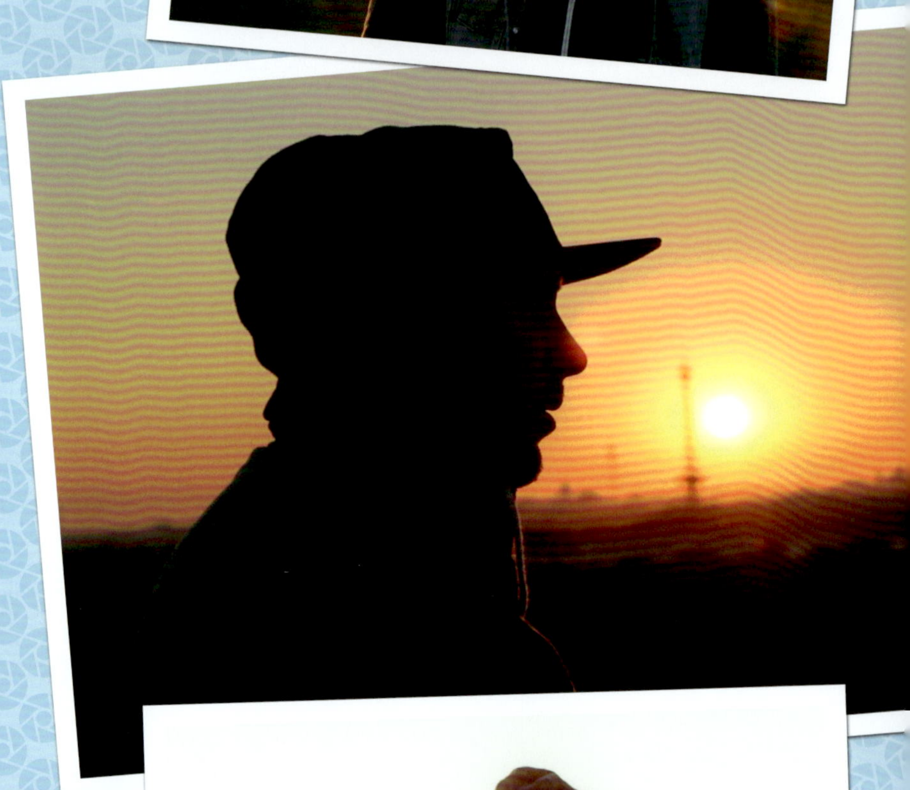

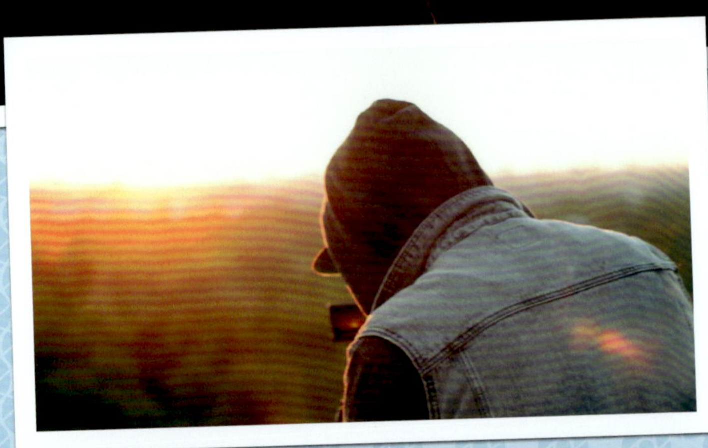

# SILHOUETTEN IM SONNENUNTERGANG

Zutaten

Sonnenuntergang

eine Person oder einen Gegenstand, mit der/dem man Silhouetten erzeugen kann

Digitale Spiegelreflexkamera

Kit-Objektiv 18 – 55 mm

Speicherkarte

Akku

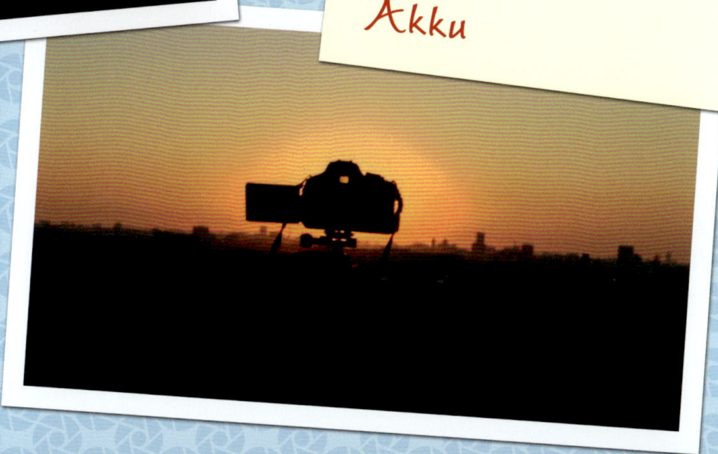

# Silhouetten im Sonnenuntergang

## Vorbereitung

Finde einen Ort, an dem du ohne Hindernis in den Sonnenuntergang schauen kannst – das kann z. B. auf einer Erhöhung, am Strand oder auf einem Feld sein.

## Zubereitung

Zoome das Objektiv auf 35 mm oder 55 mm (je nach Entfernung) und wechsle in den manuellen Modus M. Wähle die Blende f20 und den ISO-Wert 100. Die Verschlusszeit stellst du so ein, dass der Strich der Belichtungsanzeige auf –1 bis –2 steht, wenn du direkt in den Himmel fokussierst.

Kontrolliere im Live View, ob das Bild dunkel genug ist, oder mache eine Testaufnahme. Stelle die Person oder das Objekt, das die Silhouette ergeben soll, direkt vor die Sonne oder bewege dich so, dass das Motiv direkt zwischen dir und der Sonne steht. Fokussiere mit dem Autofokus auf das Objekt. Kontrolliere nach der Aufnahme, ob der Effekt stark genug ist, und regle gegebenenfalls die Verschlusszeit kürzer, falls das Bild zu hell ist, oder länger, falls es zu dunkel ist.

**TIPP**

Kombiniere die Sonne mit unterschiedlichen Silhouetten. So entstehen weitere kreative Bilder.

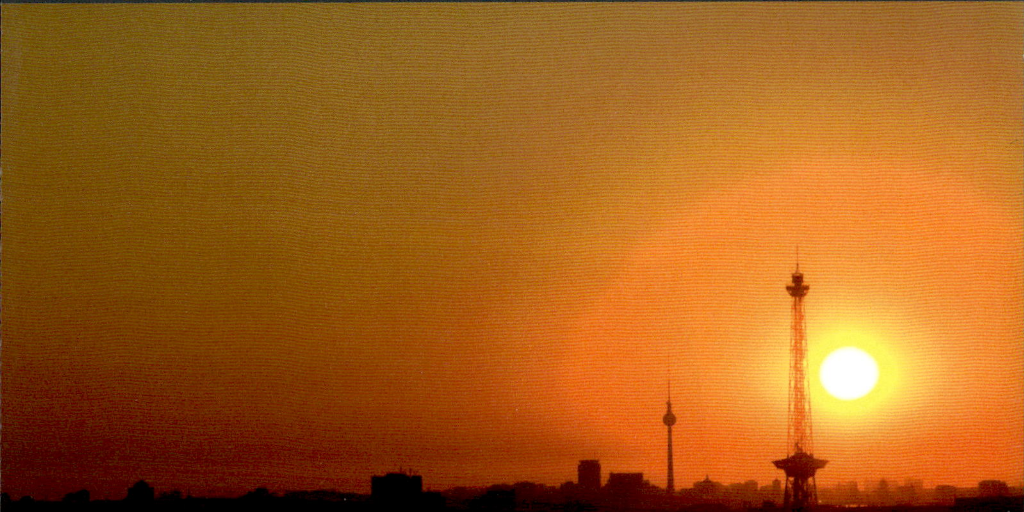

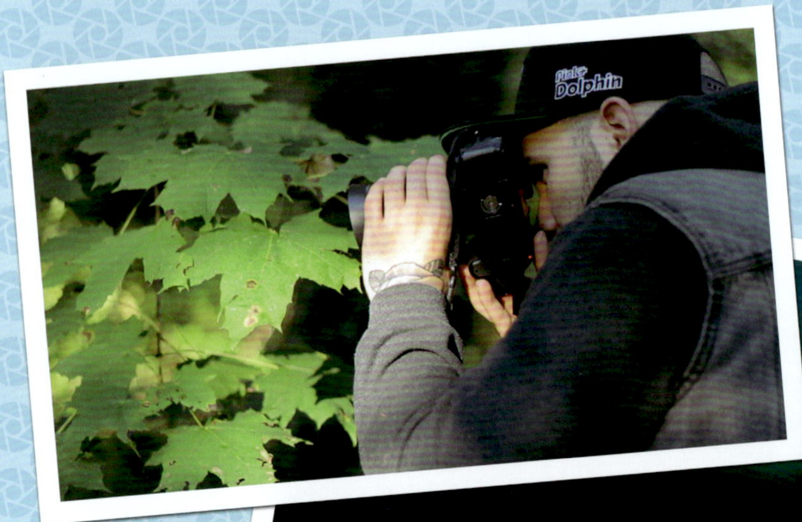
Dolphin

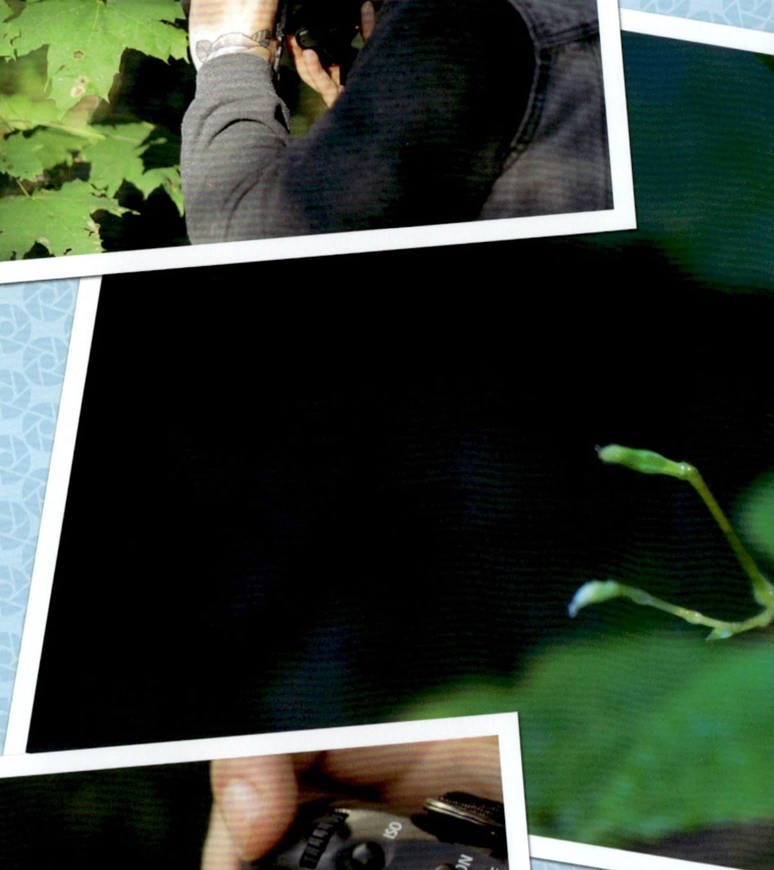

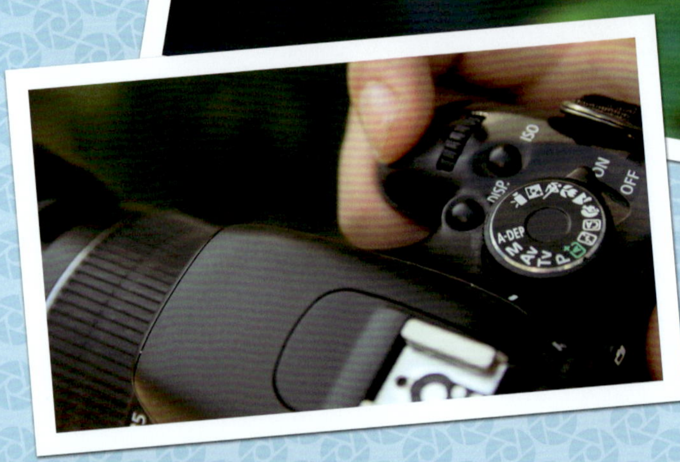
ISO
ON
OFF
A-DEP
M
Av
Tv
P

# MORGENTAU

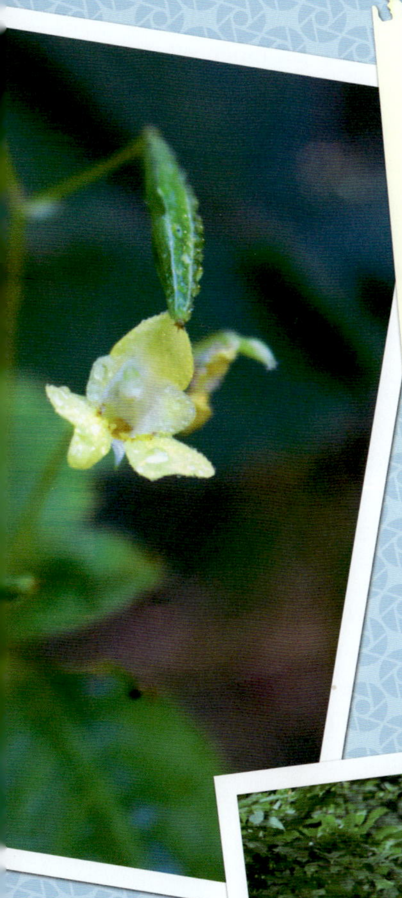

Zutaten

- Morgenlicht
- Pflanzen mit Tau
- Digitale Spiegelreflex-kamera
- Kit-Objektiv 18 – 55 mm
- Speicherkarte
- Akku
- Stativ

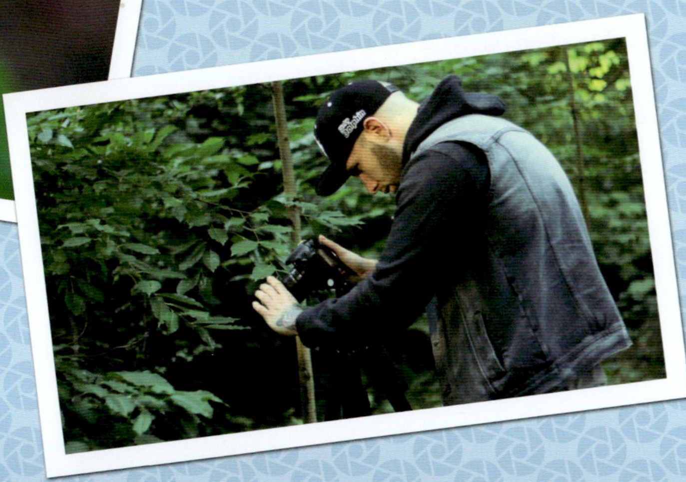

# Morgentau

## Vorbereitung

Am Morgen ist das Licht besonders schön. Es lohnt sich daher, früh aufzustehen, um den Morgentau im Wald oder auf einer Wiese zu erwischen. Such dir eine Stelle, an der genug Licht vorhanden ist. (Am besten ist direktes Sonnenlicht.) Halt die Augen offen nach einem geeigneten Fotoobjekt, idealerweise findest du ein Blatt, auf dem noch ein paar Tautropfen sitzen.

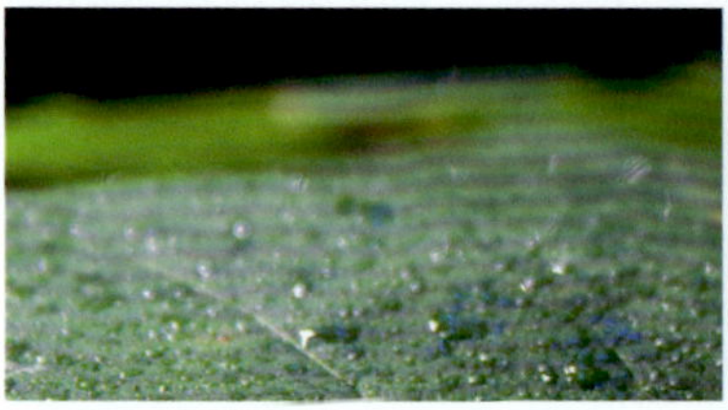

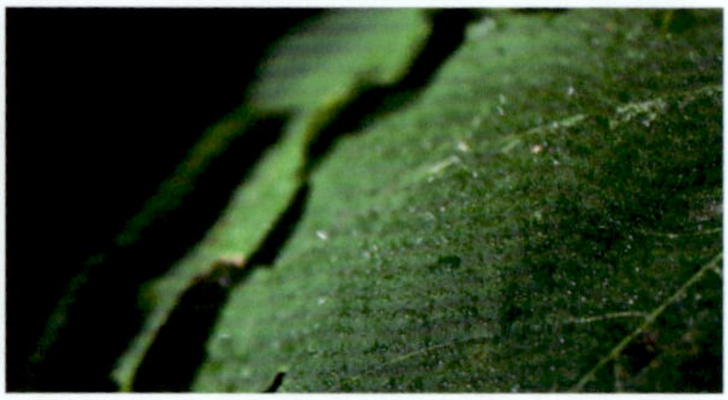

## Zubereitung

Stelle die Kamera auf das Stativ und fahre es so weit wie möglich runter. Zoome auf 55 mm, wechsle in den Zeitautomatikmodus Av/A und wähle die Blende f5,6 sowie ISO 200. Setze den Fokuspunkt nach rechts oben. Gehe möglichst nah an das Blatt heran und fokussiere auf die Tautropfen. Stelle die Kamera schräg zum Objekt, um einen tollen Schärfeverlauf zu bekommen. Verändere Kamerahöhe und Perspektive und beobachte, wie sich das Bild verändert.

**TIPP**

Suche dir Orte, an denen die Sonne durch Blätter scheint. Wassertropfen und Sonnenlicht geben tolle Reflexionen.

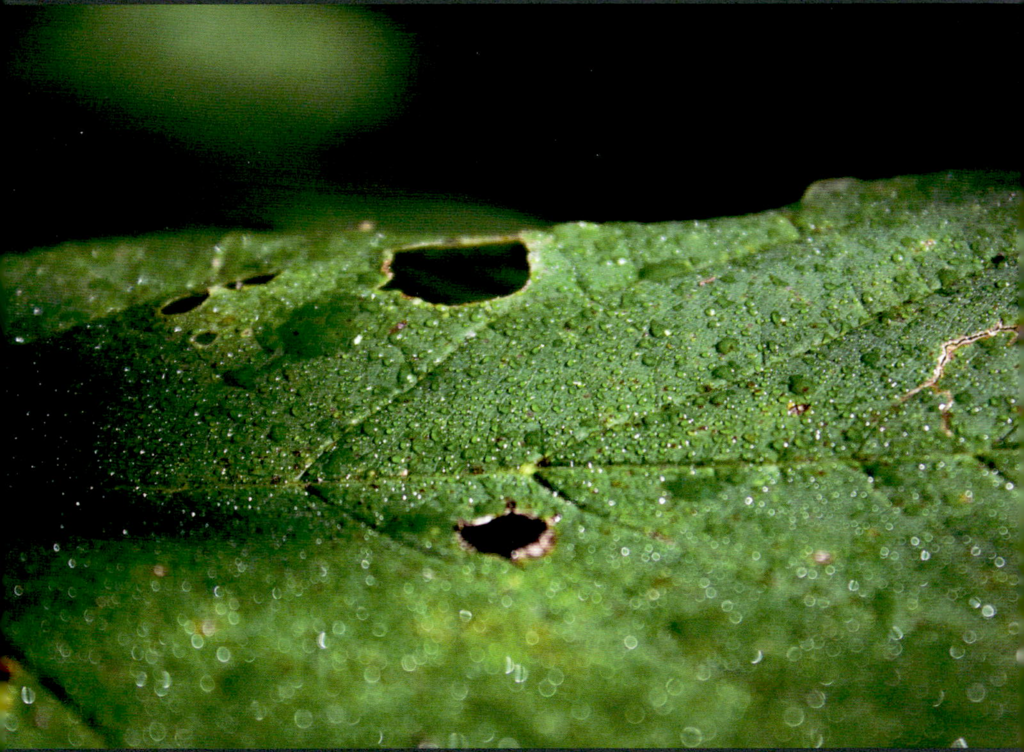

55 mm / f5,6 / 1/1400 s / ISO 200

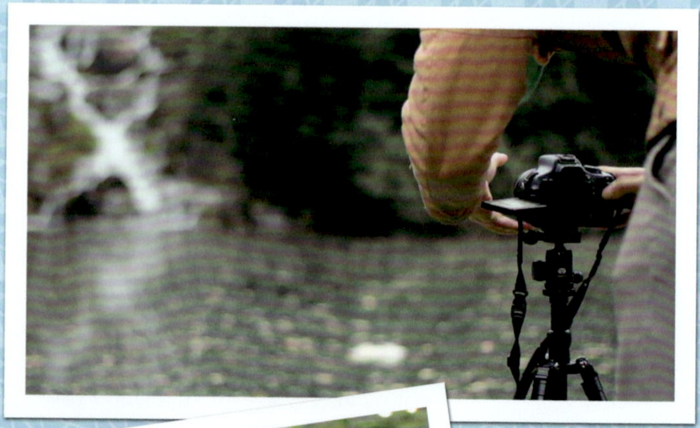

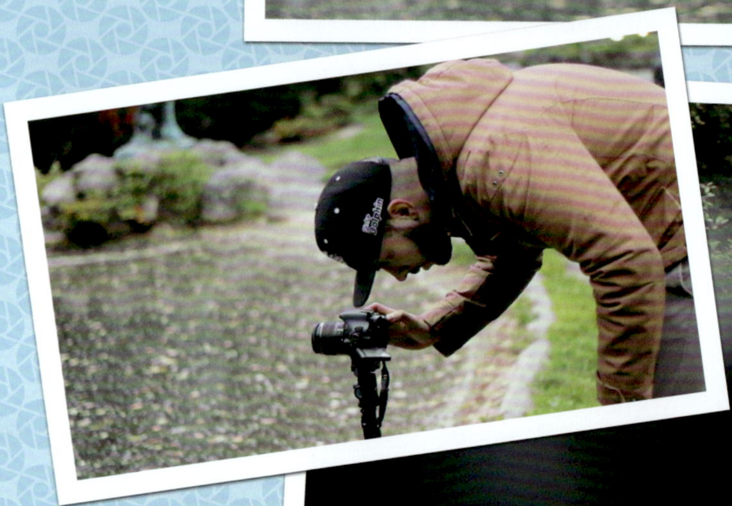

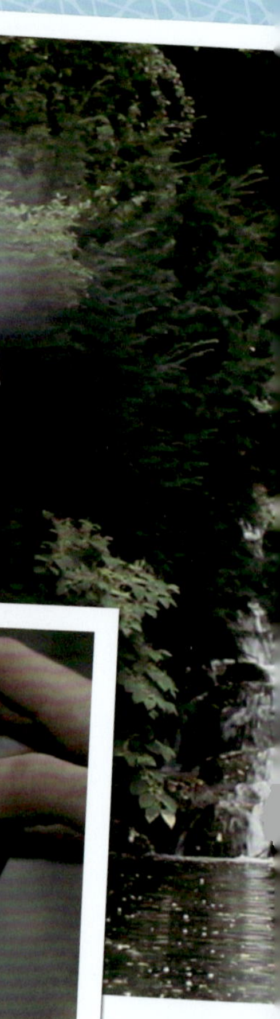

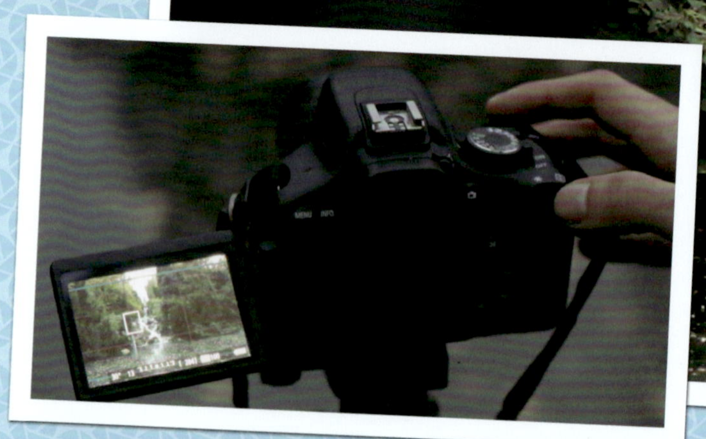

# FLIESSENDES WASSER

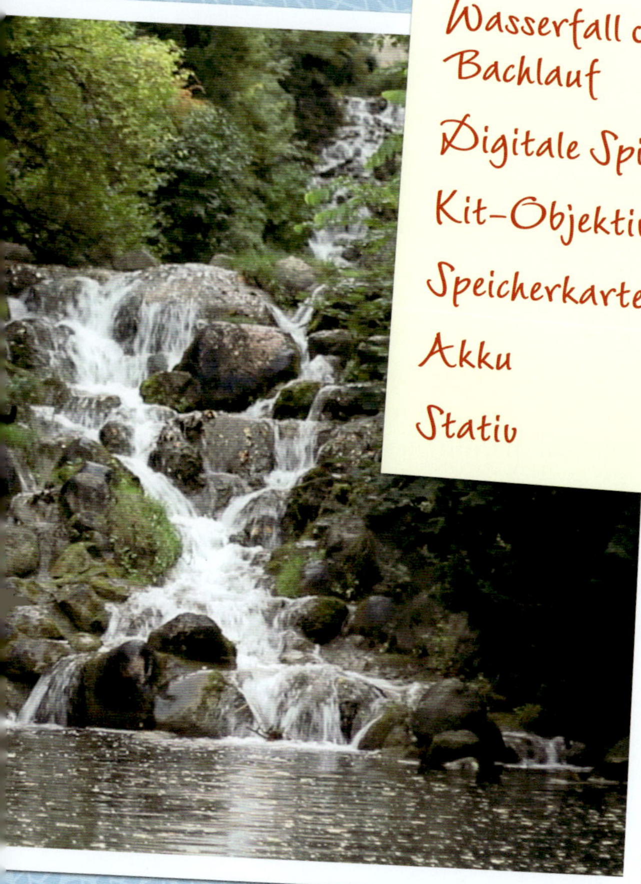

## Zutaten

- Dämmerung
- Wasserfall oder schneller Bachlauf
- Digitale Spiegelreflexkamera
- Kit-Objektiv 18 – 55 mm
- Speicherkarte
- Akku
- Stativ

# Fließendes Wasser

## Vorbereitung

Ein Wasserfall oder ein schneller Bachlauf mit Steinen ist bei diesem Bild Voraussetzung. Zeitpunkt der Aufnahme: kurz vor der Dämmerung. Sei früh genug vor Ort, dann hast du noch genug Zeit für den Aufbau.

## Zubereitung

Befestige die Kamera auf dem Stativ und wähle die Brennweite je nach Entfernung zum Objekt. Wechsle in den manuellen Modus M und wähle eine Blende f13, ISO 100 und eine Verschlusszeit von mindestens 1 s. Prüfe über die Belichtungsanzeige oder den Live View, ob das Bild richtig belichtet ist.

Stelle den Selbstauslöser auf zwei Sekunden ein, deaktiviere Bildstabilisator und Autofokus und stelle auf starre Elemente im Bild, z. B. Steine oder Äste, scharf. Positioniere nach Möglichkeit die Aktion des Wassers im rechten oder linken Drittel des Bildes. Löse aus und kontrolliere die Schärfe.

Der Trick: Je länger die Verschlusszeit, desto nebelartiger wird das Wasser. Mit einer Änderung von Brennweite, Position und Perspektive kannst du den Bildausschnitt und die Wirkung verändern.

**TIPP**

Mit einem Neutraldichtefilter (ND-Filter, auch Graufilter genannt) kann man solche Bilder auch am Tag bei Sonnenschein machen.

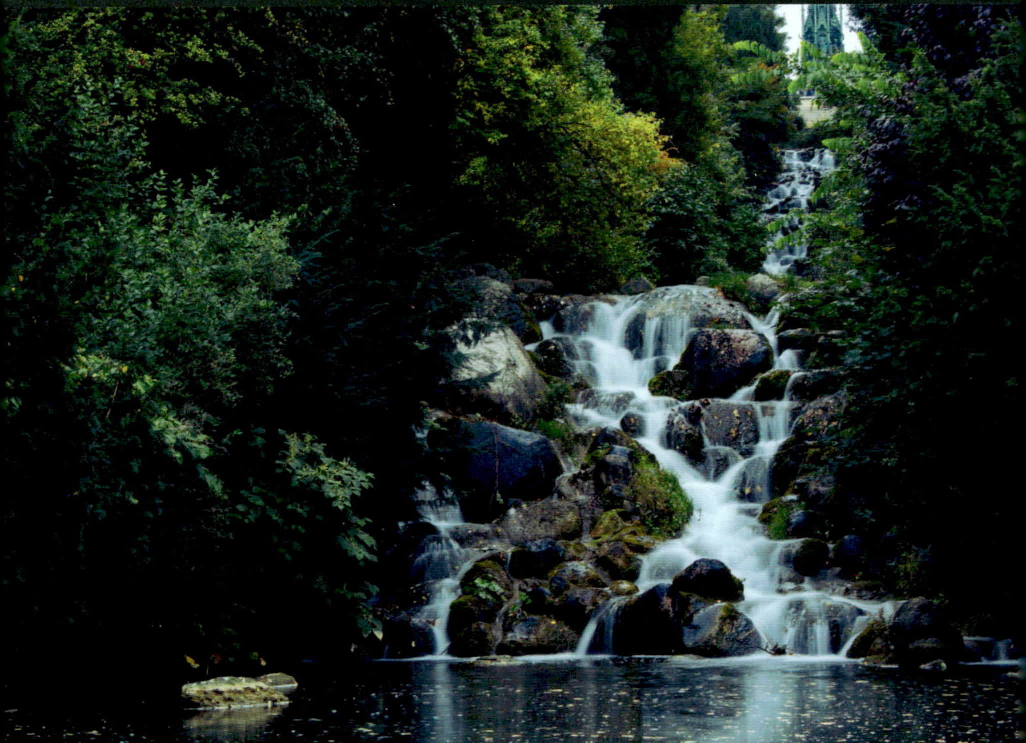

55 mm / f13 / 2 s / ISO 100

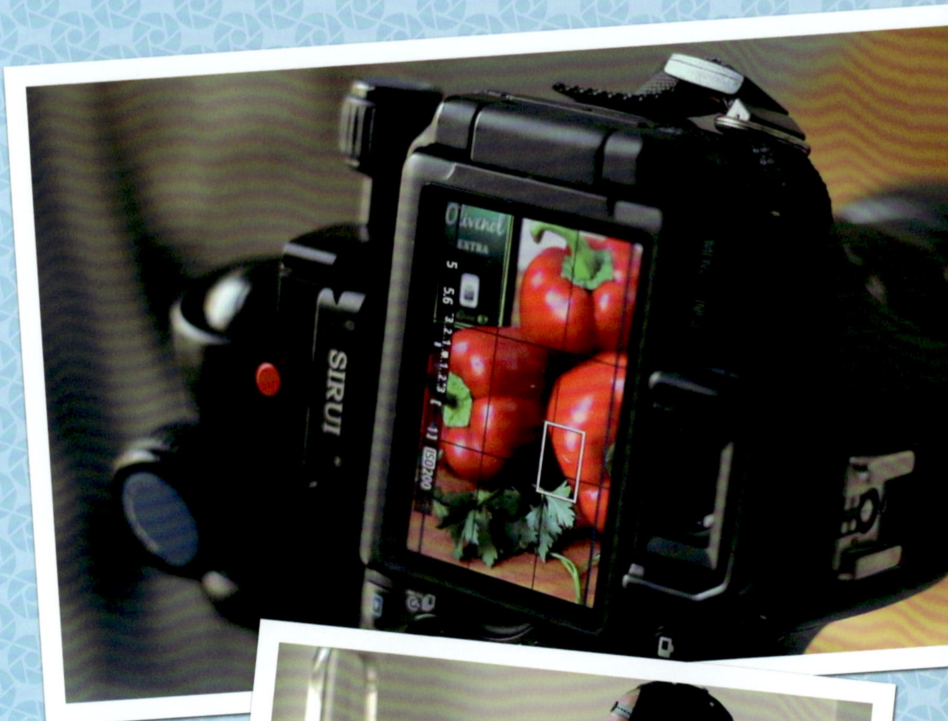
SIRUI

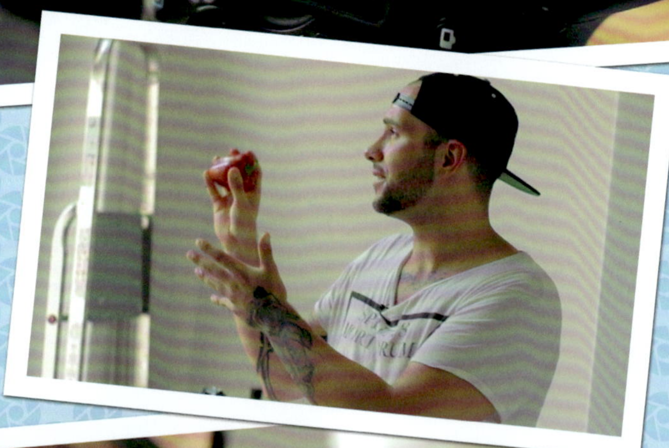

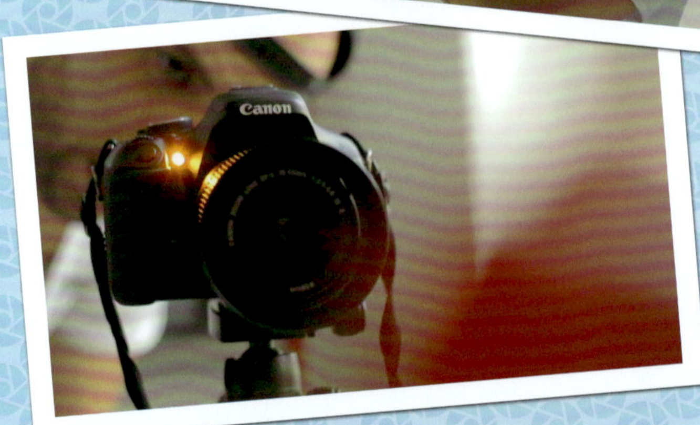
Canon

# LECKERES FOOD-STILLLEBEN

**Zutaten**

- Fenster mit Tageslicht
- ein Holzbrett mit schöner Maserung
- Lebensmittel
- Digitale Spiegelreflexkamera
- Kit-Objektiv 18 – 55 mm
- Speicherkarte
- Akku
- Stativ

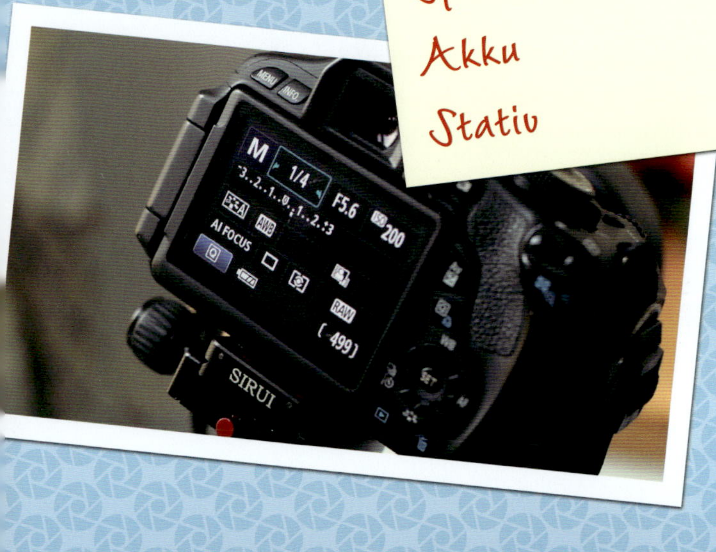

# Leckeres Food-Stillleben

## Vorbereitung

Positioniere das Brett seitlich, möglichst nah am Fenster, und richte die Lebensmittel ansprechend an.

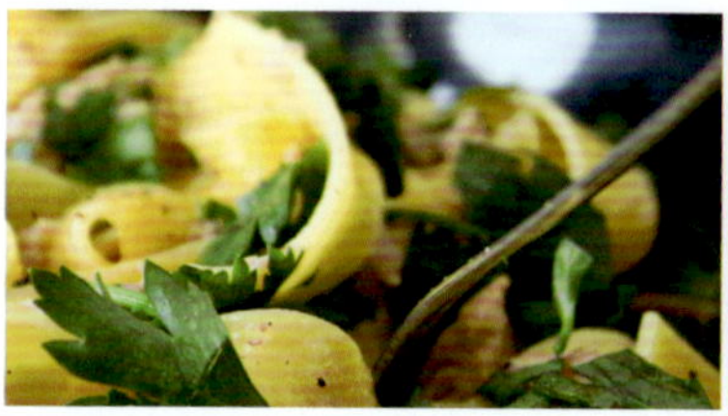

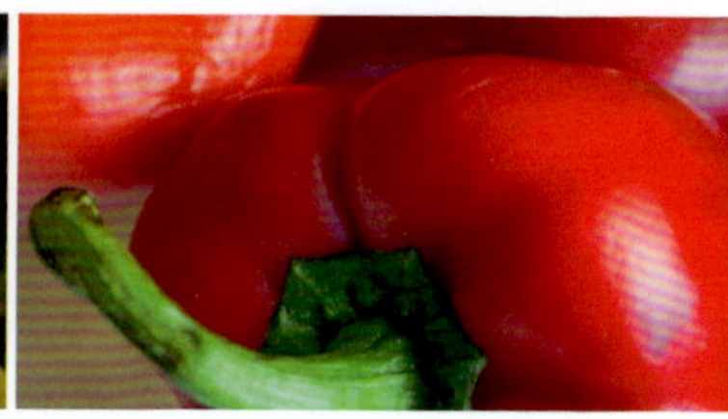

## Zubereitung

Befestige die Kamera auf dem Stativ und zoome das Objektiv auf 55 mm. Wechsle in den manuellen Modus M der Kamera, wähle die Blende f5,6 und ISO 200. Die Verschlusszeit passt du über die Belichtungsanzeige so an, dass der Strich auf +1 ist. Das Bild wird so heller, freundlicher und das Essen wirkt frischer.

Stelle den Selbstauslöser auf zwei Sekunden ein und deaktiviere den Autofokus und den Bildstabilisator. Für einen dynamischen Schärfeverlauf wählst du den Bildausschnitt möglichst schräg. Fokussiere im vorderen Bildbereich.

**TIPP**

Frische Kräuter geben nicht nur dem Essen, sondern auch dem Bild einen Extrakick.

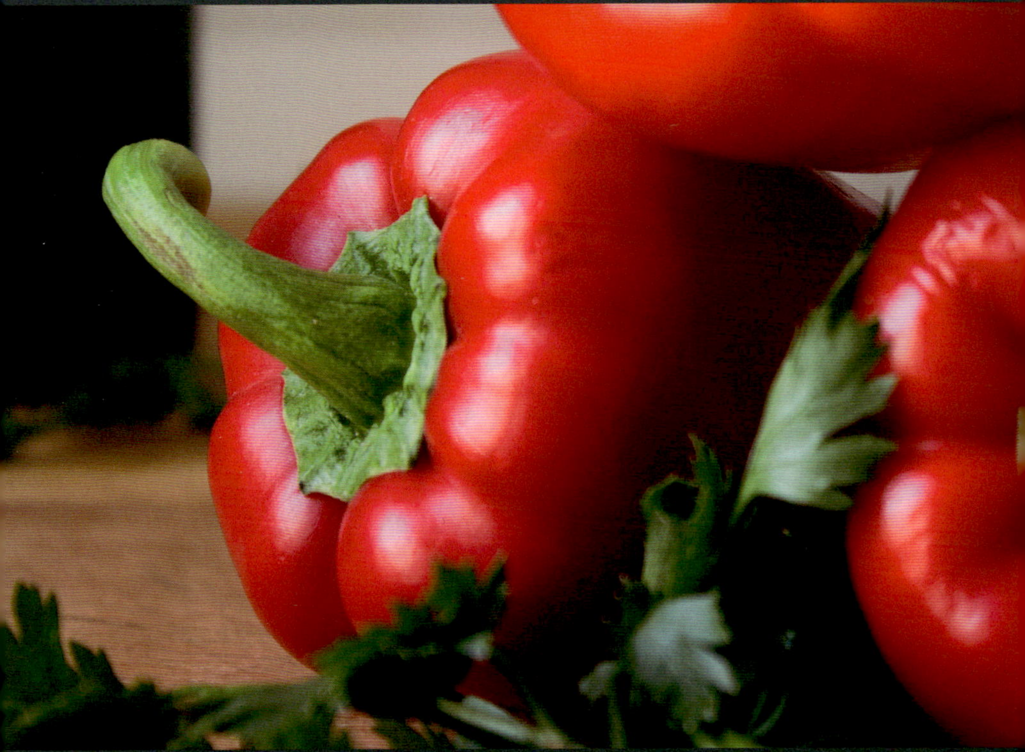

55 mm / f5,6 / 1/13 s / ISO 200

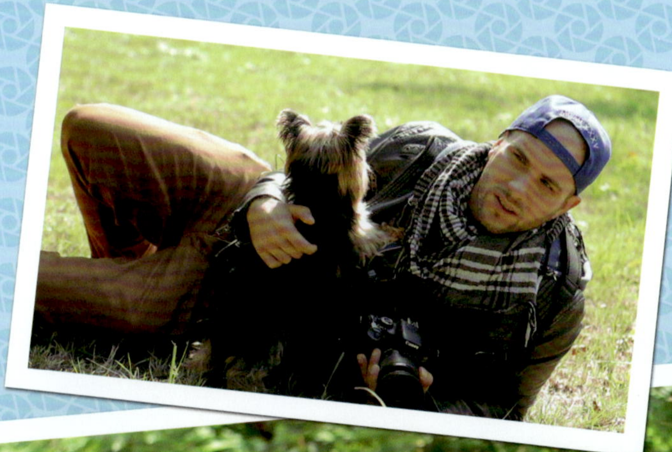

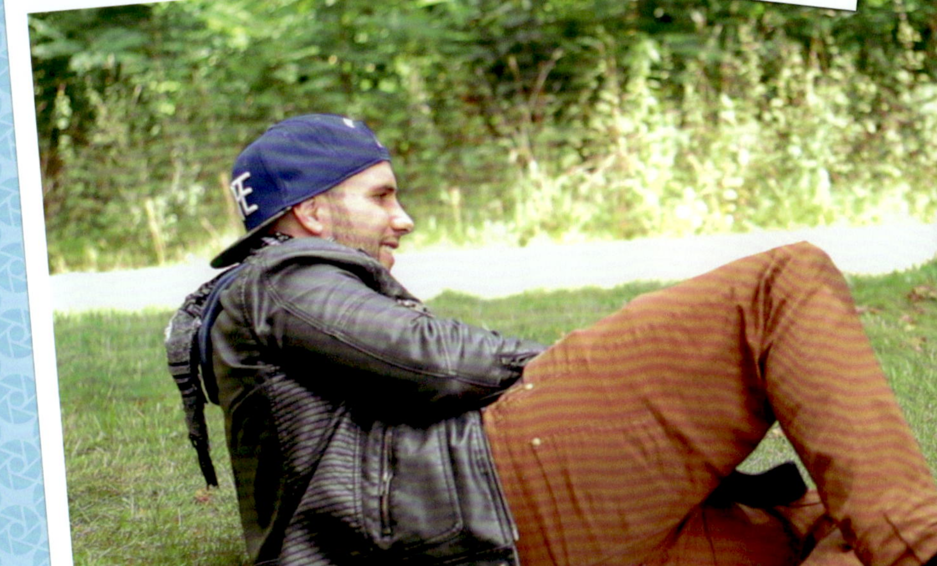

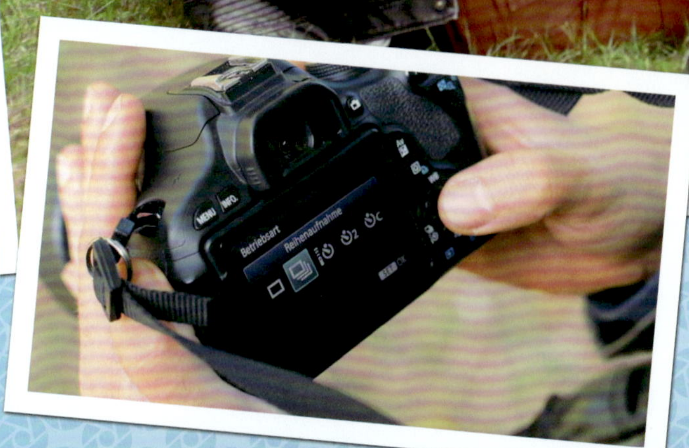
MENU
INFO.
Betriebsart
Reihenaufnahme

# HAUSTIER IN BEWEGUNG

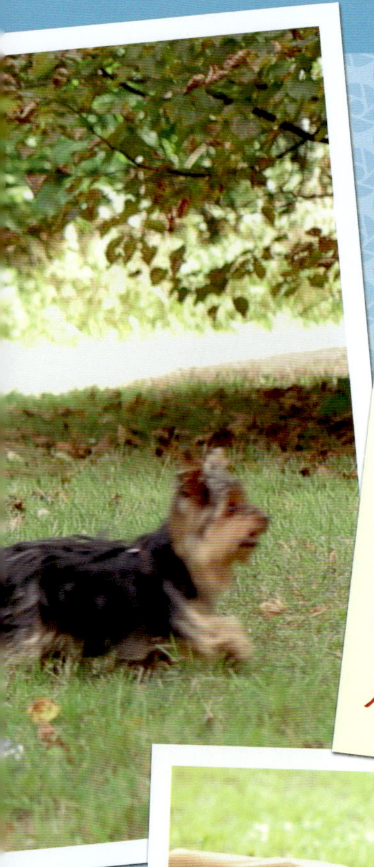

**Zutaten**

- Sonnenschein
- Haustier
- Wiese
- Stock oder Ball
- eine zweite Person als Hilfe
- Digitale Spiegelreflexkamera
- Kit-Objektiv 18 – 55 mm
- Speicherkarte
- Akku

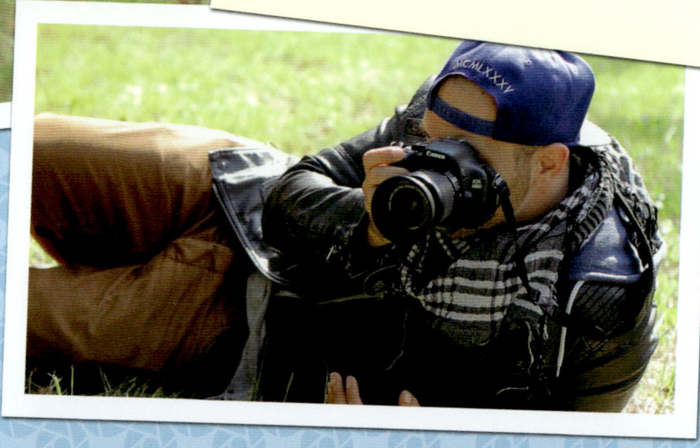

# Haustier in Bewegung

## Vorbereitung

Finde eine große Grünfläche mit viel Licht, auf der man ungestört mit dem Haustier toben kann.

## Zubereitung

Zoome das Objektiv auf 55 mm und wechsle in den Blendenautomatikmodus Tv/S der Kamera. Stelle die Verschlusszeit auf 1/400 s und den ISO-Wert auf 100. Die Blende wird nun automatisch gewählt. Sollte das Bild mit ISO 100 zu hell sein, erhöhe die Verschlusszeit. Blinkt die Anzeigen für die Blende auf, erhöhe den ISO-Wert.

Wähle den Fokuspunkt schräg rechts oben und setze dich auf den Boden, um auf Augenhöhe mit dem Haustier zu sein.

Aktiviere den Autofokus-Modus, die Reihenaufnahme (die Kamera macht mehrere Bilder hintereinander) und fokussiere mit dem Fokuspunkt den Kopf des Tieres aus einiger Entfernung. Hältst du den Auslöser halb durchgedrückt und bewegst die Kamera, regelt der Autofokus automatisch nach. Lass nun deinen Helfer direkt neben dir einen Stock oder Ball diagonal werfen. Wenn das Tier zurückkommt, fokussierst du halb durchgedrückt den Kopf und drückst im richtigen Moment den Auslöser ganz durch.

**TIPP**

Halte ein paar Leckerlis zur Belohnung bereit, falls das Tier nicht „mitspielen" will.

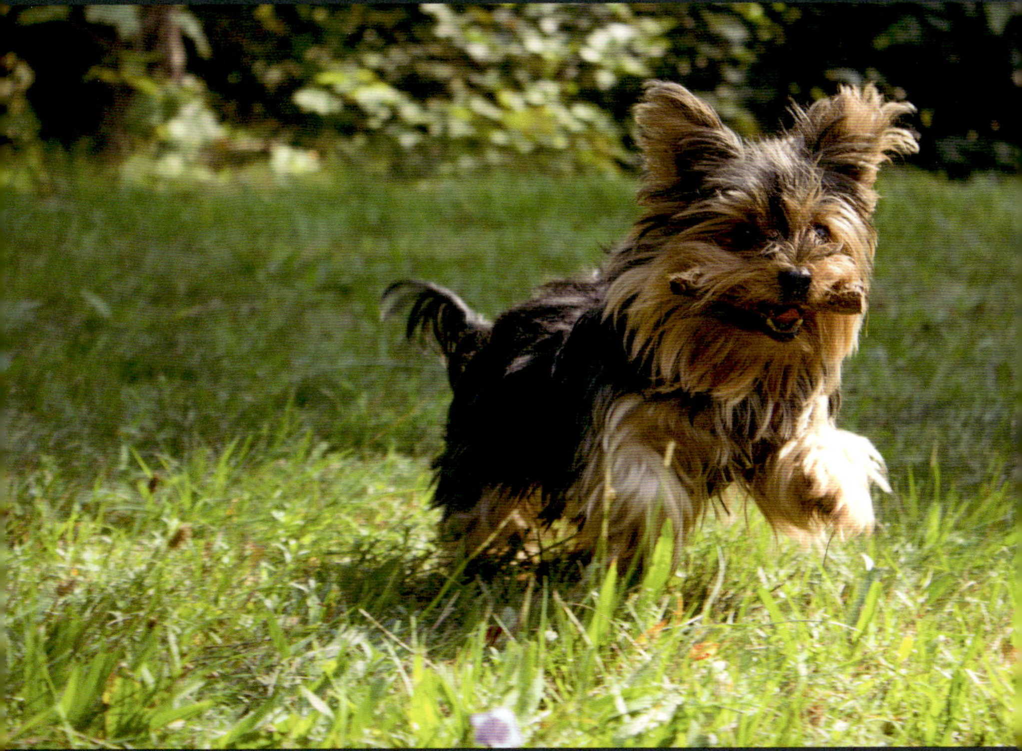

55 mm / f5,6 / 1/400 s / ISO 100

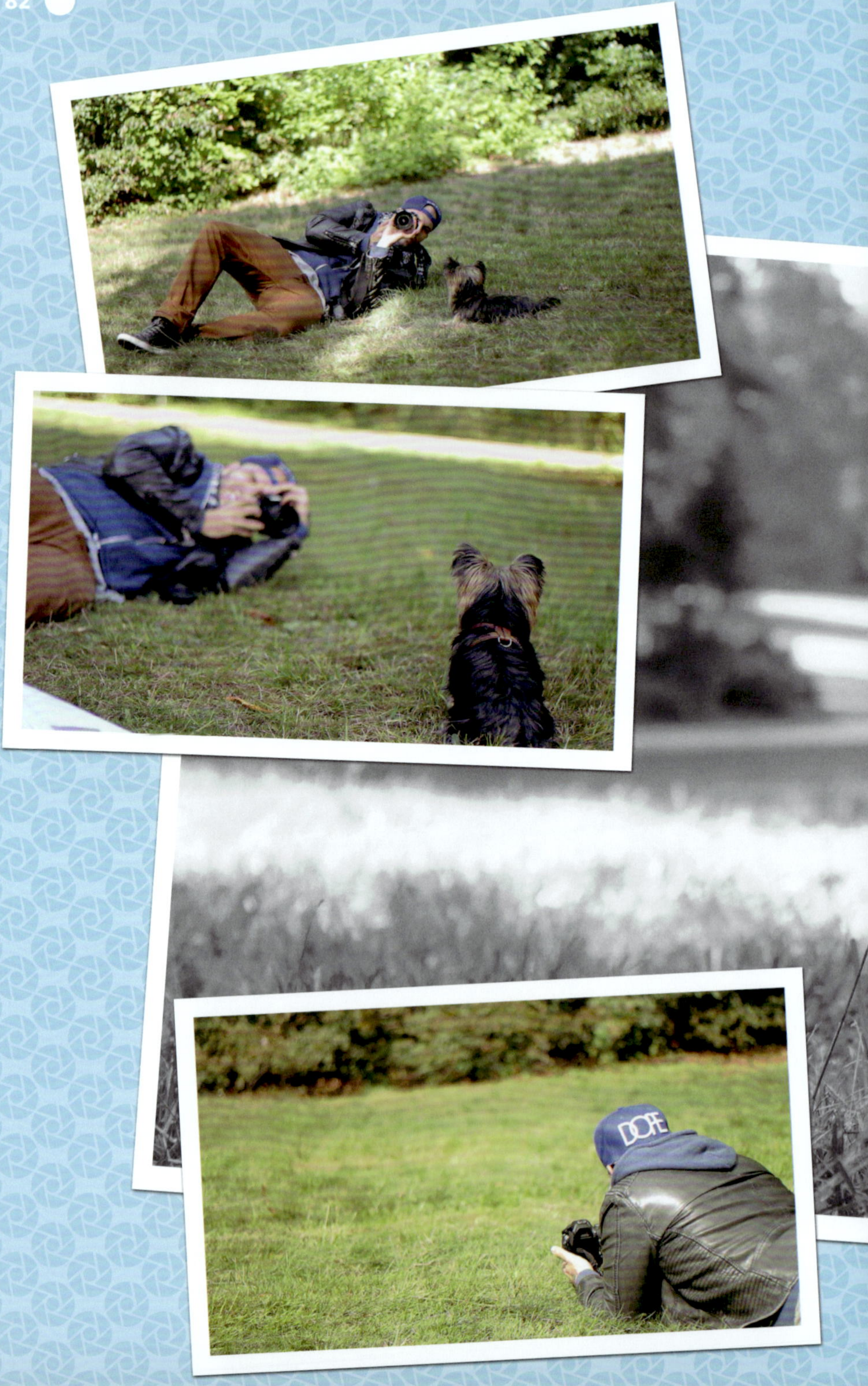
DOPE

# HAUSTIERPORTRÄT

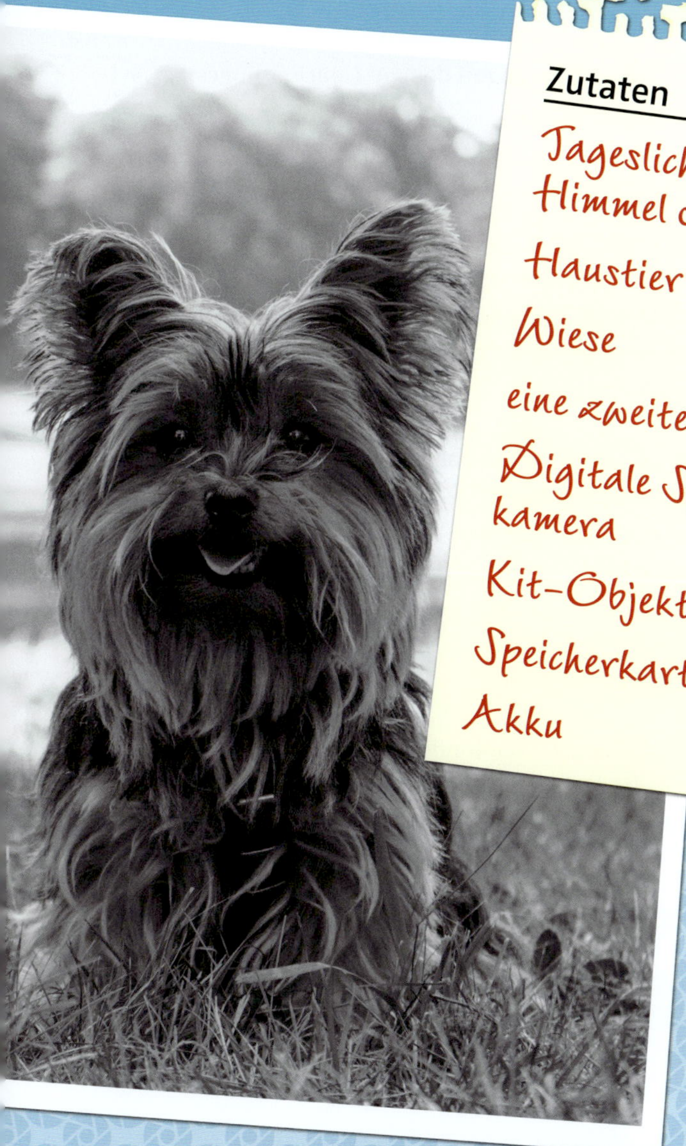

## Zutaten

- Tageslicht mit bewölktem Himmel oder Schatten
- Haustier
- Wiese
- eine zweite Person zur Hilfe
- Digitale Spiegelreflexkamera
- Kit-Objektiv 18 – 55 mm
- Speicherkarte
- Akku

# Haustierporträt

## Vorbereitung

Finde eine Grünfläche, auf der du mit deinem Haustier ungestört bist und das Tier nicht abgelenkt wird.

## Zubereitung

Zoome das Objektiv auf 55 mm und wechsle in den manuellen Modus M der Kamera. Stelle die Blende auf f5,6, die Verschlusszeit auf 1/100 s und den ISO-Wert auf Auto mit ISO 800 als Limit. Korrigiere die Belichtungsmessung bei dunklen Tieren, indem du den Wert um +1 erhöhst.

Lege den Fokuspunkt nach rechts oben und begib dich auf Augenhöhe mit deinem „tierischen Model". Der Fokuspunkt sollte das Auge oder – wenn du weiter entfernt bist – den Kopf treffen. Damit das Tier in die Kamera schaut, lass deine Begleitperson knapp neben der Kamera Kommandos wie „Sitz" oder „Platz" geben und mit der Hand langsame Bewegungen in Richtung Objektiv machen, sodass das Tier die ganze Zeit aufmerksam bleibt.

Achte auf eine Verschlusszeit von mindestens 1/60 s, sonst läufst du Gefahr, zu verwackeln. Korrigiere den ISO-Wert, um eine schnellere Verschlusszeit zu bekommen.

**TIPP**

Genau wie beim Menschen kann man das Gesicht eines Tieres porträtieren. Orientiere dich in der Aufteilung und beim Anschnitt am Fotorezept für natürliche Porträts.

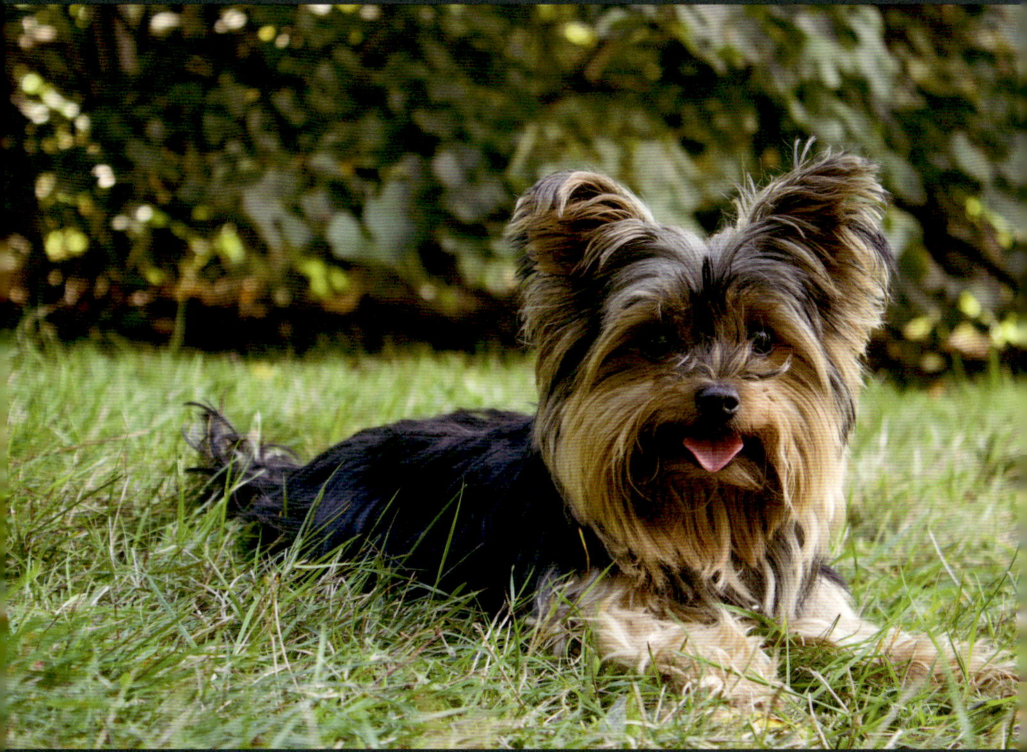

55 mm / f5,6 / 1/100 s / ISO 200

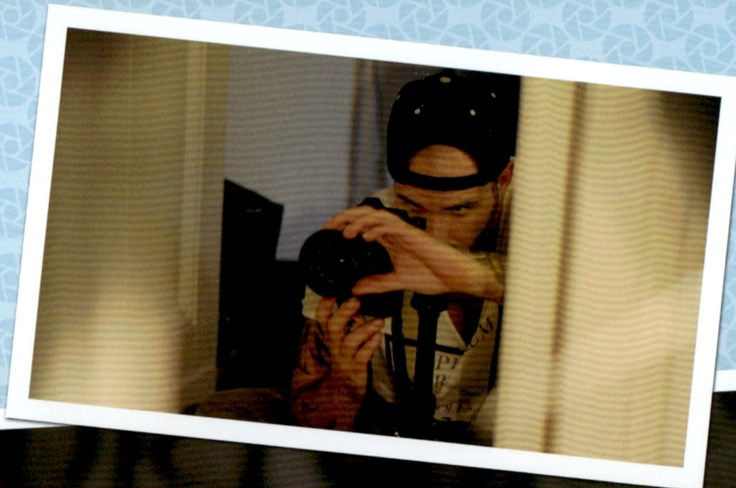

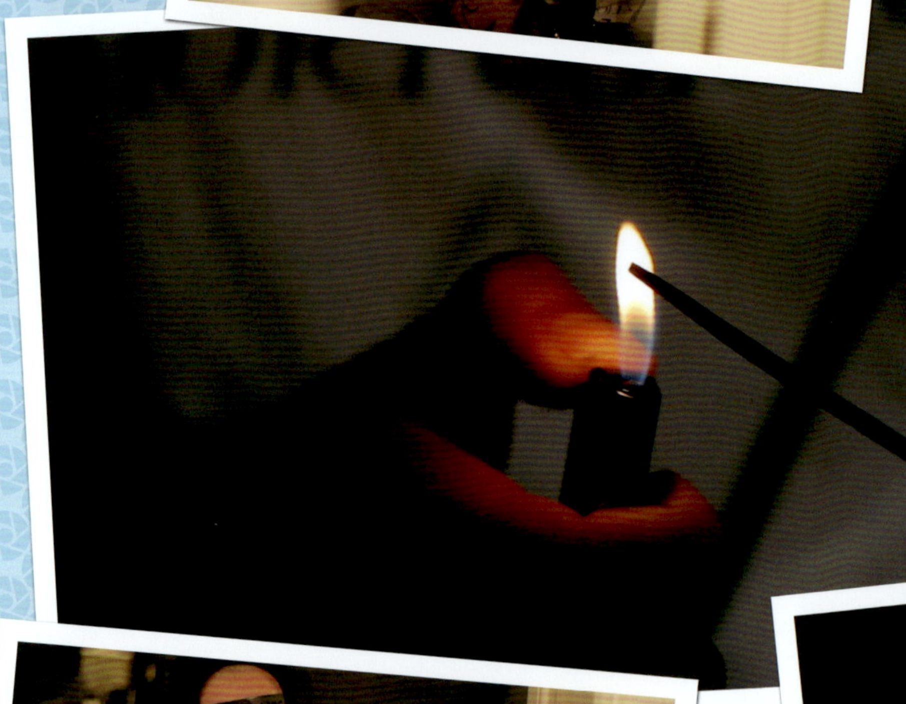

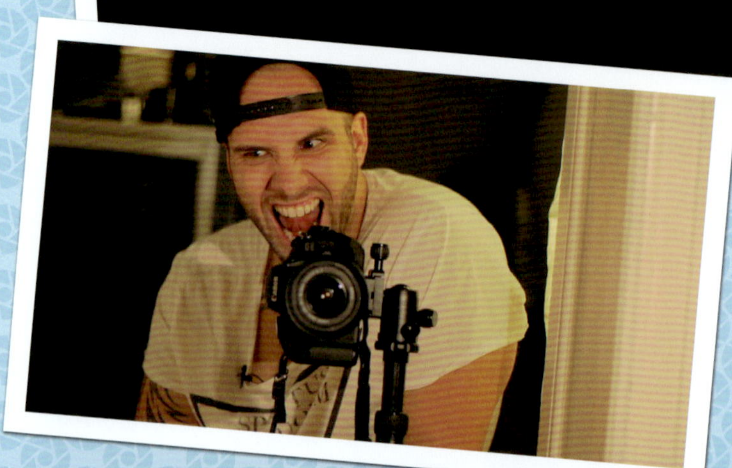

# RAUCH FOTOGRAFIEREN

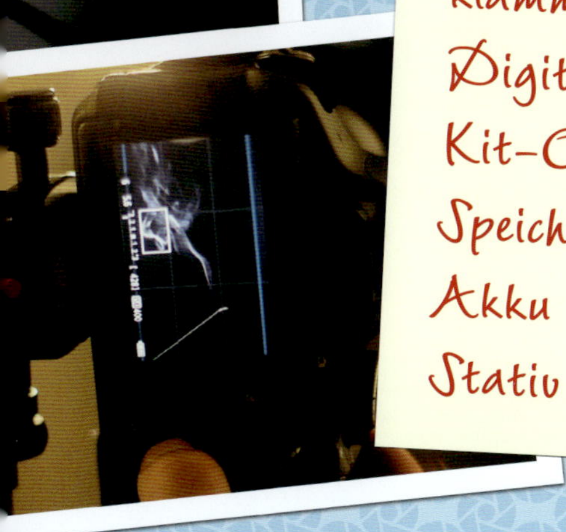

**Zutaten**

- Dunkelheit
- Räucherstäbchen mit Halter
- Stuhl
- starke Lampe
- dunkles Bettlaken
- Klebeband oder Wäscheklammern
- Digitale Spiegelreflexkamera
- Kit-Objektiv 18 – 55 mm
- Speicherkarte
- Akku
- Stativ

# Rauch fotografieren

## Vorbereitung

Dieses Foto braucht etwas Vorbereitung: Stelle das Räucherstäbchen mit dem Halter auf den Stuhl ca. zwei Meter von dem späteren Hintergrund entfernt. Befestige das Bettlaken mit Klebeband oder Wäscheklammern im Hintergrund. Positioniere die Lampe neben dem Stuhl und richte sie weg vom Hintergrund.

## Zubereitung

Befestige die Kamera hochkant auf dem Stativ, wechsle in den manuellen Modus M der Kamera und zoome das Objektiv auf 55 mm. Stelle die Blende auf f5,6, den ISO-Wert auf 400 und passe die Verschlusszeit über den Live View oder eine Testaufnahme an. Bei meinem Bild habe ich eine Verschlusszeit von 1/40 s gewählt.

Je langsamer die Verschlusszeit, desto verschwommener wird der Rauch.

Deaktiviere den Autofokus und den Bildstabilisator, positioniere die Spitze des Räucherstäbchens im unteren Bildbereich und fokussiere sie manuell. Stelle den Selbstauslöser auf zwei Sekunden ein und achte darauf, dass der Rauch im oberen Teil des Bildes zu sehen ist.

**TIPP**

Ein leichter Windstoß mit der Hand gibt dem Rauch interessante Formen.

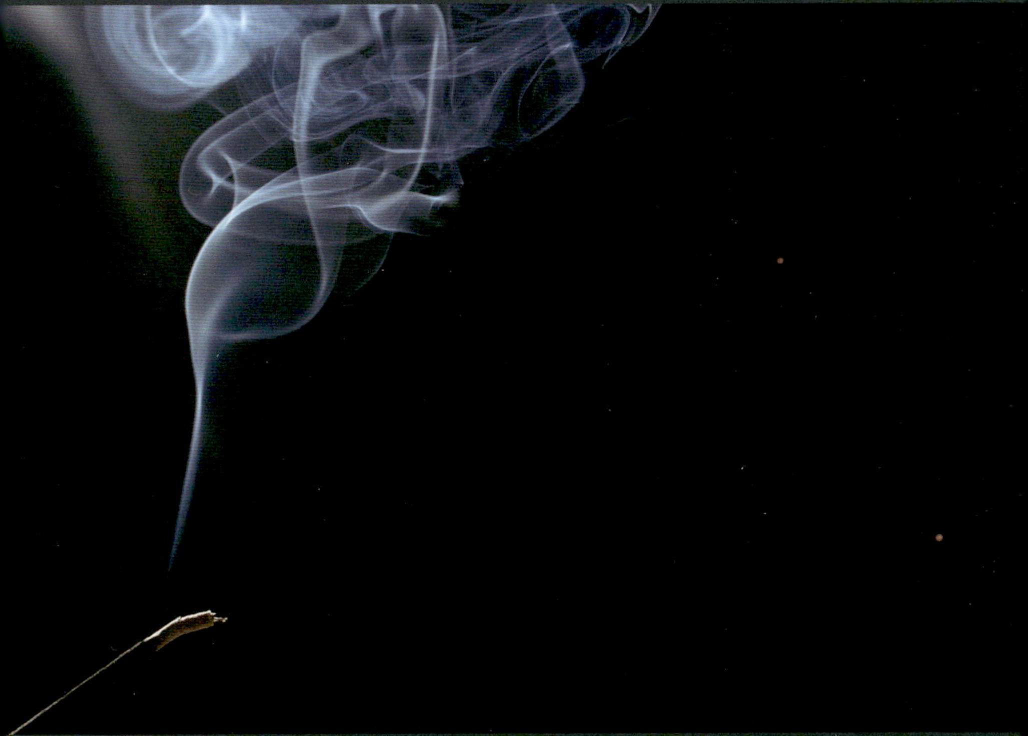

55 mm / f5,6 / 1/40 s / ISO 400

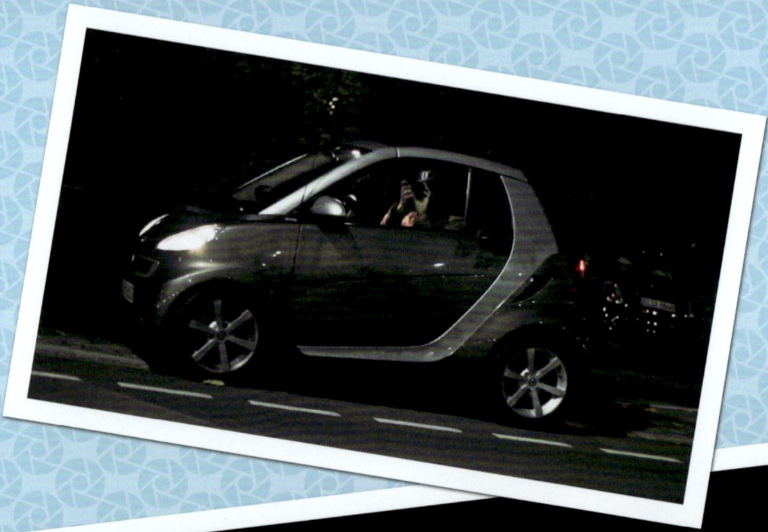

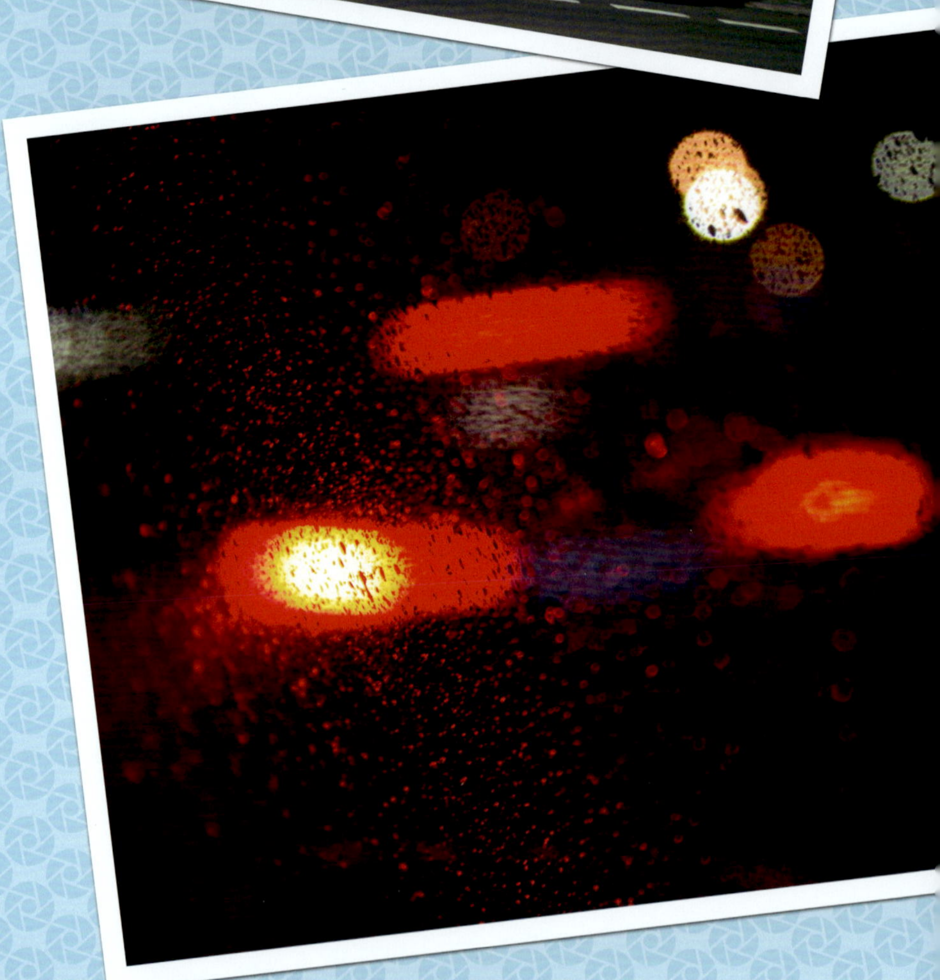

# WASSERTROPFEN AUF DER SCHEIBE

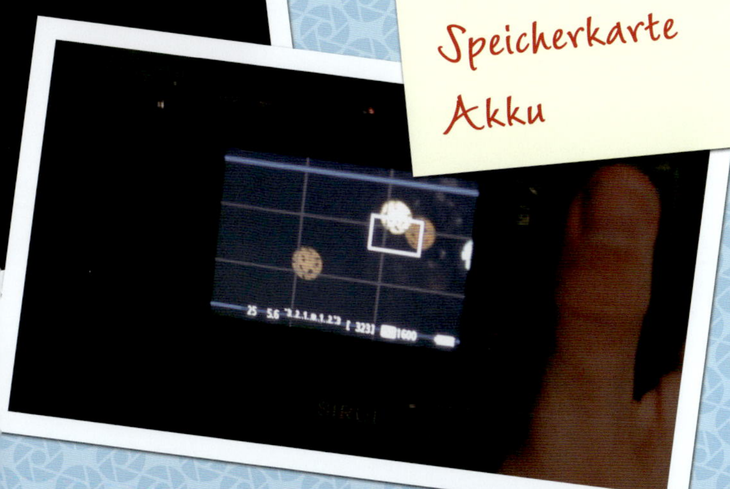

**Zutaten**

- Dunkelheit
- Seitenscheibe eines Autos
- Regentropfen
- Lichter von Autos und Laternen
- Digitale Spiegelreflexkamera
- Kit-Objektiv 18 – 55 mm
- Speicherkarte
- Akku

# Wassertropfen auf der Scheibe

## Vorbereitung

Wähle einen regnerischen Abend und positioniere ein Auto an einer hellen, viel befahrenen Straße direkt unter einer Laterne.

## Zubereitung

Zoome das Objektiv auf 55 mm und wechsle in den manuellen Modus M der Kamera. Stelle die Blende auf f5,6, den ISO-Wert auf 1600, und die Verschlusszeit passt du der Helligkeit an (überprüfe über den Live View oder eine Testaufnahme). Bei meinem Bild habe ich eine Verschlusszeit von 1/20 s gewählt.
Je langsamer die Verschlusszeit, desto höher die Wahrscheinlichkeit, dass du das Bild verwackelst. Drücke deinen Körper am besten gegen die Scheibe, um die Kamera zu stabilisieren. Lege den Fokuspunkt nach rechts oben, gehe mit dem Objektiv möglichst nah an die Fensterscheibe heran und fokussiere auf einen Wassertropfen.
Der Hintergrund verschwimmt jetzt in einem Lichtermeer und die Wassertropfen bekommen durch die Straßenlaterne, unter der du stehst, eine schöne Kontur. Solltest du Probleme mit der Verschlusszeit haben, wechsle auf 1/80 s und warte auf Autos, die mit den Scheinwerfern die Tropfen beleuchten.

**TIPP**

Das Bild wird interessanter, je bunter der Hintergrund ist. Halte Ausschau nach LED-Leuchttafeln oder Ampellichtern.
Die hier eingesetzte Technik heißt „Bokeh". Der aus dem Japanischen stammende Begriff bedeutet „unscharf" oder „verschwommen". Damit ist der Teil des Fotos gemeint, der unscharf abgebildet ist. Durch den Wechsel zwischen Schärfe und Unschärfe wirkt das Bild räumlicher.

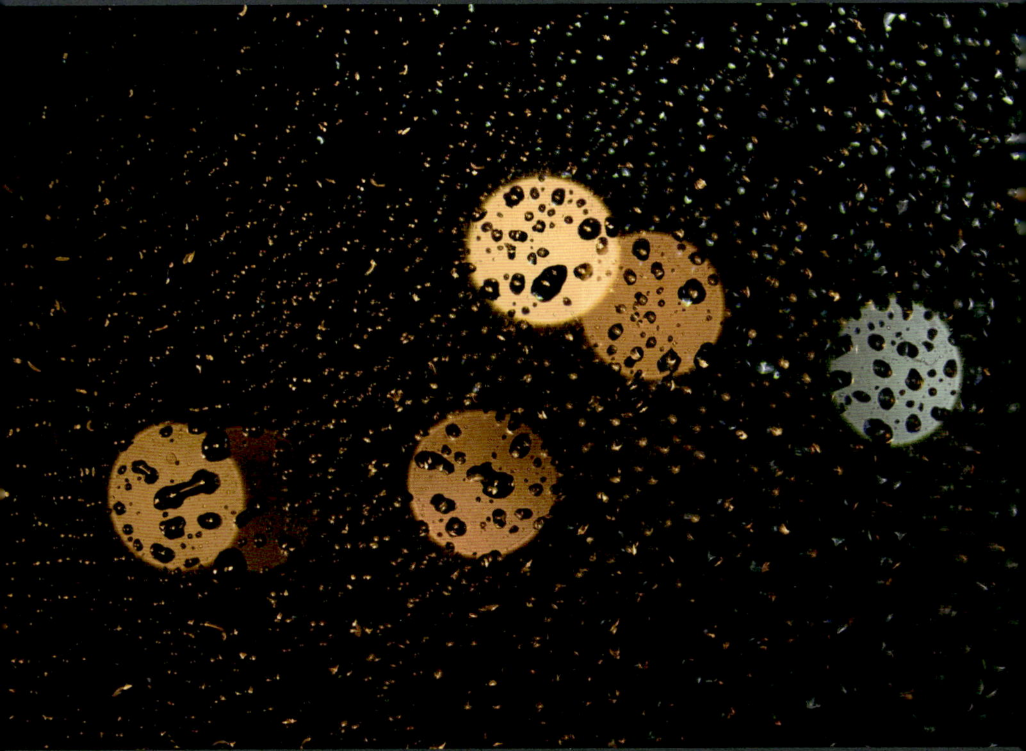

55 mm /f5,6 / 1/20 s / ISO 1600

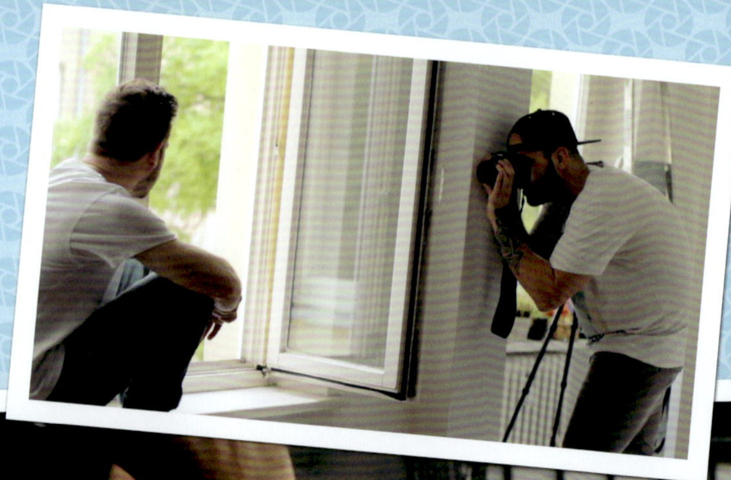

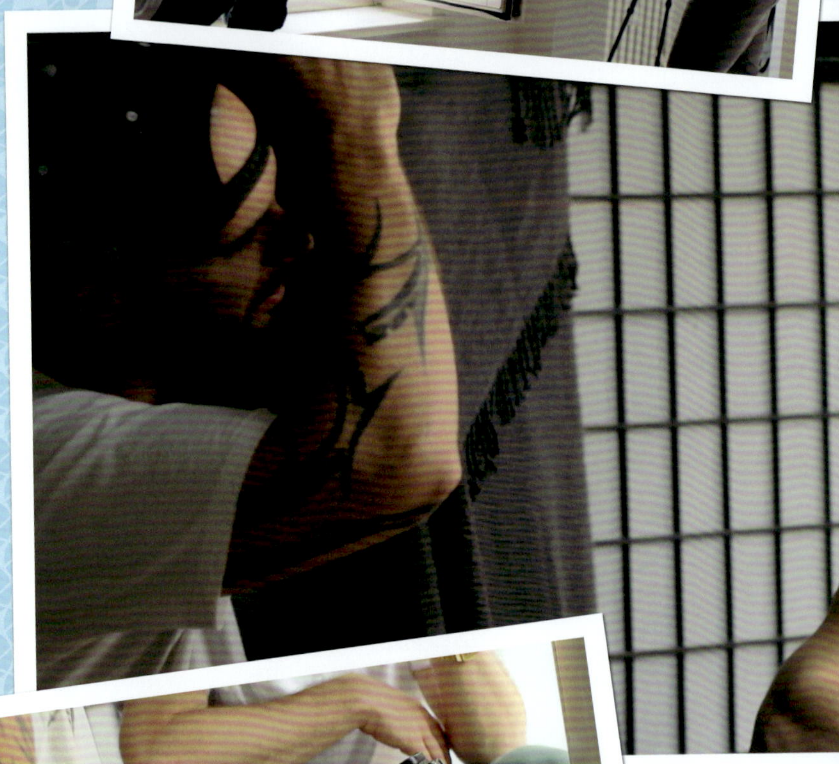

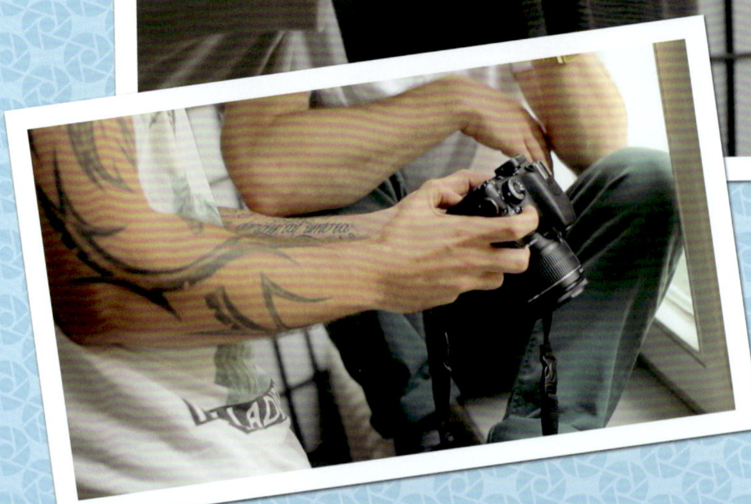

# DAS FENSTER ALS LICHTQUELLE

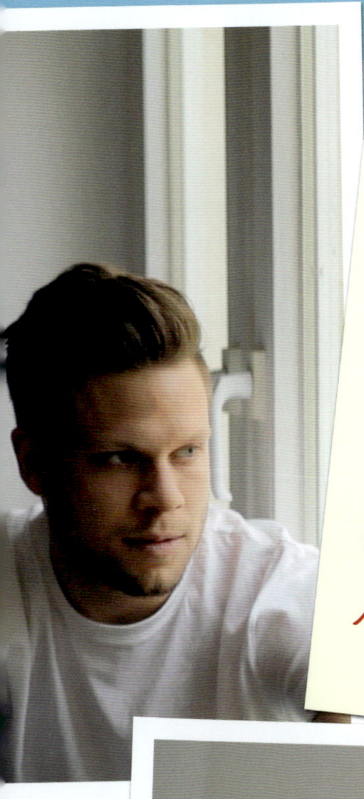

**Zutaten**

Tageslicht, kein Sonnenschein
großes Fenster
ein Model fürs Foto
Digitale Spiegelreflexkamera
Kit-Objektiv 18 – 55 mm
Speicherkarte
Akku

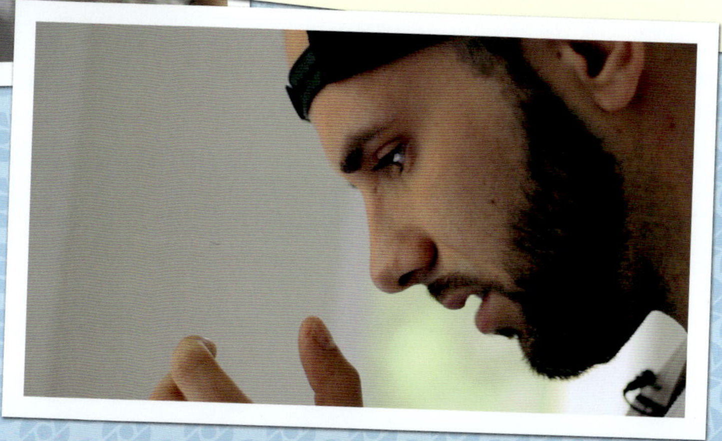

# Das Fenster als Lichtquelle

## Vorbereitung

Positioniere dein Model vor einem großen Fenster mit genügend Platz links und rechts zum Fotografieren.

## Zubereitung

Zoome das Objektiv auf 35 mm, wechsle in den manuellen Modus M der Kamera und wähle die Blende f4,5. Stelle den ISO-Wert auf 400 ein und die Verschlusszeit auf 1/80 s. Sollte das Bild zu dunkel sein, korrigiere die Verschlusszeit anhand der Belichtungsmessung.

Lege den Fokuspunkt nach links oder rechts oben und positioniere dein Model halbschräg zum Fenster mit Blick nach draußen. Du solltest darauf achten, dass das Licht bis zum Wangenknochen der zum Zimmer gerichteten Gesichtshälfte reicht. Fokussiere auf das äußere Auge und achte auf die Linien des Fensterrahmens.

**TIPP**

Bitte einen Helfer, ein dunkles Bettlaken auf der Schattenseite des Models zu halten. Das sorgt für noch stärkere Kontraste und einen interessanten Bildlook.

**EXTRATIPP**

Ich wechsle häufig in den monochromen Bildstil der Kamera (wie das geht, findest du in der Bedienungsanleitung deiner Kamera) und lasse schon bei der Aufnahme die Schwarz-Weiß-Variante auf mich wirken.

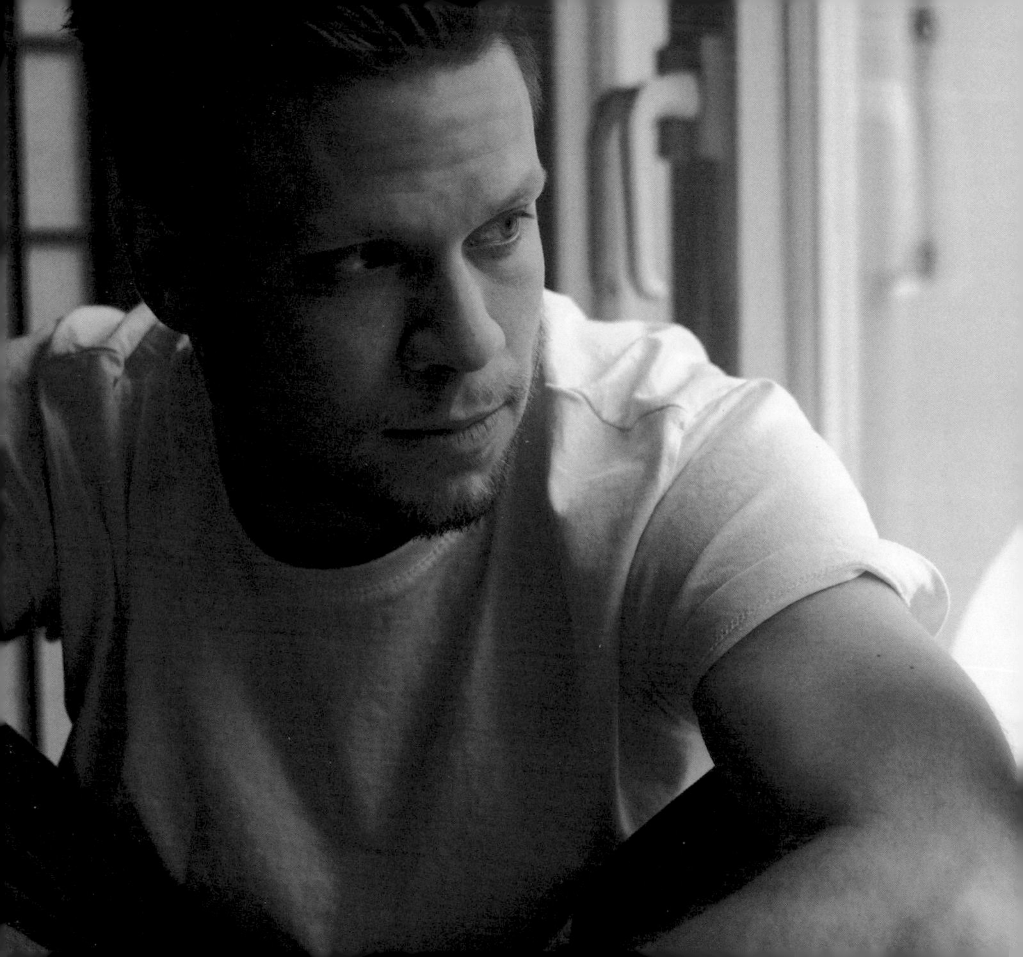

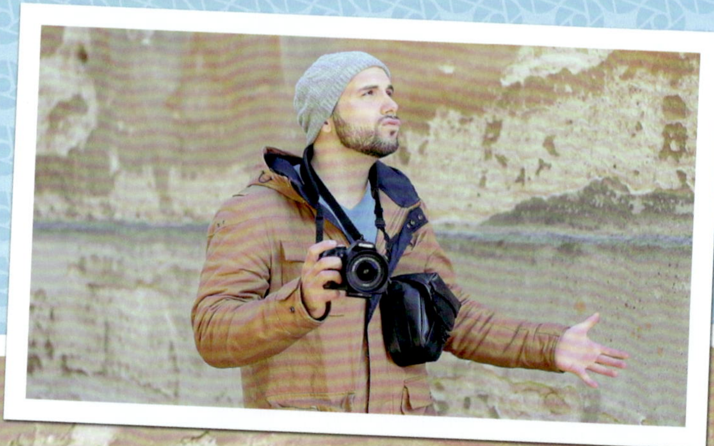

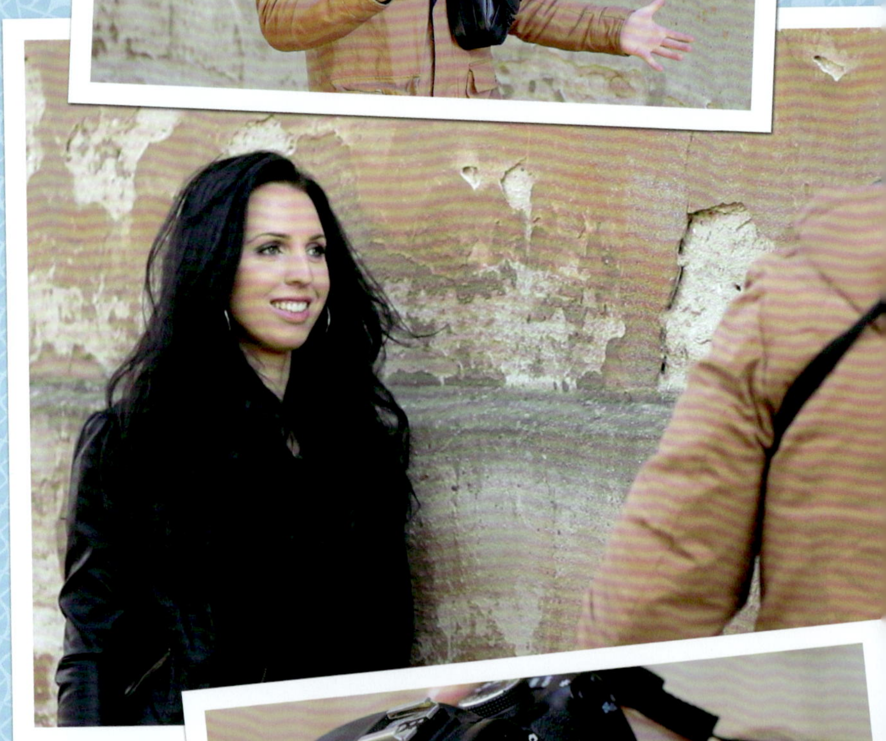

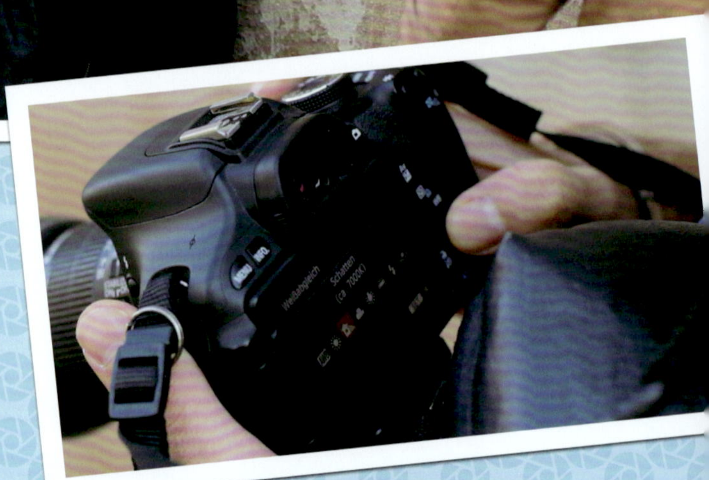
MENU
INFO.
Weißabgleich
Schatten

# PORTRÄT MIT PERSPEKTIVE

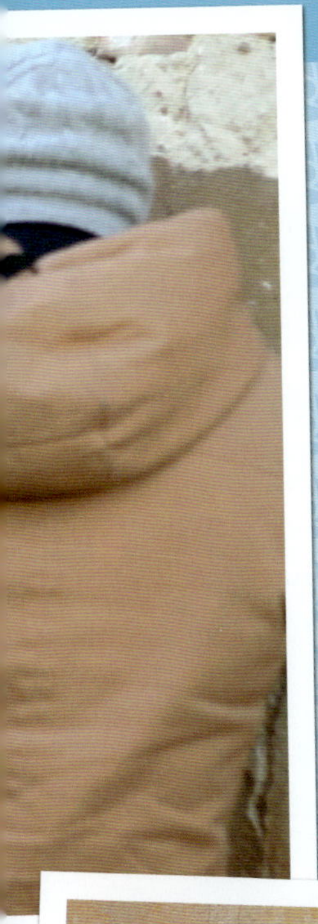

**Zutaten**

Tageslicht im Schatten
Wand
ein Model fürs Foto
Digitale Spiegelreflexkamera
Kit-Objektiv 18 – 55 mm
Speicherkarte
Akku

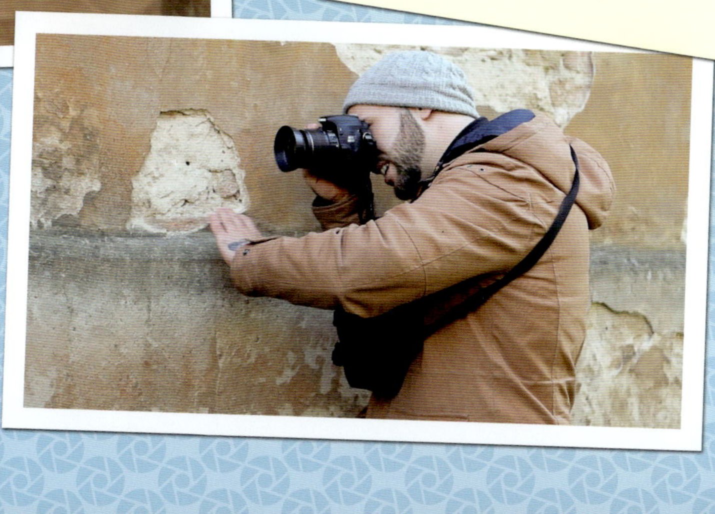

# Porträt mit Perspektive

## Vorbereitung

Für dieses Bild brauchst du eine interessante Wand, die im Schatten liegt. Platziere dein Model möchtest mit der Schulter zur Wand und nimm ca. einen Meter entfernt die gleiche Position ein.

## Zubereitung

Zoome das Objektiv auf 35 mm und wechsle in den Zeitautomatikmodus Av/A der Kamera. Wähle eine Blende f4,5, ISO 400 und lege den Fokuspunkt nach links oben.

Gehe mit der Kamera so nah wie möglich an die Wand und fokussiere auf das linke Auge. Die Wand im vorderen Bildbercich und der Hintergrund werden unscharf. Die Linien der Wand führen den Blick des Betrachters direkt auf dein Model.

**TIPP**

Eine dunkle Wand schattet das Gesicht ab, eine strahlend weiße Wand hingegen hellt es zusätzlich positiv auf.

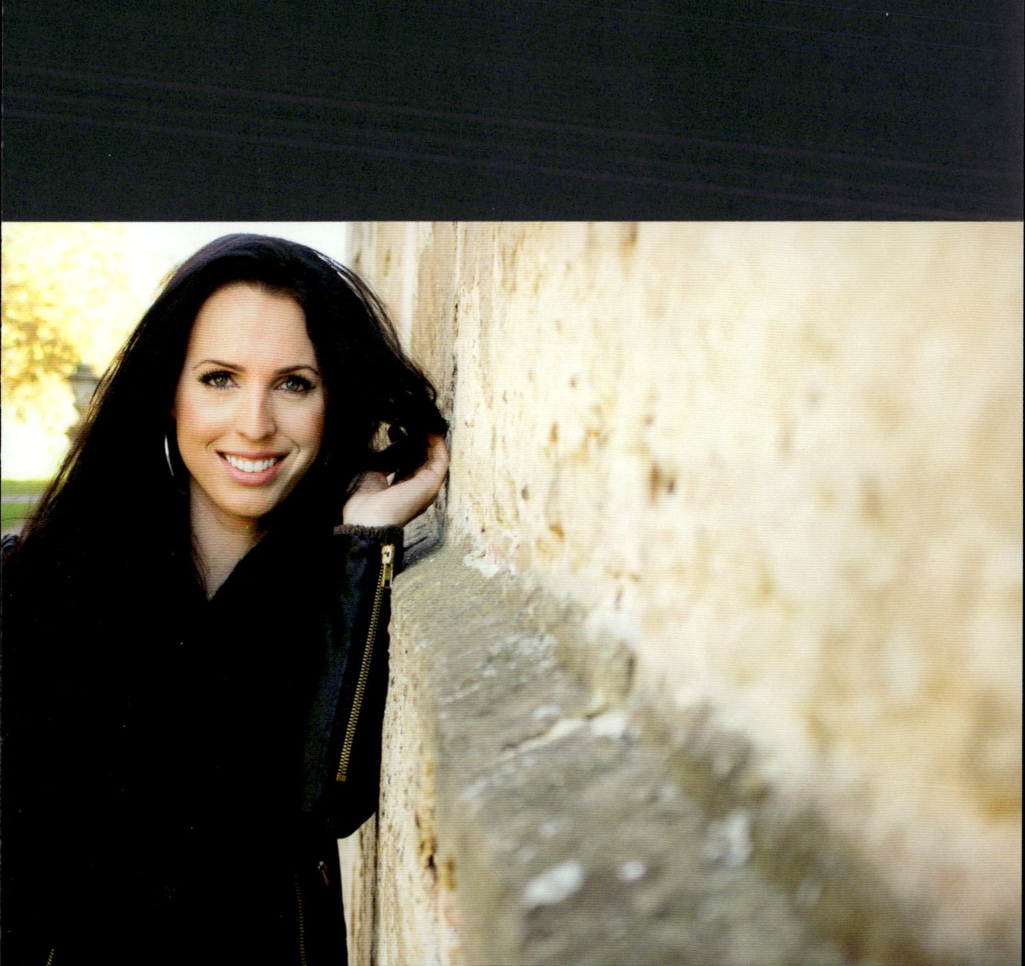

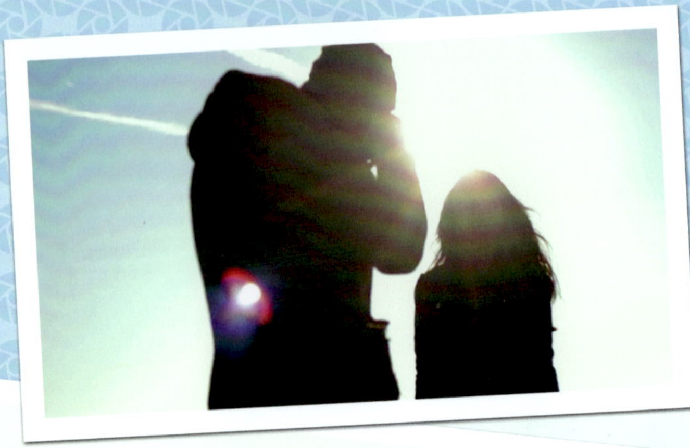

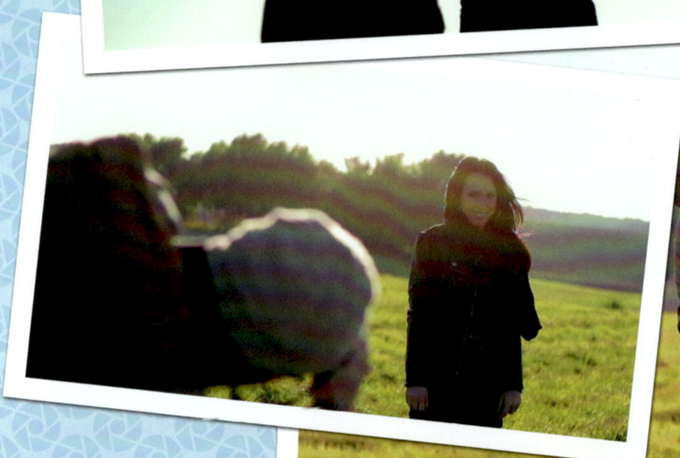

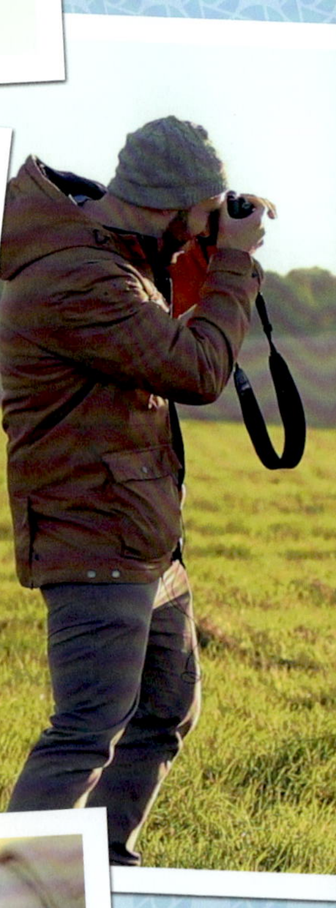

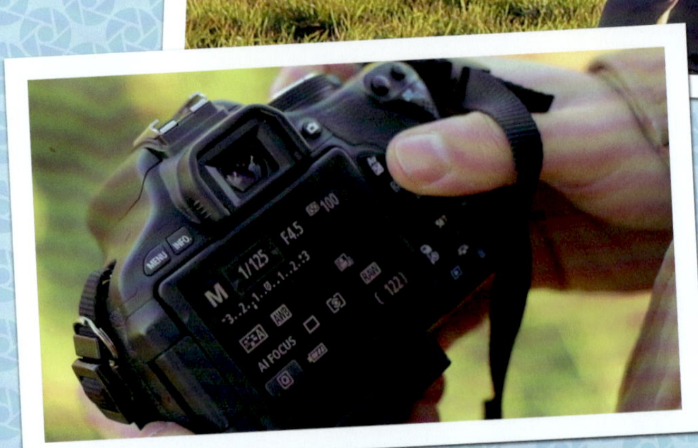
MENU
INFO
M
1/125
F4.5
100
RAW
AI FOCUS

# PORTRÄT MIT GEGENLICHT

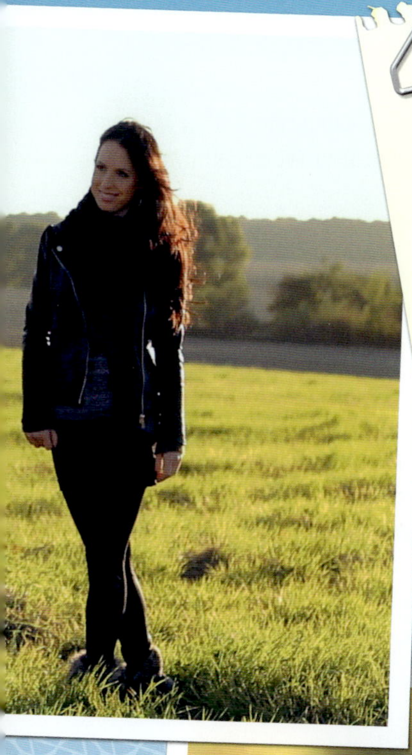

## Zutaten

- tief stehende Abendsonne
- ein Model fürs Foto
- Digitale Spiegelreflex-kamera
- Kit-Objektiv 18 – 55 mm
- Speicherkarte
- Akku

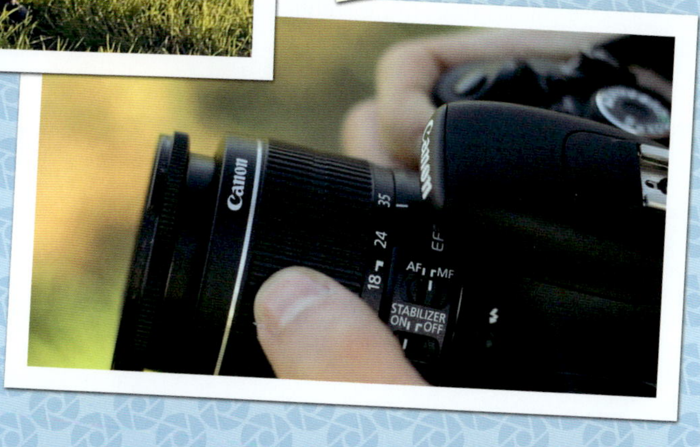

# Porträt mit Gegenlicht

## Vorbereitung

Um rechtzeitig zum Sonnenuntergang vor Ort zu sein, solltest du etwa eine Stunde vorher dort sein.

## Zubereitung

Zoome das Objektiv auf 35 mm und wechsle in den manuellen Modus M der Kamera. Wähle eine Blende f4,5, den ISO-Wert 100 und eine Verschlusszeit von 1/125 s.

Sollte das Bild zu hell oder dunkel sein, korrigiere die Verschlusszeit anhand des Live View oder einer Testaufnahme. Lege den Fokuspunkt nach rechts oben und positioniere dein Model mit dem Rücken zur Sonne, sodass diese am Kopf vorbeischeint. Halte deine linke Hand als Abschatter von oben vor das Objektiv, fokussiere auf das Auge oder – wenn du weiter entfernt stehst – das Gesicht und nimm die Hand kurz vor dem Auslösen wieder weg. Du siehst durch den Sucher, ob und wie viel Sonne du als Überstrahlung im Bild hast und wann die Hand optimal positioniert ist.

Je tiefer die Sonne steht, desto wärmer wird das Bild. Lass dein Model nicht direkt vor der Sonne stehen, weil sonst Teile des Körpers im Licht verschwinden.

**TIPP**

Mit z. B. einem 50-mm-f1,8-Objektiv bekommst du offenblendig einen weicheren Hintergrund und interessante „lens flares", also Linsenreflexionen, ins Bild.

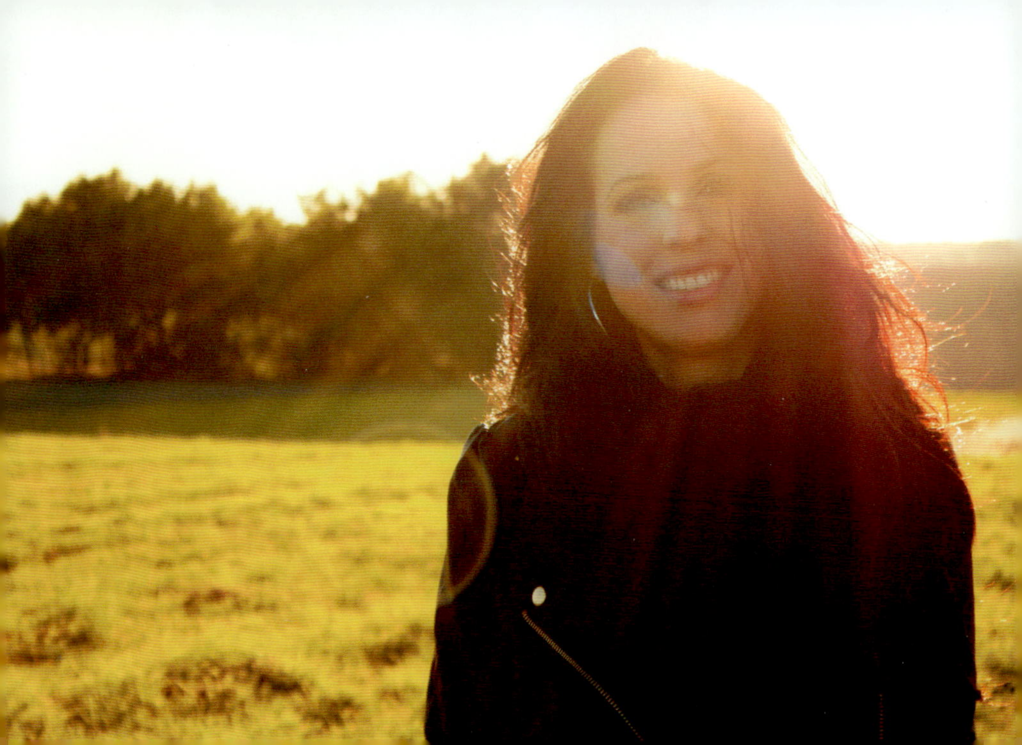

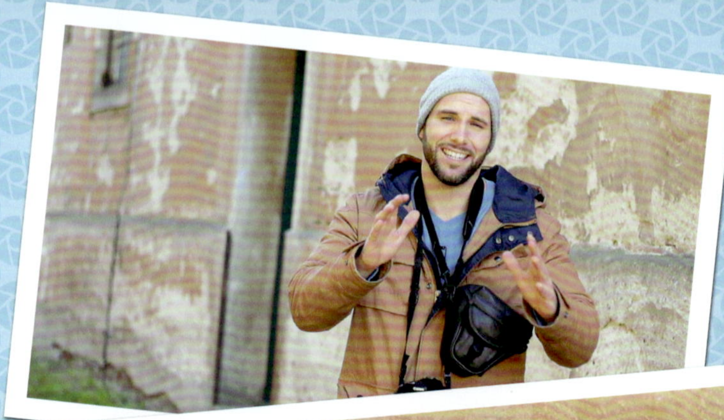

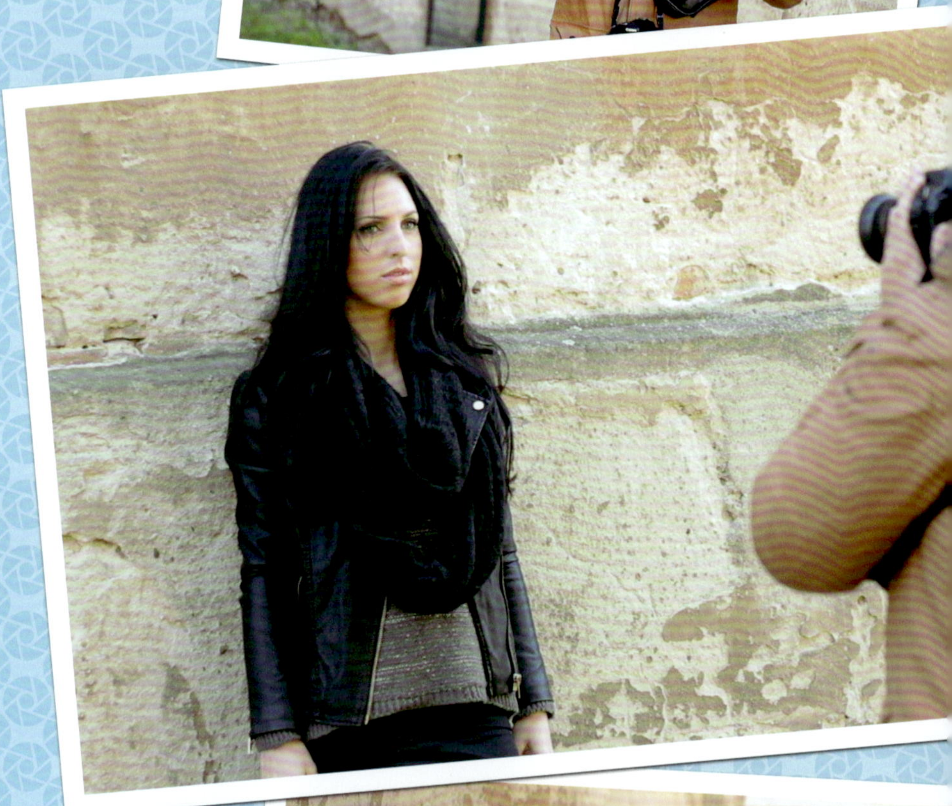

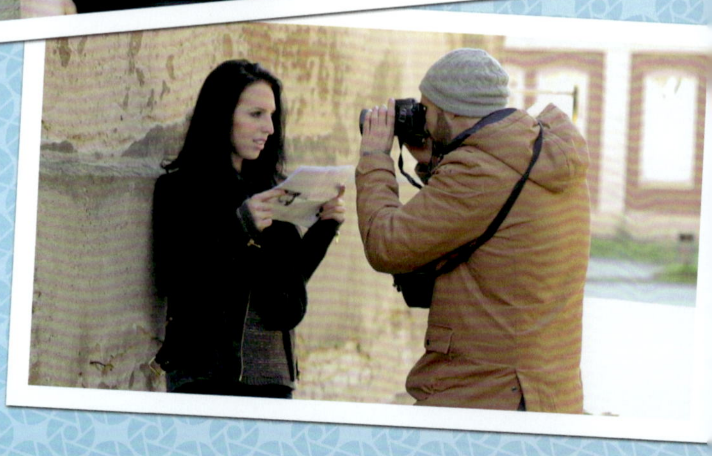

# PORTRÄT IM SCHATTEN

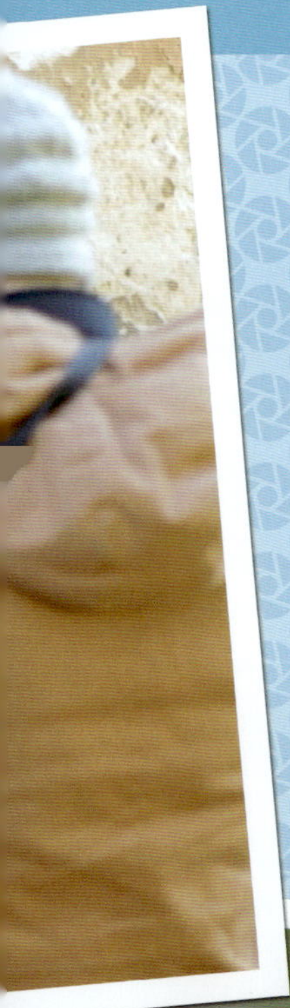

**Zutaten**

- Tageslicht im Schatten
- ein Model fürs Foto
- eine Wand
- Digitale Spiegelreflex-kamera
- Kit-Objektiv 18 – 55 mm
- Speicherkarte
- Akku

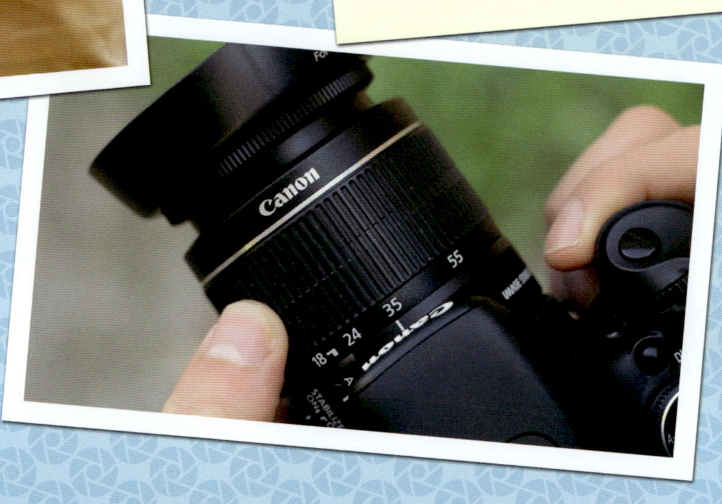

# Porträt im Schatten

## Vorbereitung

Finde einen Ort mit einem interessanten Hintergrund im Schatten und positioniere die Person, die du fotografieren möchtest, davor.

## Zubereitung

Zoome das Objektiv auf 35 mm und wechsle in den manuellen Modus M der Kamera. Wähle eine Blende f4,5, den ISO-Wert 400 und 1/100 s Verschlusszeit. Sollte das Bild zu hell oder zu dunkel sein, korrigiere die Verschlusszeit anhand des Live View oder einer Testaufnahme. Lege den Fokuspunkt nach rechts oben, stelle dein Model direkt vor die Wand und fokussiere auf das rechte Auge. Es ist so im „Goldenen Schnitt“ angelegt, also in einem Bildverhältnis von einem Drittel zu zwei Dritteln, und bekommt durch das diffuse Licht eine gleichmäßige Ausleuchtung ohne ungewollt harte Schatten.

**TIPP**

Ein weißes Blatt DIN-A4-Papier direkt unterhalb des Kopfes gehalten wirkt Wunder und lässt Zähne und Augen strahlen.

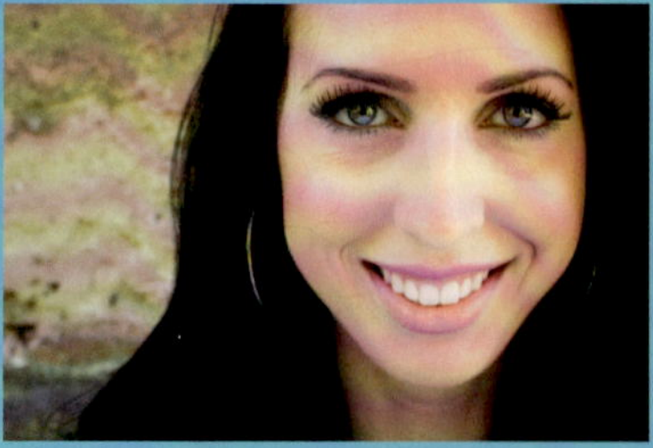

Aufnahme mit ...

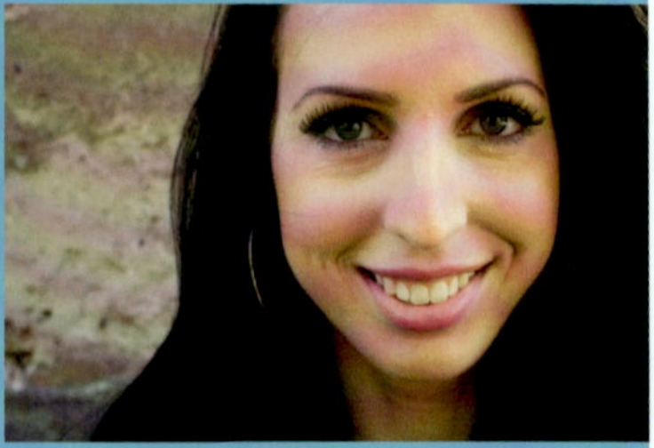

... und ohne aufhellendem Papier.

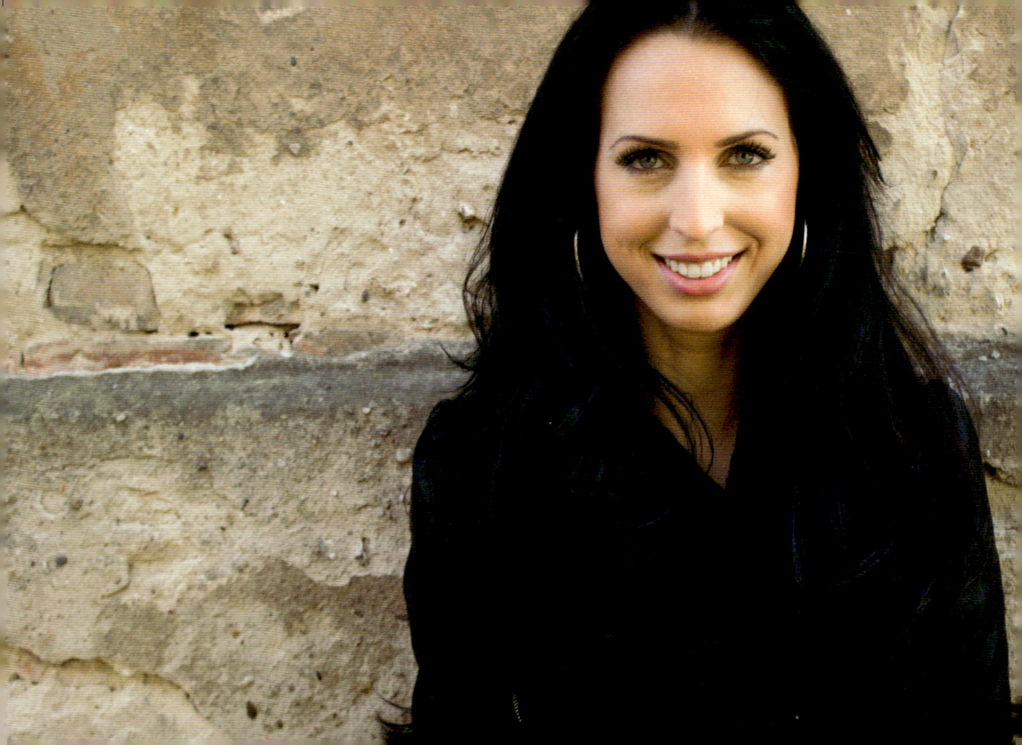

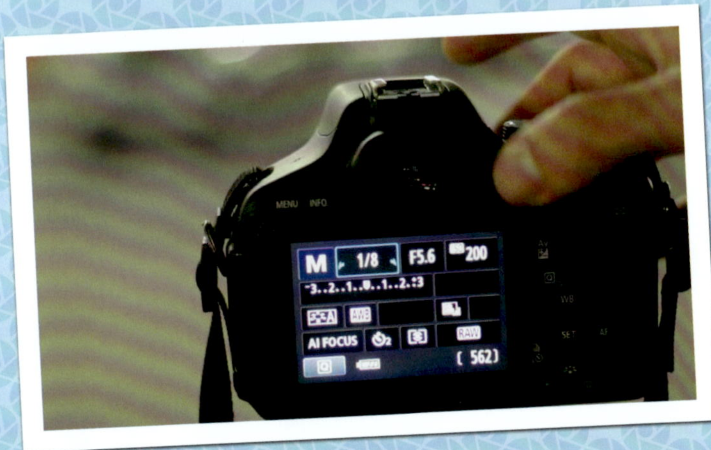
MENU
INFO
M
1/8
F5.6
200
AI FOCUS
RAW
562

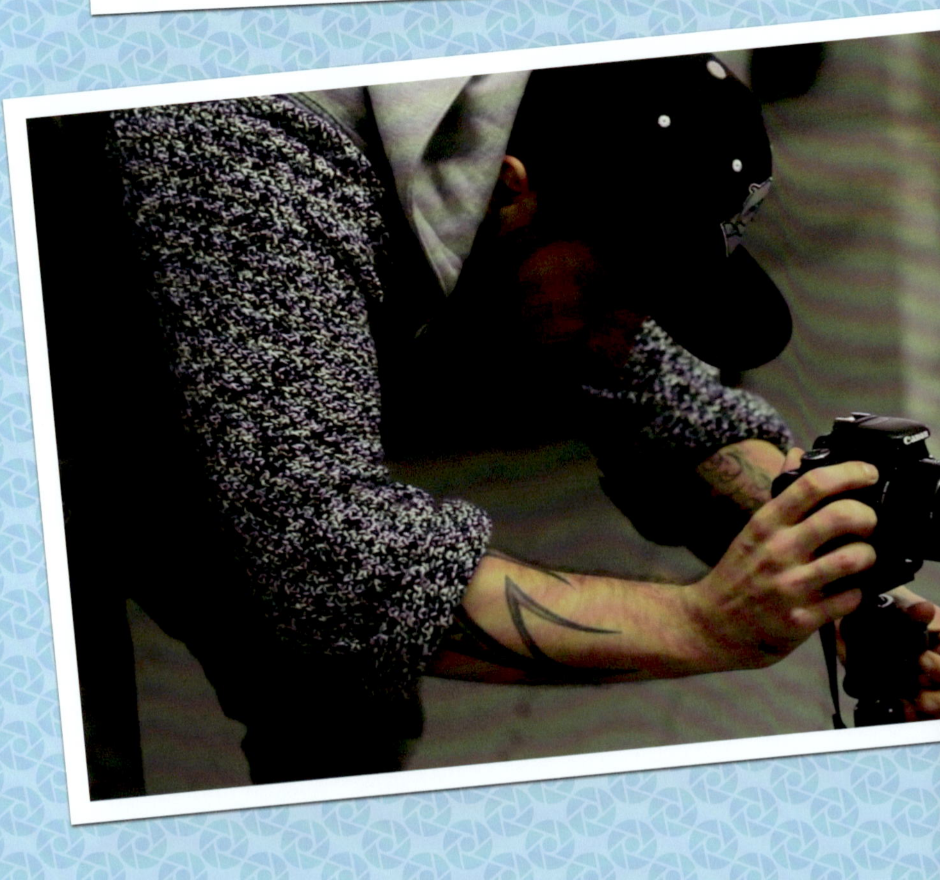

# DAS AUTO IM MITTELPUNKT

## Zutaten

- Dunkelheit
- Parkhaus mit Neonbeleuchtung
- ein Auto
- Digitale Spiegelreflexkamera
- Kit-Objektiv 18 – 55 mm
- Speicherkarte
- Akku
- Stativ

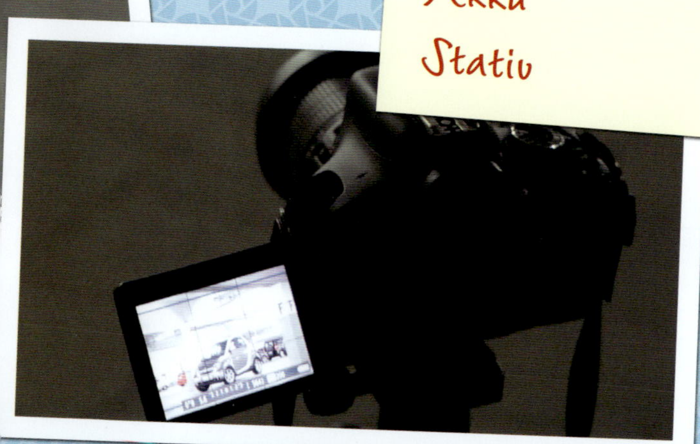

# Das Auto im Mittelpunkt

## Vorbereitung

Finde ein Parkhaus ohne Tageslicht mit Neonbeleuchtung und positioniere das Auto schräg unter einer Leuchte. Schlage die Räder so ein, dass man die vordere Felge sieht, und achte darauf, dass in näherer Umgebung oder im Hintergrund keine auffälligen Autos parken.

## Zubereitung

Befestige die Kamera auf dem Stativ, fahre es auf Autohöhe runter und zoome das Objektiv auf 55 mm. Wechsle dann in den manuellen Modus M der Kamera. Wähle eine Blende von f5,6, ISO 200 und 1/8 s Verschlusszeit.

Sollte das Bild zu hell oder dunkel ausfallen, korrigiere die Verschlusszeit anhand des Live View oder eines Testbildes. Die Belichtungsmessung sollte zwischen +1 und +2 anzeigen.

Entferne dich diagonal zum Frontscheinwerfer des eingeschlagenen Rades, bis das Bild ca. ein halbes Auto und einen halben Hintergrund ausmacht. Lege den Fokuspunkt auf den Scheinwerfer oder die Stoßstange und stelle den Selbstauslöser auf zwei Sekunden ein.

**TIPP**

Gehe auf gleicher Linie bis kurz vor das Auto und ändere das Objektiv auf 18 mm. Dadurch entsteht eine interessante Verzerrung, die das Auto größer wirken lässt.

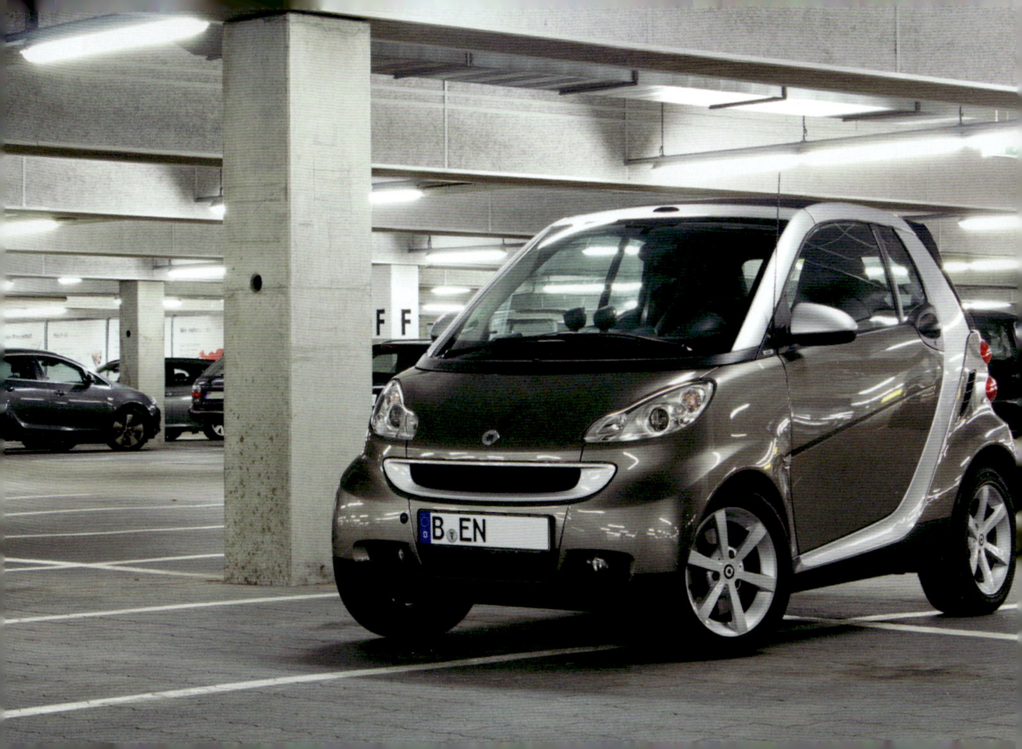
F F
B EN

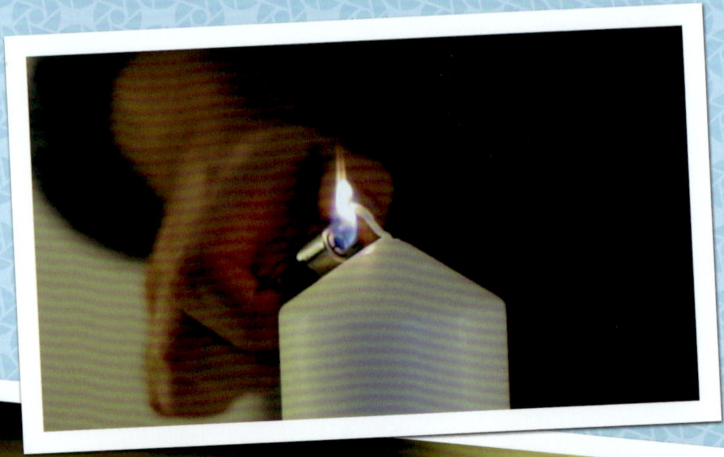

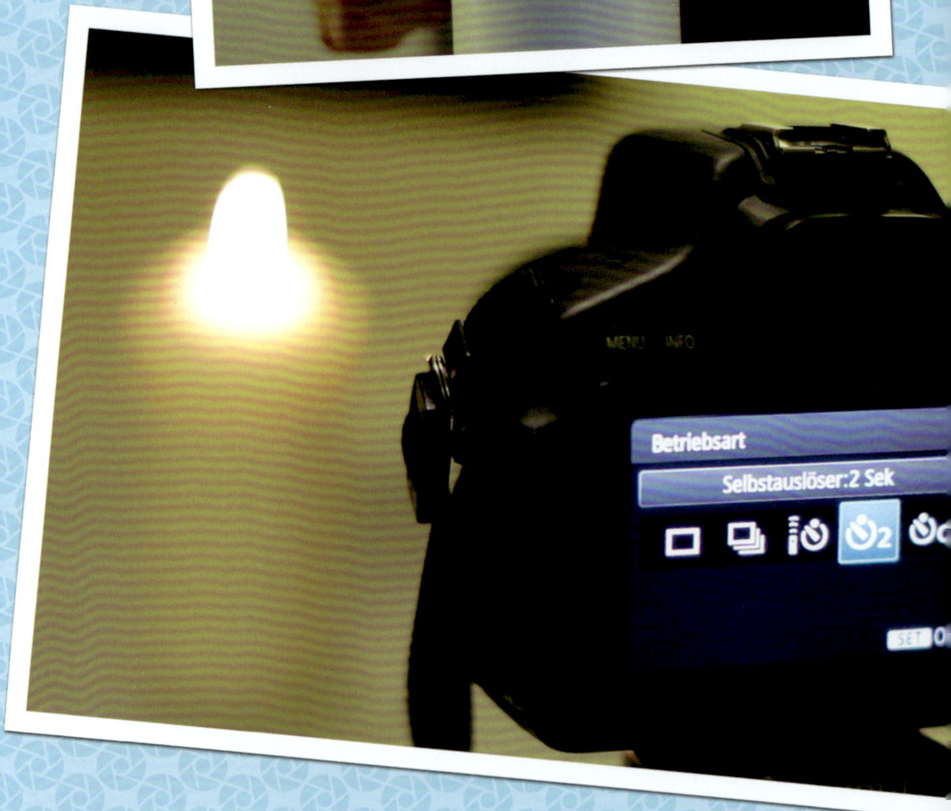
MENU INFO
Betriebsart
Selbstauslöser:2 Sek
SET

# STIMMUNGSVOLLES KERZENLICHT

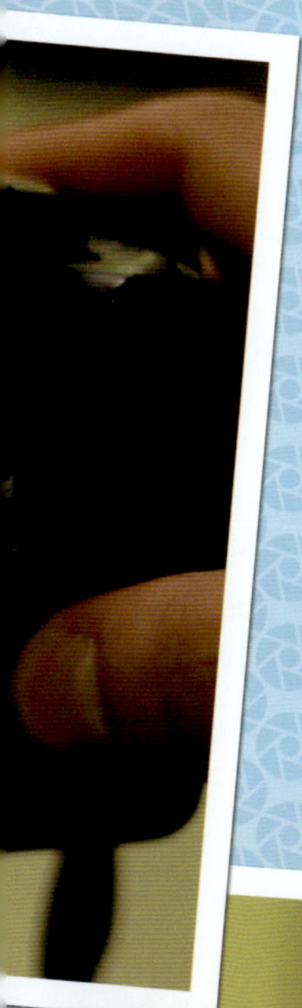

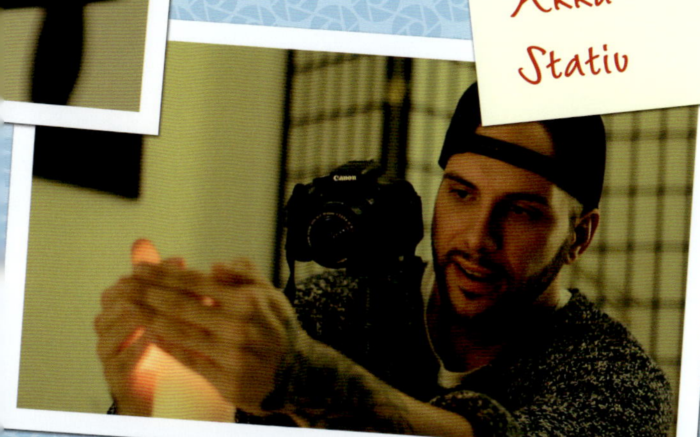

**Zutaten**

- Dunkelheit
- große Kerze mit Unterlage
- Feuerzeug
- Tisch
- Digitale Spiegelreflex-kamera
- Kit-Objektiv 18 – 55 mm
- Speicherkarte
- Akku
- Stativ

# Stimmungsvolles Kerzenlicht

## Vorbereitung

Zunächst einmal bedarf es einer romantischen Stimmung: Stelle die Kerze samt Unterlage auf den Tisch und zünde sie an. Sie muss ein wenig abbrennen. Alle Lichter sollten ausgeschaltet sein, sodass nur die Kerze leuchtet.

## Zubereitung

Befestige die Kamera auf dem Stativ, zoome das Objektiv auf 35 mm und wechsle in den manuellen Modus M der Kamera. Wähle die Blende f9, ISO 100, 1/13 s Verschlusszeit und stelle den Selbstauslöser auf zwei Sekunden ein.

Die Kamera sollte ein wenig nach unten geneigt vor der Kerze stehen. Wähle den Bildausschnitt so, dass die Kerzenflamme in der Mitte des Bildes ist, und lege den Fokuspunkt ebenfalls mittig. Löse aus und falte während der Selbstauslöser piept die Hände hinter der Kerze zusammen.

**TIPP**

Du kannst dieses Rezept auch mit weiteren Kerzen inszenieren und dadurch ein romantisches Kerzenbild mit tollem Bokeh (siehe nächstes Rezept) kreieren.

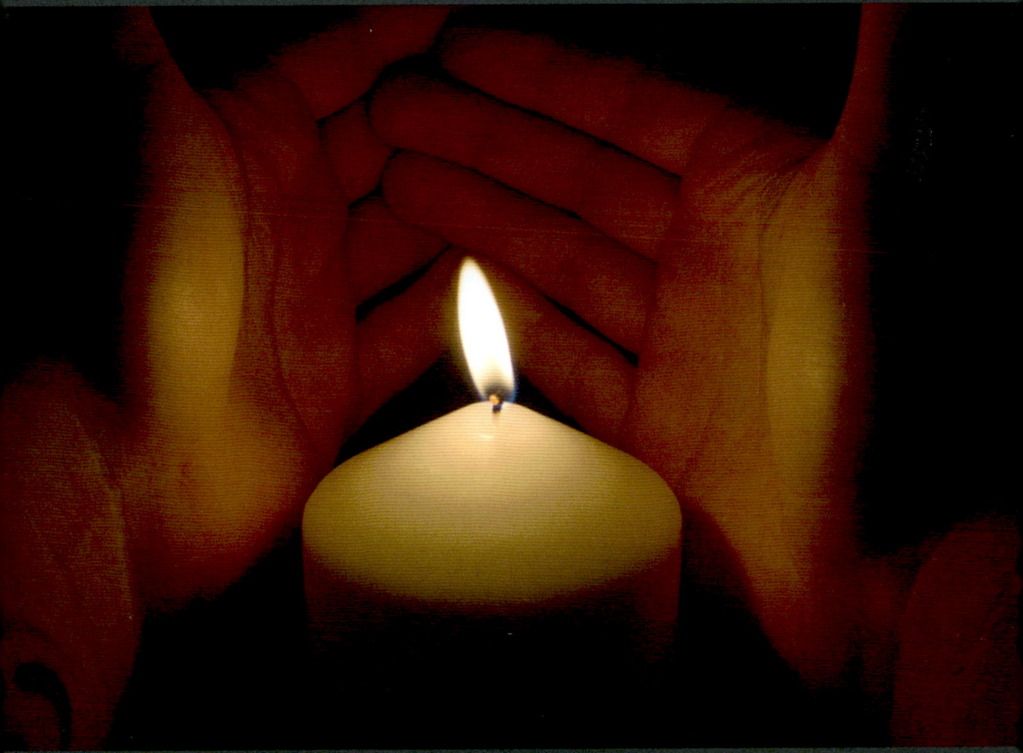

35 mm / f9 / 1/13 s / ISO 100

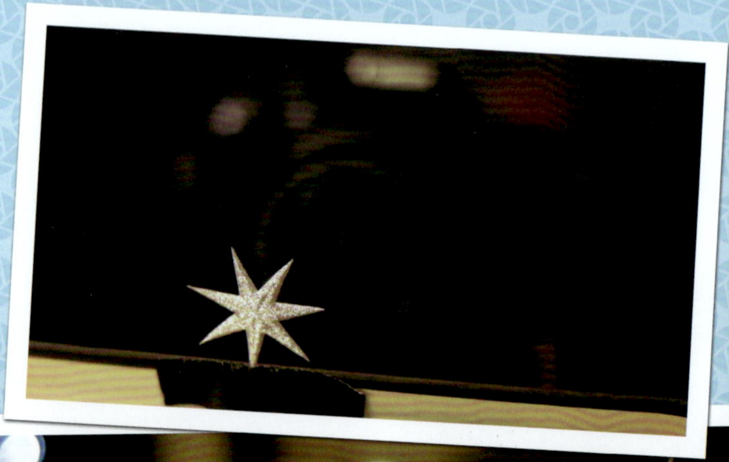

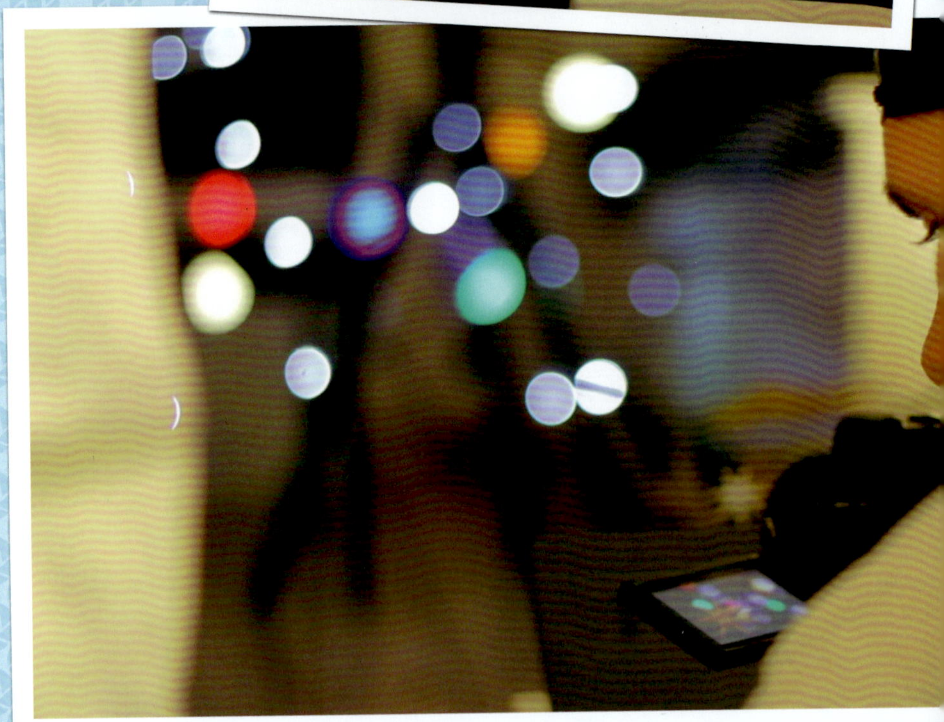

# STERNENZEIT

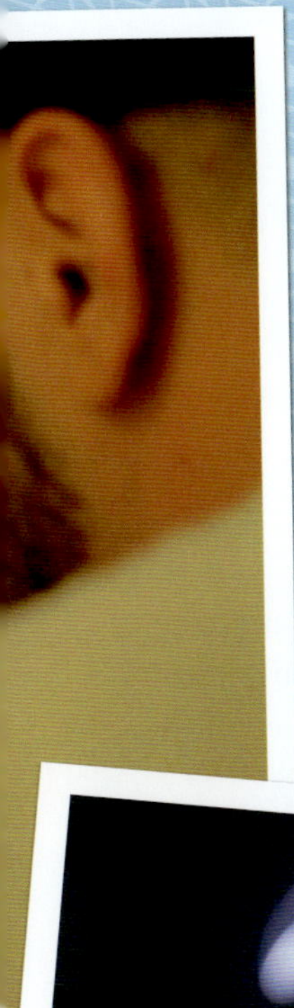

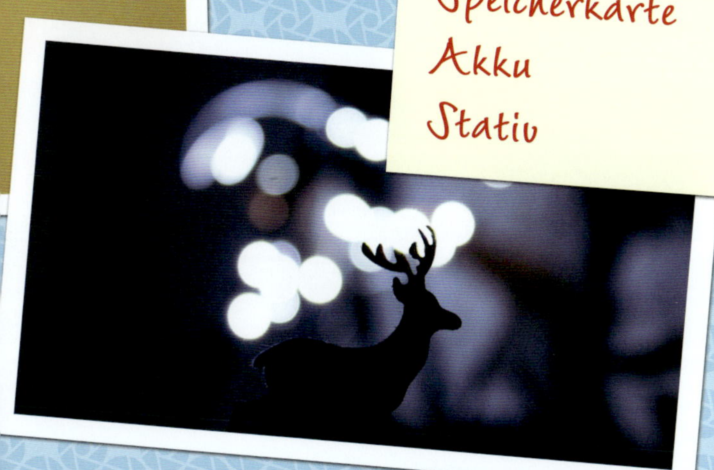

## Zutaten

- Umgebungsbeleuchtung zu Hause
- Dekorschmuck ca. 4 cm groß
- Lichterkette
- Klebeband
- Stuhl
- Digitale Spiegelreflex-kamera
- Kit-Objektiv 18 – 55 mm
- Speicherkarte
- Akku
- Stativ

# Sternenzeit

## Vorbereitung

Befestige den Dekorschmuck mit Klebeband an dem Stuhl und bringe die Lichterkette in ca. drei bis vier Meter Abstand zum Schmuck an. Achte darauf, dass alles in einer Linie ist.

## Zubereitung

Befestige die Kamera auf dem Stativ, zoome das Objektiv auf 55 mm und wechsle in den manuellen Modus M der Kamera.

Wähle Blende f5,6, ISO 200 und 1/6 s Verschlusszeit.

Deaktiviere den Autofokus und den Bildstabilisator und stelle den Selbstauslöser auf zwei Sekunden ein.

Bringe das Stativ auf Höhe des Stuhls, positioniere die Kamera möglichst nah am Schmuck, sodass dieser das Bild zu mindestens einem Drittel ausfüllt. Fokussiere manuell. Dabei gilt: je näher der Schmuck, desto schöner der Hintergrund.

**TIPP**

Bei der hier eingesetzten Bokeh-Technik wirkt das Bild durch den Wechsel zwischen Schärfe und Unschärfe plastischer.

**EXTRATIPP**

Wenn das Umgebungslicht zu dunkel ist, dann stell eine Lampe direkt neben den Stuhl, sodass der Schmuck mehr Licht bekommt.

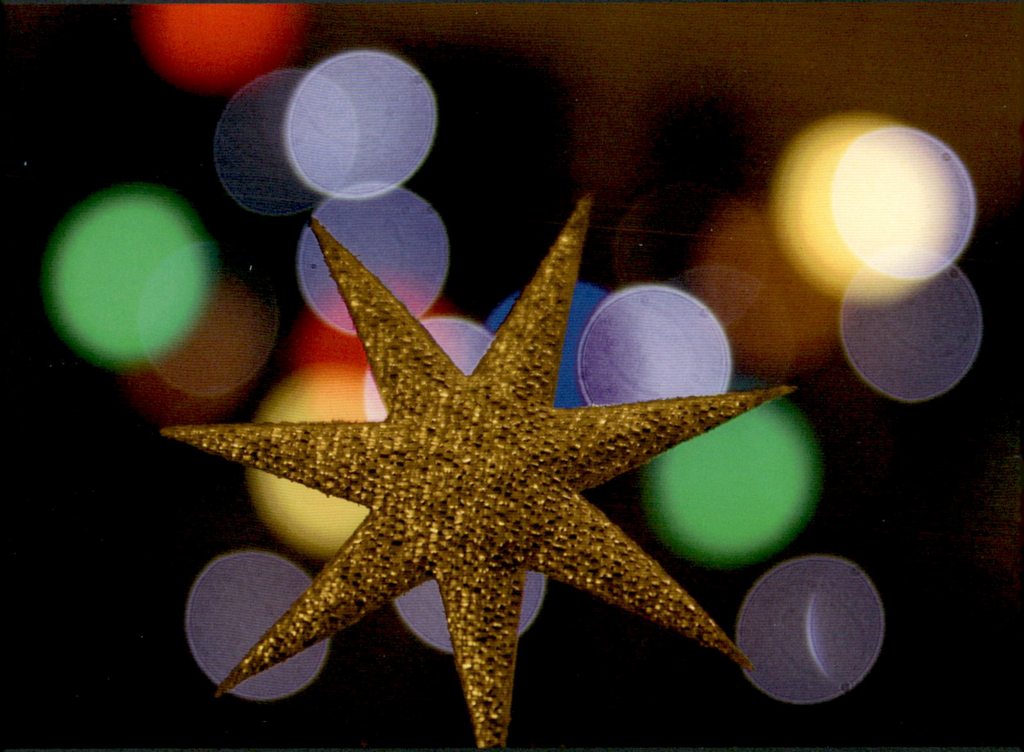

55 mm / f5,6 / 1/6 s / ISO 200

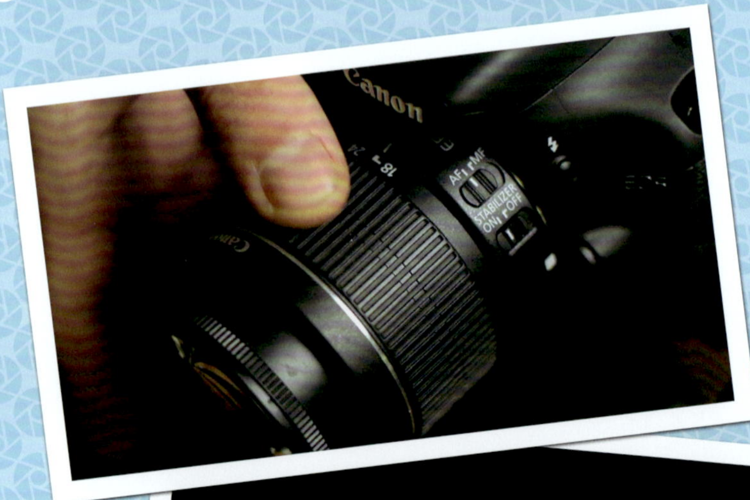
Canon
AF MF
STABILIZER
ON OFF

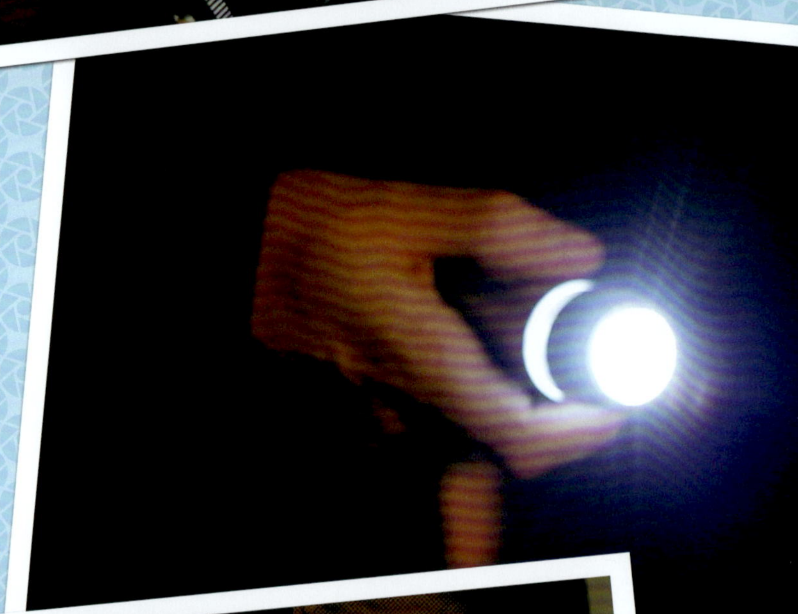

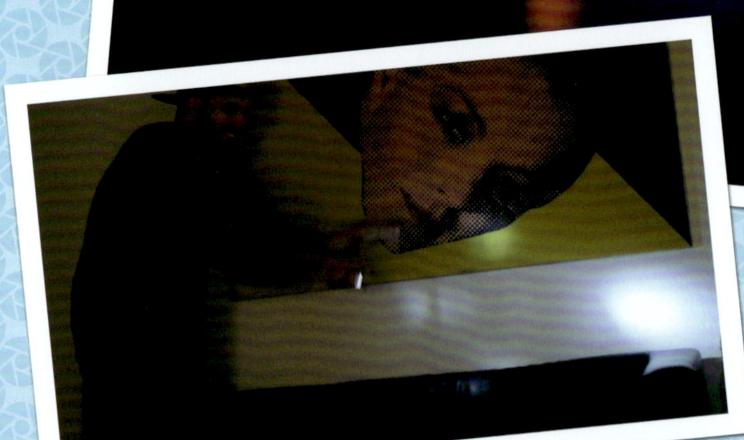

# LIGHTPAINTING MENSCH

**Zutaten**

- Dunkelheit
- Couch oder Bank
- Taschenlampe
- dunkle Kleidung
- Digitale Spiegelreflex-kamera
- Kit-Objektiv 18 – 55 mm
- Speicherkarte
- Akku
- Stativ

# Lightpainting Mensch

## Vorbereitung

Schau dir das Beispielbild genau an und übe die Figur, die du mit Licht malen willst, zunächst einmal „trocken". Erst wenn du sie blind kannst, kann das Fotografieren starten.

## Zubereitung

Stelle die Kamera auf das Stativ, wechsle in den manuellen Modus M und zoome das Objektiv auf 18 mm. Wähle eine Blende f11, ISO 100 und eine Verschlusszeit von 30 s.

Deaktiviere den Autofokus und den Bildstabilisator und positioniere die Kamera diagonal zur Couch oder zur Bank auf gleicher Höhe, so weit entfernt, dass man alles gut erkennen kann. Fokussiere manuell auf die Stelle, an der das Lightpainting stattfinden soll, und mache dann das Licht aus. Stelle den Selbstauslöser auf zehn Sekunden ein und knie dich auf die Couch, neben der die Lichtfigur entstehen soll. Sobald der Selbstauslöser startet, machst du die Taschenlampe an und führst sie wie einen Stift. du beginnst mit dem Kopf, gehst hinunter Richtung Po, am Bauch wieder hoch bis zur Schulter und weiter mit einem geknickten Arm Richtung Kopf. Schalte die Lampe aus und beginne am Po mit dem Bein bis runter zum Fuß. Schalte die Lampe dort wieder aus. Dann machst du das Gleiche beim anderen Bein. Wenn du fertig bist, schalte die Lichtquelle aus und bewege dich aus dem Bild.

**TIPP**

Wenn dir die Form des Männchens zu schwierig ist, kannst du auch mit einer Blume oder einem Herz beginnen, um die Technik zu erlernen.

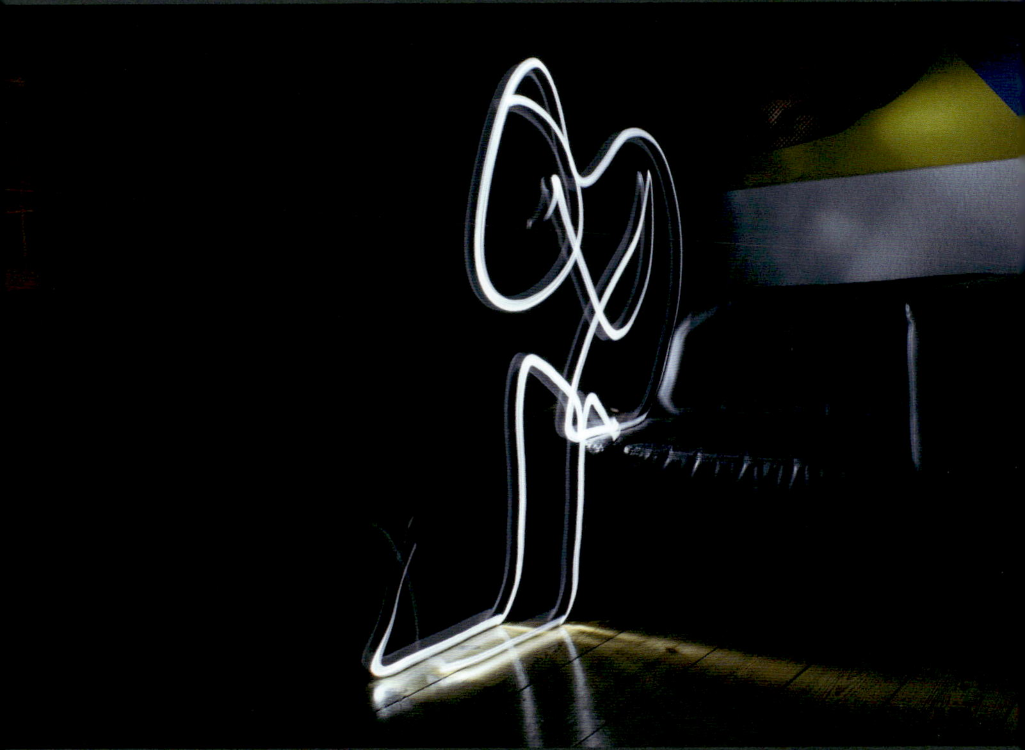

18 mm / f11 / 30 s / ISO 100

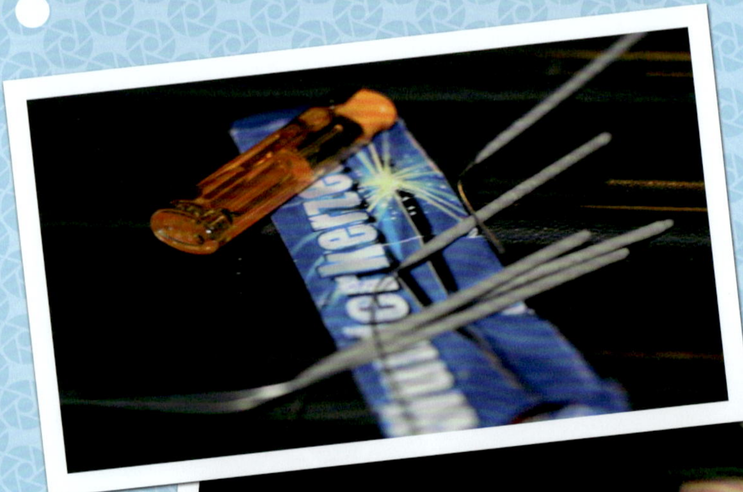

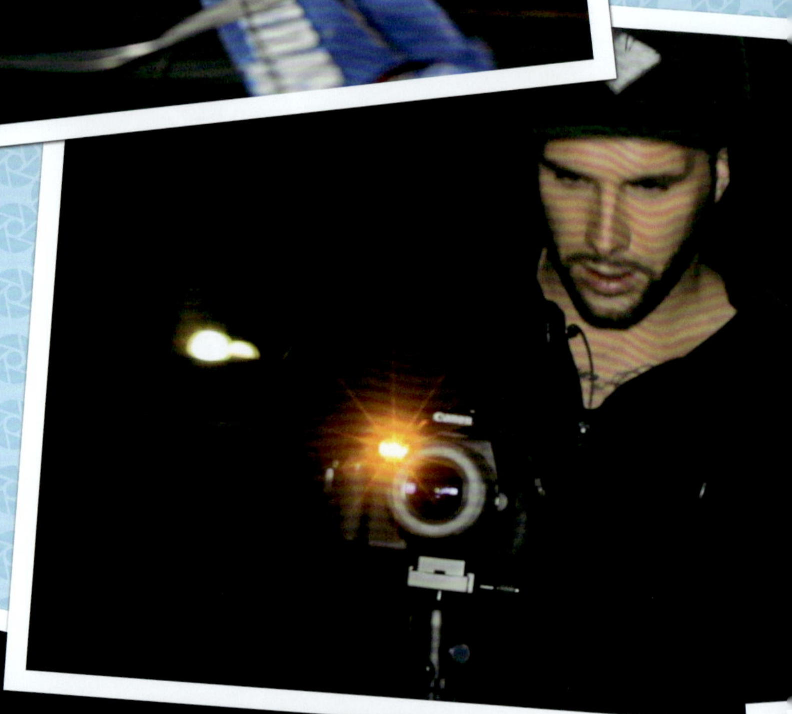

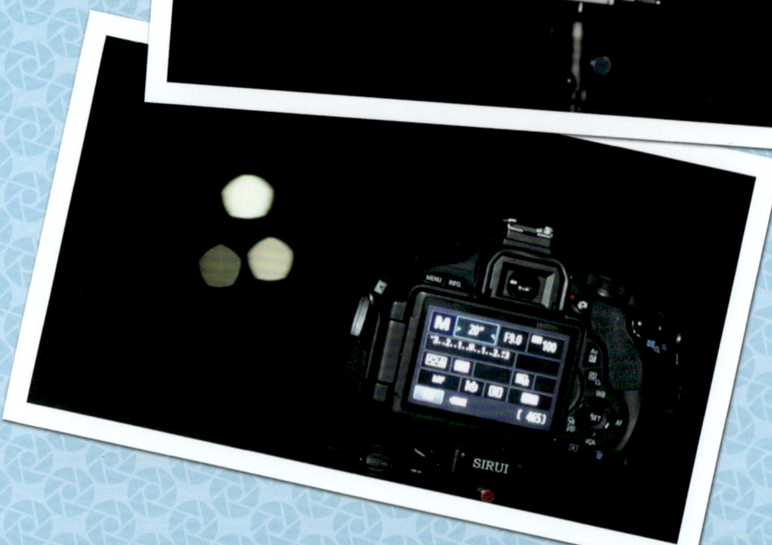
SIRUI

# WUNDERKERZEN-LIGHTPAINTING

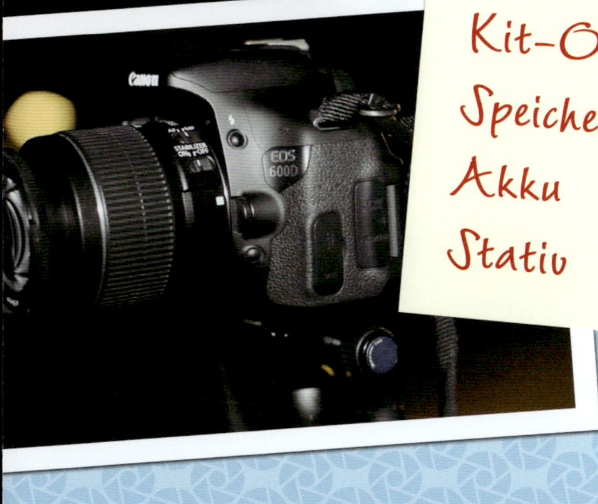


## Zutaten

- Dunkelheit
- eine beleuchtete, wenig befahrene Straße
- Wunderkerzen
- dunkle Kleidung
- Taschenlampe
- Feuerzeug
- Digitale Spiegelreflex-kamera
- Kit-Objektiv 18 – 55 mm
- Speicherkarte
- Akku
- Stativ

# Wunderkerzen-Lightpainting

## Vorbereitung

Auch bei diesem Foto steht die Pflicht vor der Kür: Übe spiegelverkehrt das Wort L O V E in Schreibschrift zu schreiben, bis du es blind und flüssig kannst.

## Zubereitung

Befestige die Kamera auf dem Stativ, zoome auf 18 mm und wechsle in den manuellen Modus M der Kamera. Wähle die Blende f9, ISO 100 und eine Verschlusszeit von 20 s.

Deaktiviere den Autofokus und den Bildstabilisator und stelle dich mittig auf die Straße. Suche dir im unteren Bilddrittel eine Laterne oder einen Baum, der dir als Fokussierhilfe dient, und stelle manuell darauf scharf. Stelle den Selbstauslöser auf zehn Sekunden ein, zünde die Wunderkerze an und bewege dich mit dem Rücken zur Kamera zu der Stelle, an der du schreiben willst. Sobald die Aufnahme startet, schreibst du zur Kamera gerichtet spiegelverkehrt das Wort Love in Schreibschrift. Wenn du fertig bist, drehst du dich mit dem Rücken wieder zur Kamera oder löschst die Wunderkerze.

**TIPP**

Probiere auch, längere Wörter zu schreiben, und kombiniere dieses Fotorezept mit anderen.

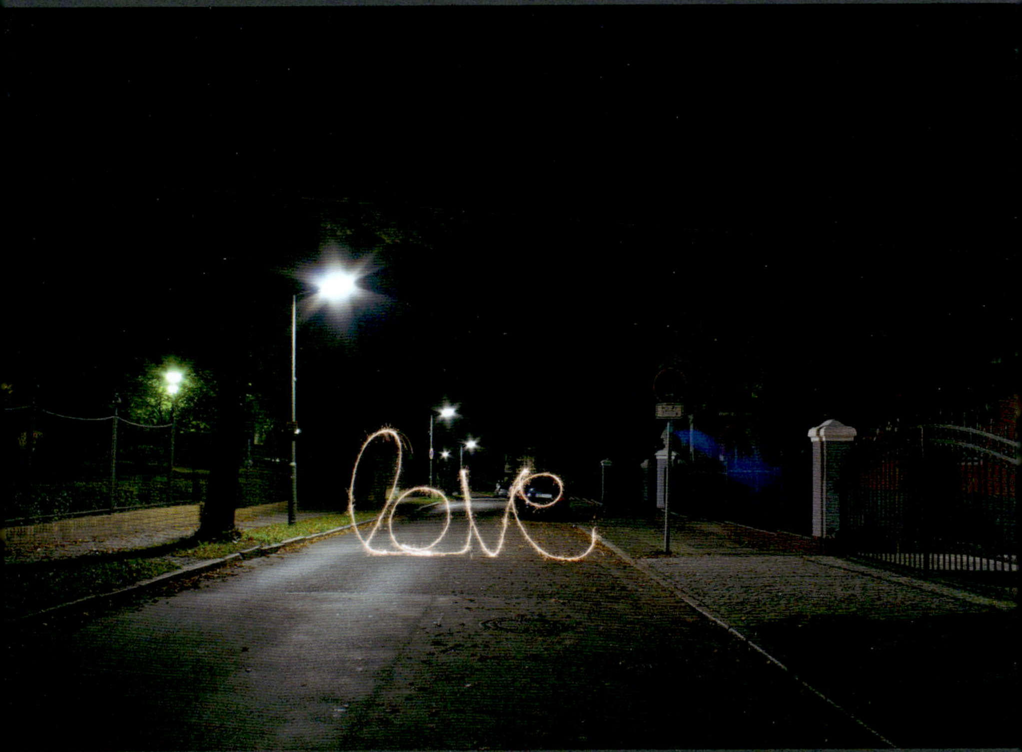


18 mm / f9 / 20 s / ISO 100

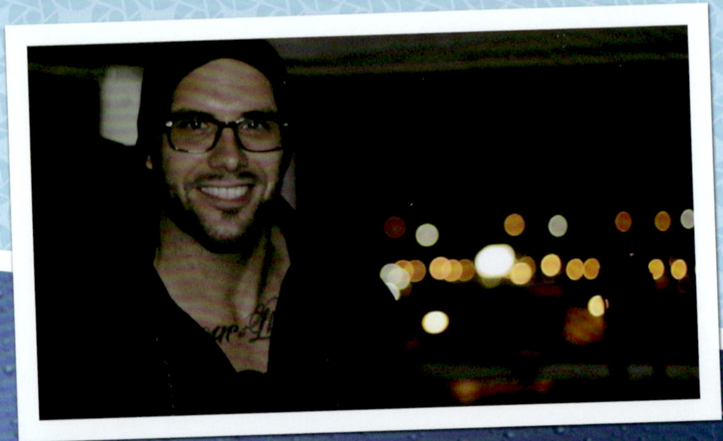

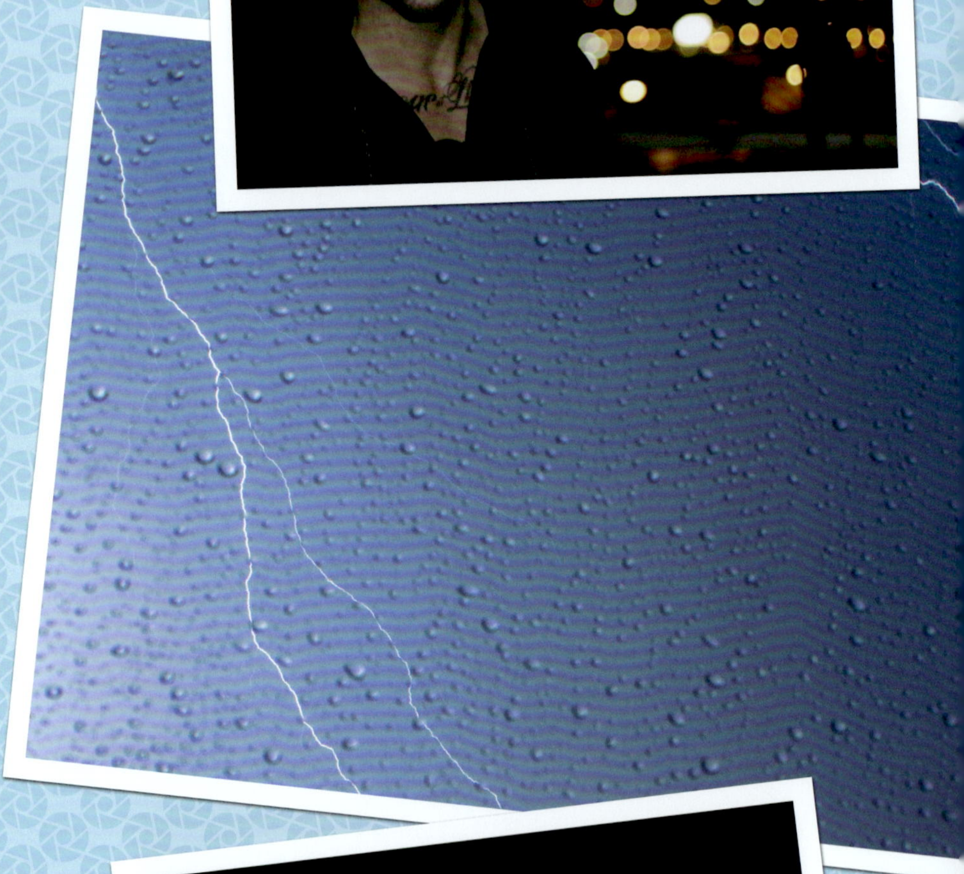

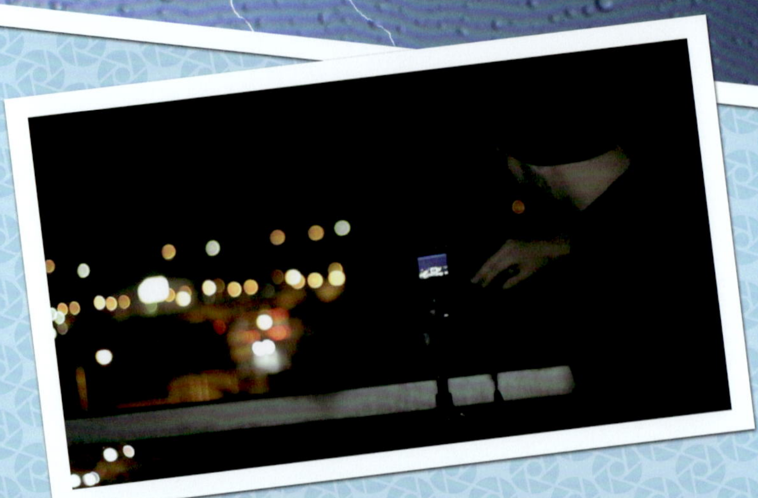

# GEWITTER

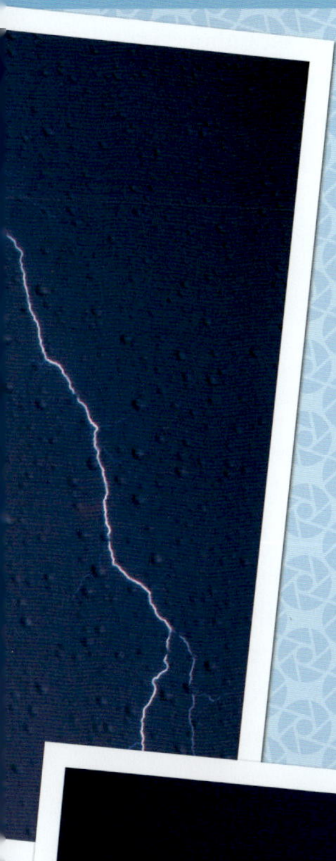

## Zutaten

- Dunkelheit
- Gewitter
- einen geschützten, erhöhten Platz
- Digitale Spiegelreflexkamera
- Kit-Objektiv 18 – 55 mm
- Speicherkarte
- Akku
- Stativ

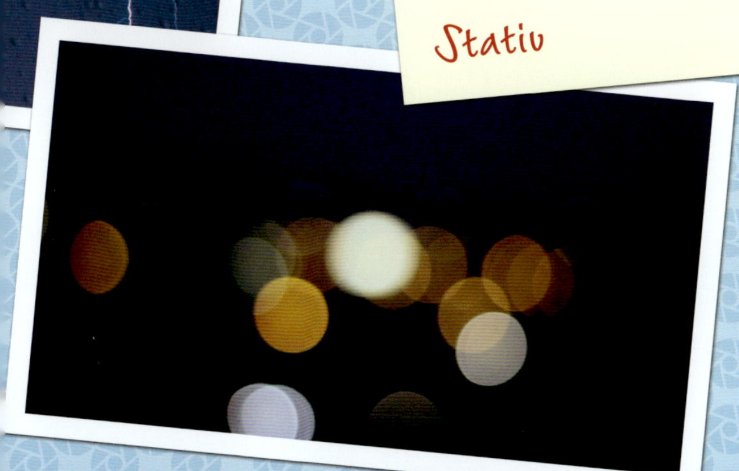

# Gewitter

## Vorbereitung

Bei Gewitter ist ein wenig Vorsicht angesagt. Wichtig ist daher, einen erhöhten Platz zu finden, an dem du vor dem Regen und vor Blitzen geschützt bist. Blitze sind kein Spaß und können ernsthaften Schaden anrichten. Parkhäuser oder erhöht liegende Wohnungen mit großen Fenstern sind beispielsweise geeignete Locations.

## Zubereitung

Befestige die Kamera auf dem Stativ und wechsle in den manuellen Modus M.

Zoome das Objektiv auf 18 mm, wähle die Blende f11, eine Verschlusszeit von 25 s und ISO 100. Teile das Bild in ein Drittel Boden und zwei Drittel Himmel auf und stelle den Selbstauslöser auf zwei Sekunden ein. Deaktiviere den Autofokus und den Bildstabilisator und fokussiere auf ein entferntes beleuchtetes Fenster, eine Laterne oder einen anderen hellen Bereich. Wenn du auslöst, wird jeder Blitz, der innerhalb von 25 Sekunden vom Himmel kommt, im Bild eingefangen.

**TIPP**

Fotografiere durch die von Regentropfen benetzte Fensterscheibe. Für Blitzbilder mit dem kreativen Extrakick!

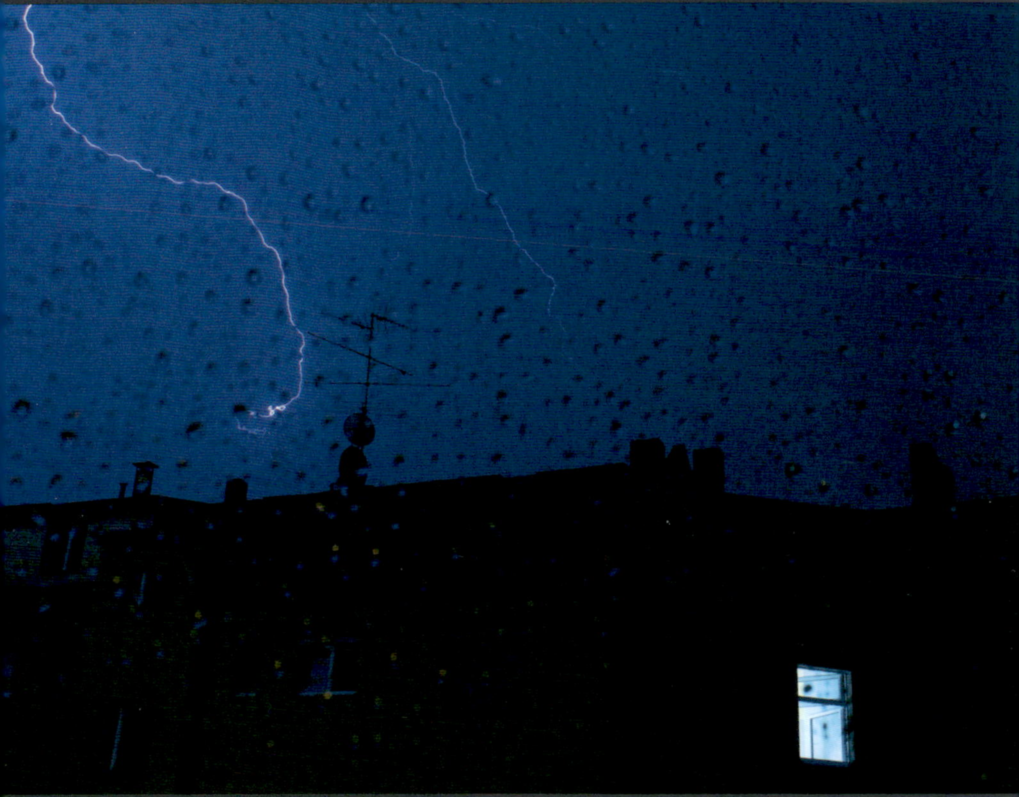

18 mm / f11 / 25 s / ISO 100

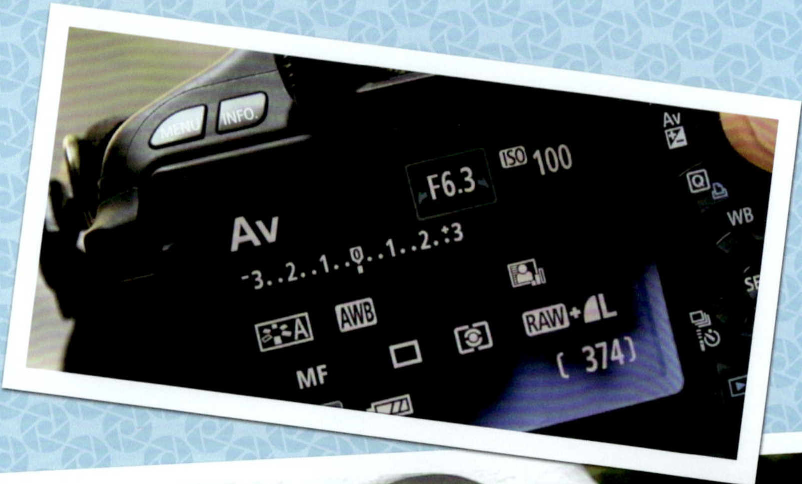
MENU
INFO.
F6.3
ISO 100
Av
-3..2..1..0..1..2..+3
AWB
RAW+L
MF
[ 374]
WB

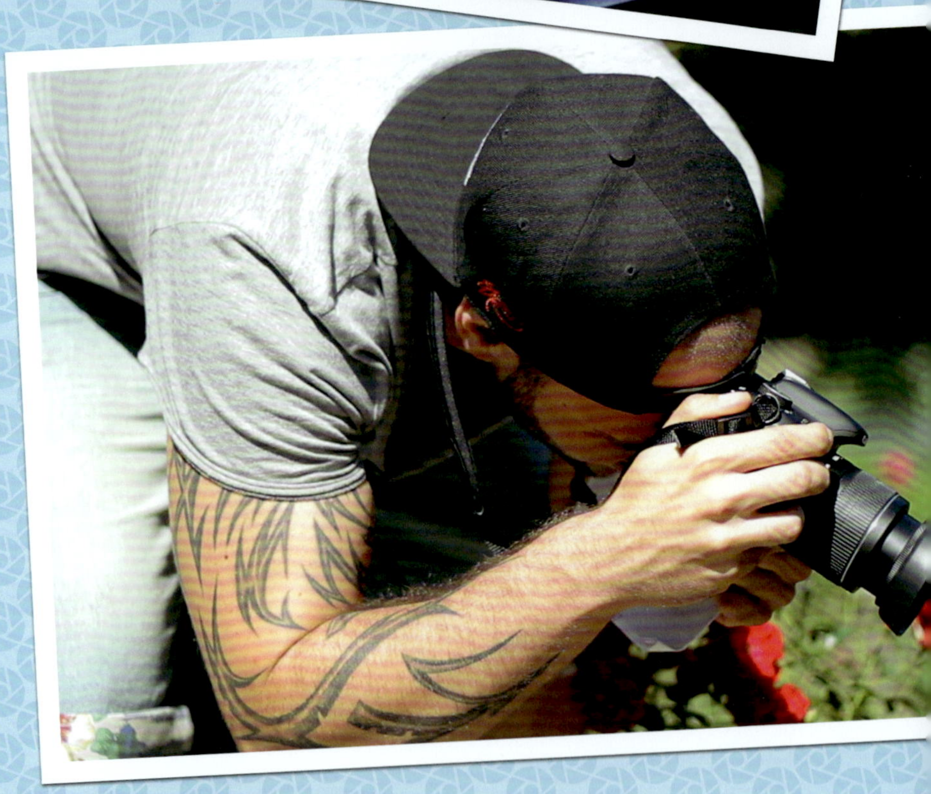

# NATUR IM FOKUS

**Zutaten**

Tageslicht mit direktem Sonnenschein

Blume

Insekt

Digitale Spiegelreflexkamera

Kit-Objektiv 18 – 55 mm

Speicherkarte

Akku

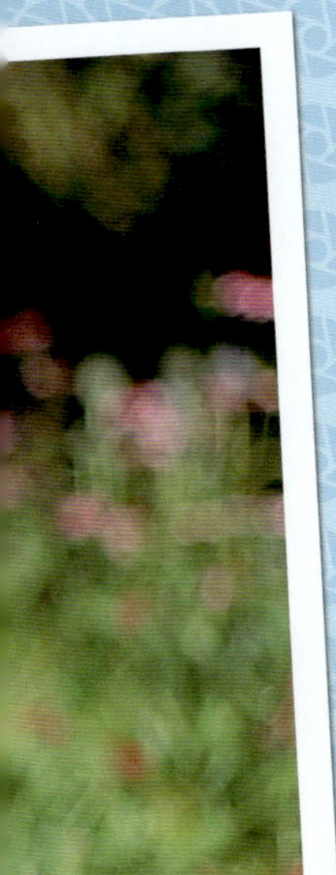

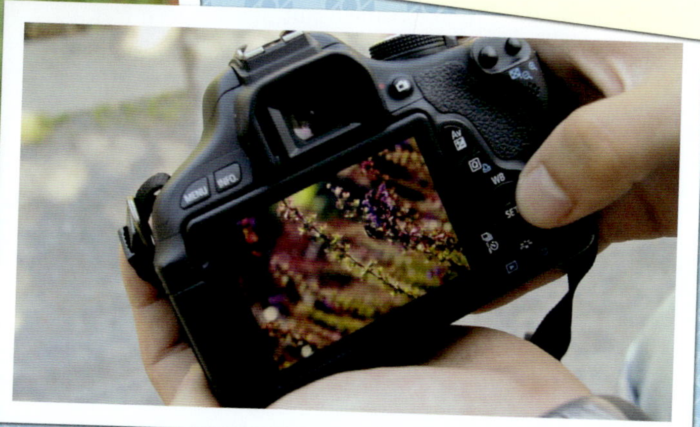

# Natur im Fokus

## Vorbereitung

Zunächst heißt's erst mal Augen auf: Finde eine große Blume mit langsam fliegenden Insekten wie Bienen oder Schmetterlingen im direkten Sonnenlicht.

## Zubereitung

Zoome das Objektiv auf 55 mm, wechsle in den Zeitautomatikmodus Av/A der Kamera, wähle Blende f6,3 und ISO 100.

Stelle den Fokuspunkt auf rechts oben und begib dich auf Augenhöhe mit der Pflanze. Warte auf Insekten, die sich den Nektar schnappen wollen, und bewege dich langsam so nah wie möglich Richtung Pflanze. Der Fokuspunkt muss direkt auf das Insekt zeigen, so hast du einen schönen Goldenen Schnitt, sorgst also mit der Bildaufteilung ein Drittel/zwei Drittel für Spannung und einen tollen unscharfen Hintergrund.

Sollte es windig sein, halte die Pflanze einfach mit den Fingern fest. Gehe mit der Kamera noch tiefer und fotografiere diagonal nach oben, um das Lichtspiel in den umgebenden Sträuchern oder Bäumen einzufangen.

**TIPP**

Schmetterlinge und andere Insekten lassen sich mit halben Weintrauben oder Orangenscheiben anlocken.

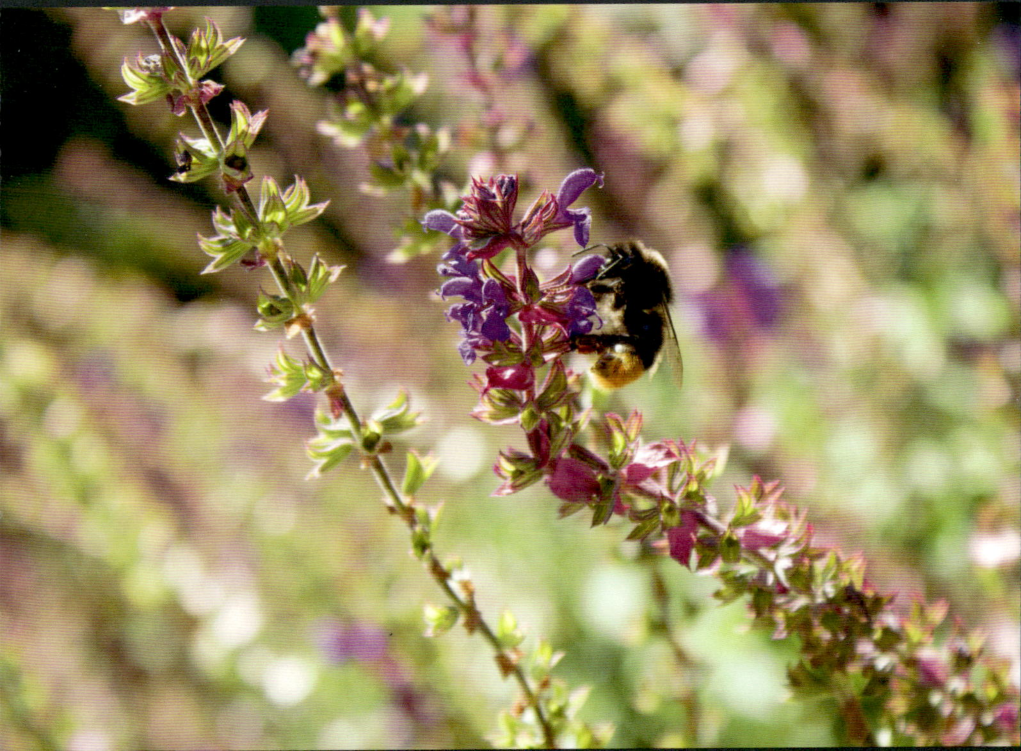

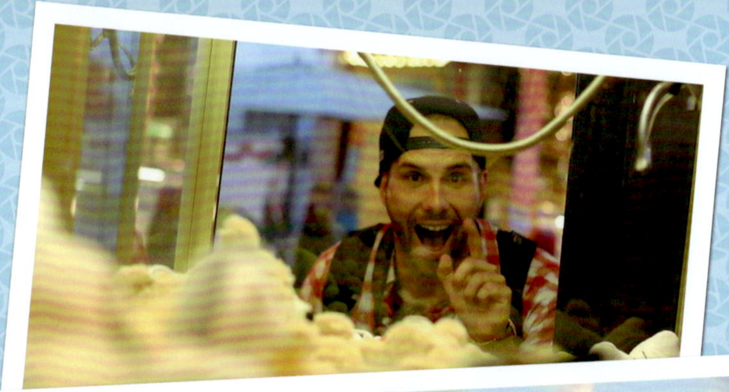

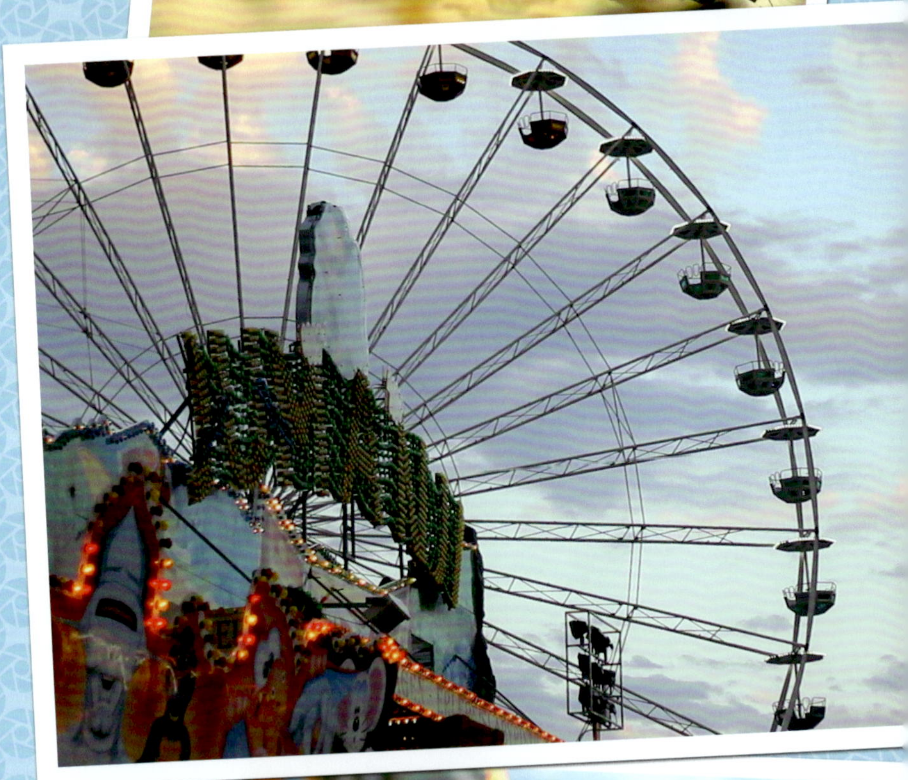

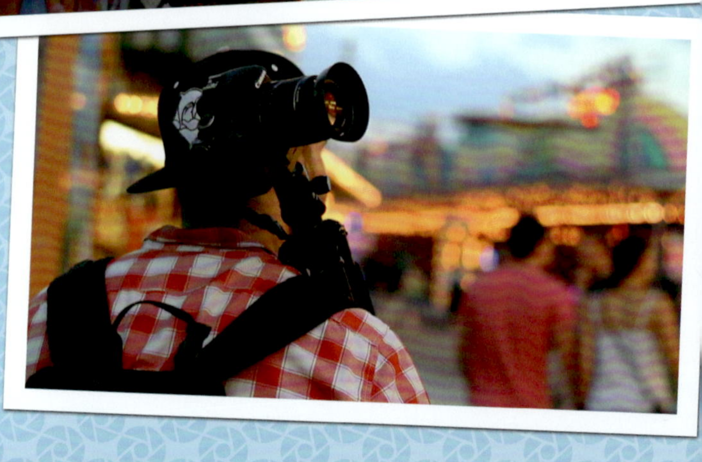

# DAS RIESENRAD

Zutaten

Dunkelheit oder Dämmerung

Riesenrad

Digitale Spiegelreflexkamera

Kit-Objektiv 18 – 55 mm

Speicherkarte

Akku

Stativ

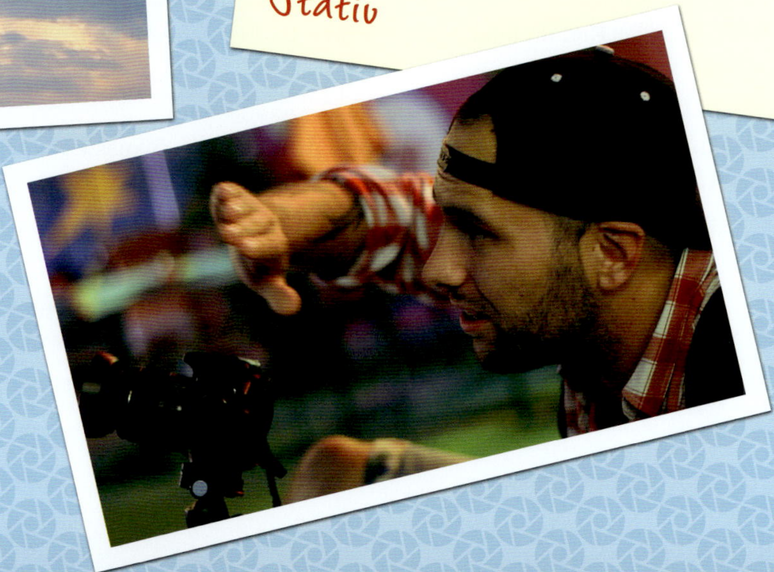

# Das Riesenrad

## Vorbereitung

Auf dem Volksfest zu fotografieren, ist immer eine tolle Idee – vor allem, wenn abends Millionen von Lichtern der Fahrgeschäfte die Szene beleuchten. Nimm das Riesenrad ins Visier und warte, bis die Sonne untergegangen ist.

## Zubereitung

Befestige die Kamera auf dem Stativ, zoome das Objektiv auf 18 mm und wechsle in den manuellen Modus M. Wähle die Blende f14, ISO 100 und 0,6 Sekunden Verschlusszeit in der blauen Stunde (also in der Zeit zwischen Sonnenuntergang und kompletter Dunkelheit) und bis zu 4 Sekunden, wenn die Nacht hereingebrochen ist.

Korrigiere wenn nötig die Verschlusszeit über den Live View oder eine Testaufnahme. Fahre das Stativ auf die niedrigste Position und richte die Kamera nach oben in Richtung Riesenrad. Entferne dich so weit, dass das Rad im linken oder rechten Bildbereich komplett Platz findet.

Deaktiviere den Autofokus und den Bildstabilisator, fokussiere auf das Gerüst des Riesenrads und stelle den Selbstauslöser auf zwei Sekunden ein.

**TIPP**

Zoome mit dem Objektiv auf 55 mm und mache Detailaufnahmen vom Gerüst und dem sich drehenden Rad.

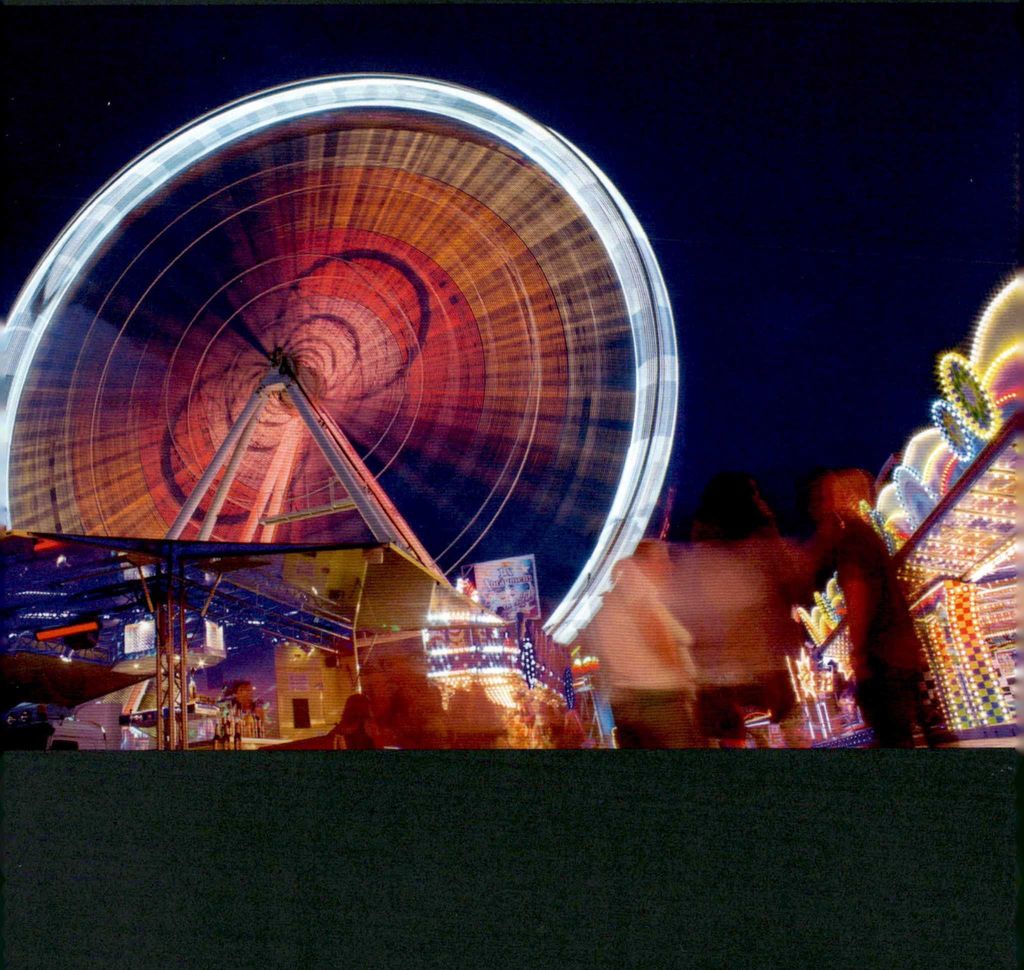

18 mm / f14 / 4 s / ISO 100

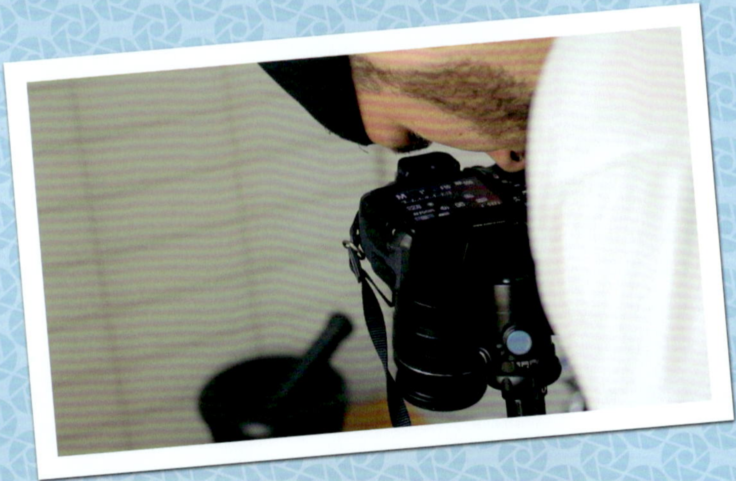

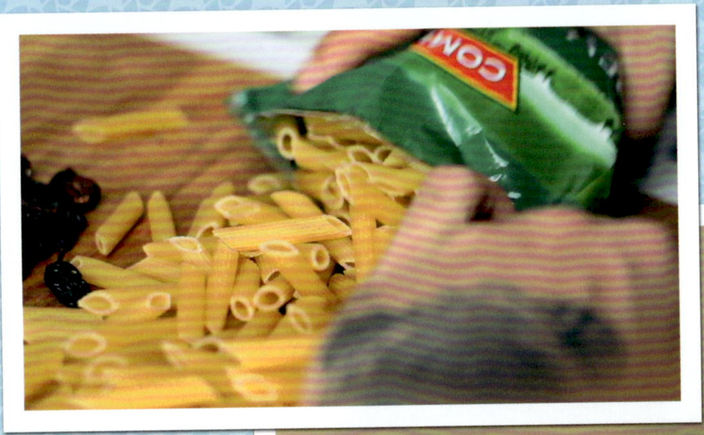

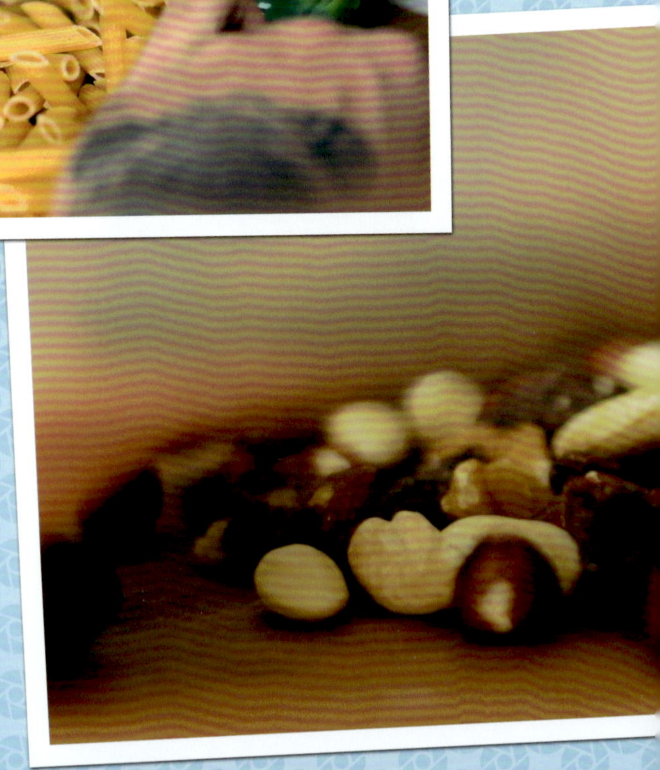

# ESSEN VON OBEN

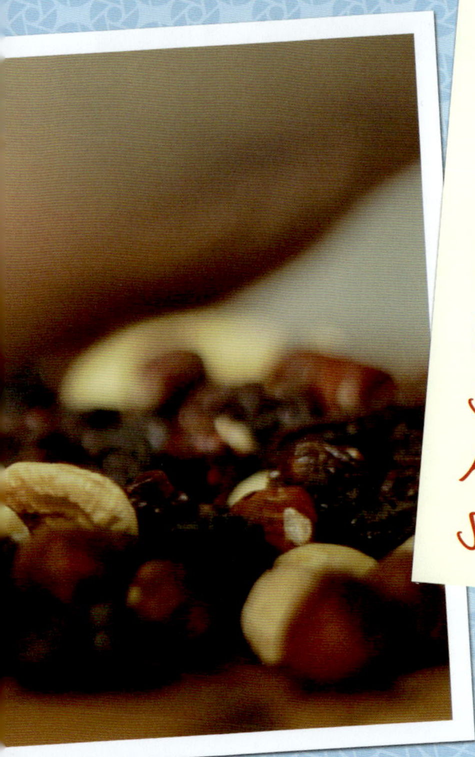

## Zutaten

- Tageslicht ohne direktes Sonnenlicht
- trockene Lebensmittel, z. B. eine Nussmischung oder Nudeln
- ein Brett
- ein großes Fenster
- Digitale Spiegelreflex-kamera
- Kit-Objektiv 18 – 55 mm
- Speicherkarte
- Akku
- Stativ

# Essen von oben

## Vorbereitung

Arrangiere die Lebensmittel auf dem Brett eng beieinander, sodass man das Brett nicht mehr durchscheinen sieht, und platziere das Brett seitlich vor dem Fenster.

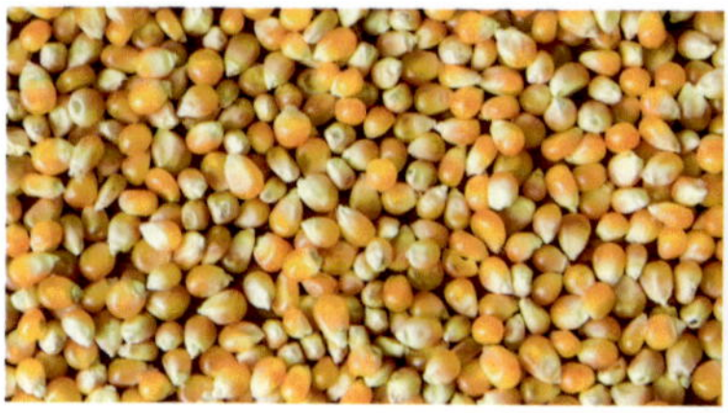
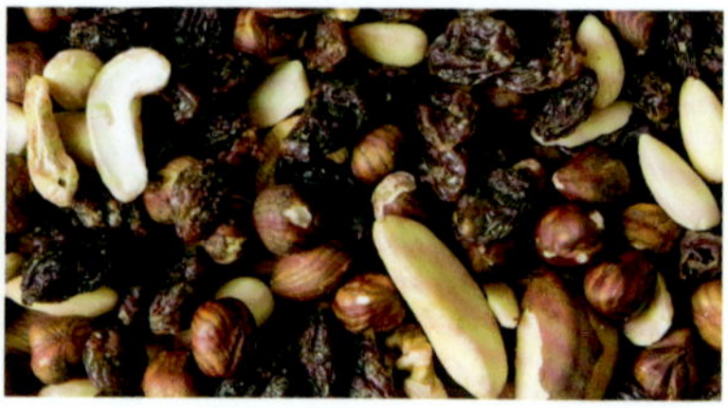

## Zubereitung

Befestige die Kamera auf dem Stativ, neige es um 90 Grad nach vorne und geh so nah wie möglich an das Brett heran. Du solltest von oben auf das Motiv schauen.

Zoome auf 55 mm, wechsle in den manuellen Modus M der Kamera, wähle eine Blende f10, ISO 100 und 1/30 s Verschlusszeit.

Stelle den Selbstauslöser auf zwei Sekunden ein und wähle alle Fokuspunkte an (Fokuspunkt-Automatik). Sollte das Bild zu dunkel sein, verlängere die Verschlusszeit.

**TIPP**

Achte auf gleiche Farben und kombiniere Lebensmittel miteinander.

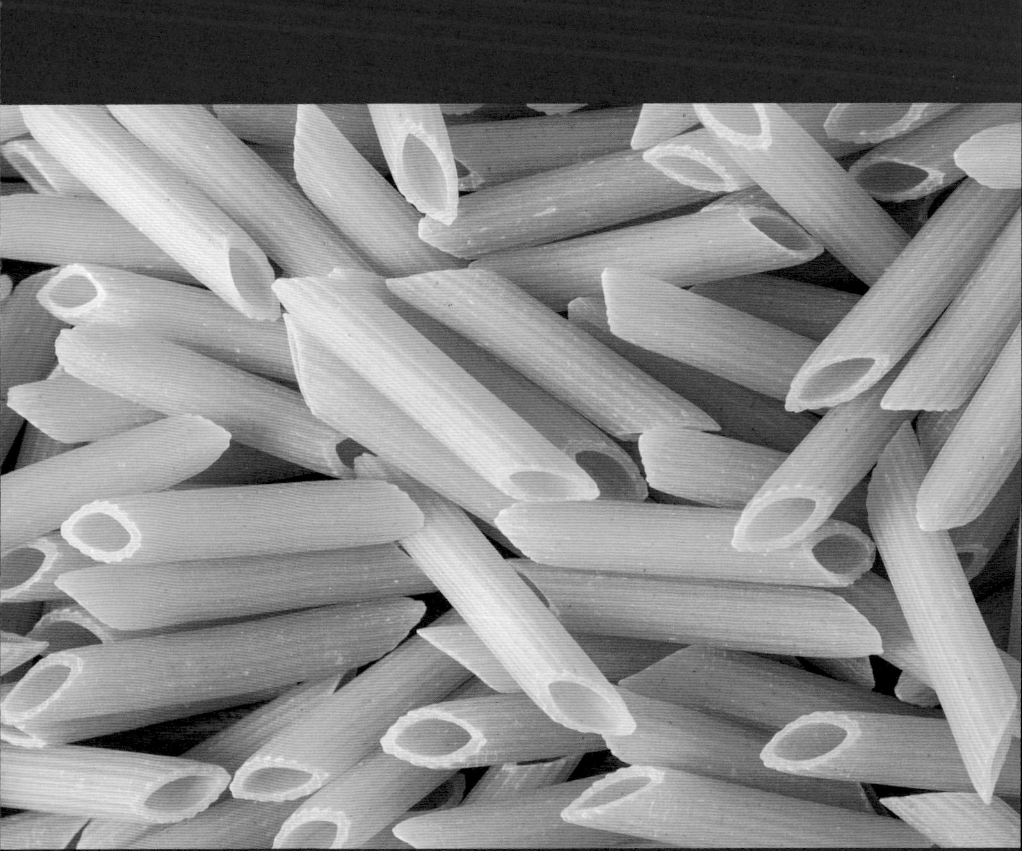

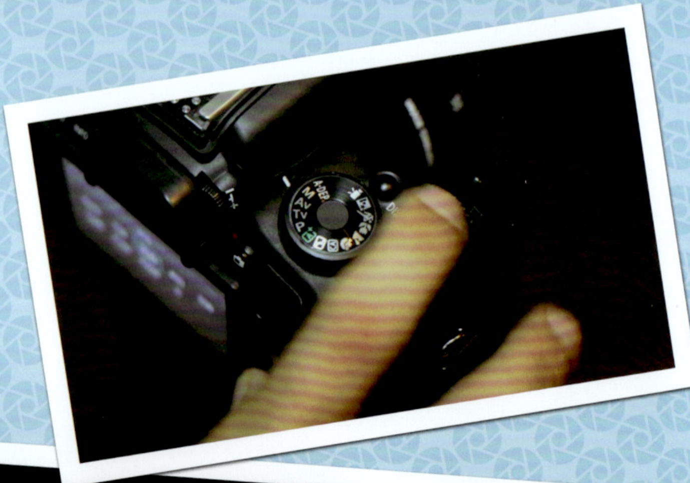

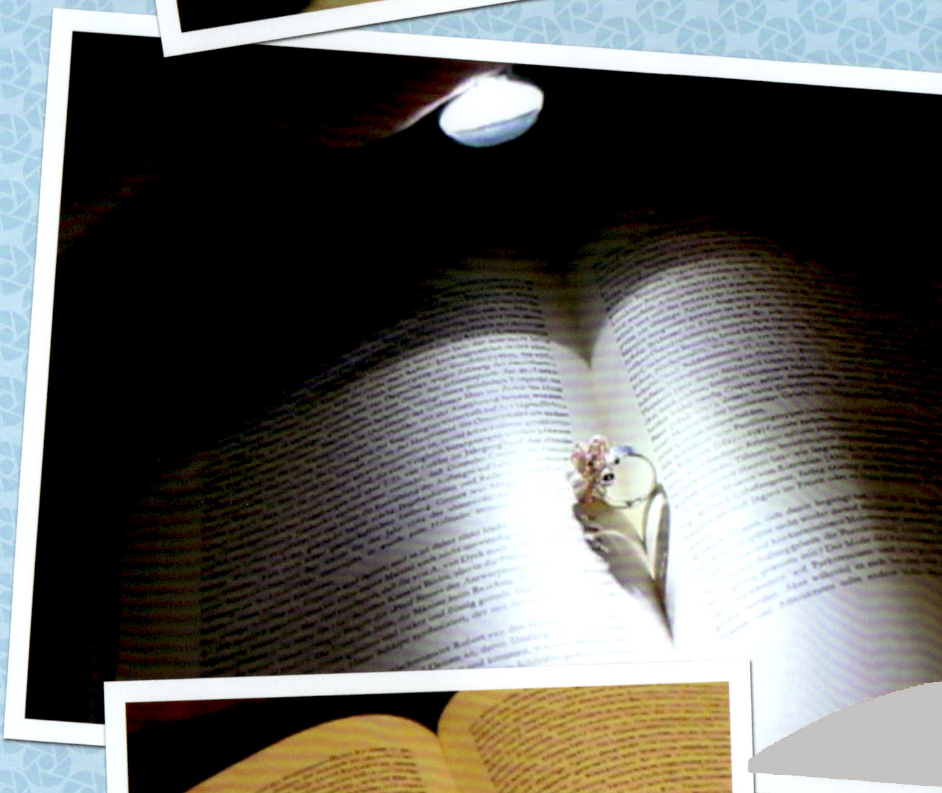

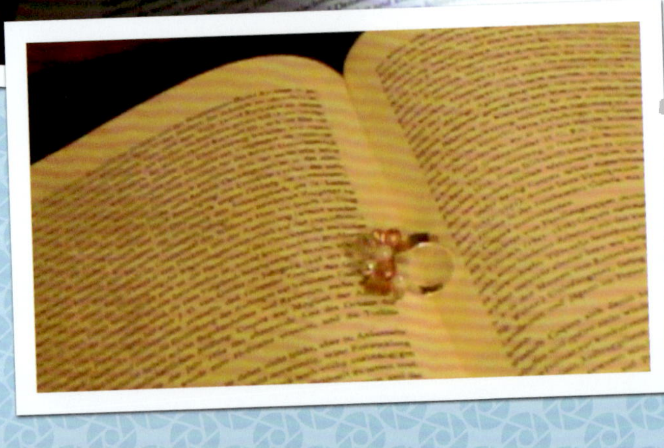

# DER RING

Zutaten

- Dunkelheit
- Lampe
- Buch
- Ring
- Digitale Spiegelreflexkamera
- Kit-Objektiv 18 – 55 mm
- Speicherkarte
- Akku
- Stativ

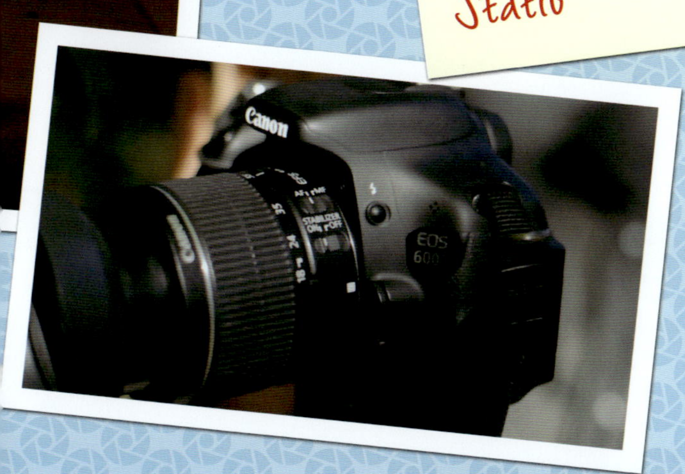

# Der Ring

## Vorbereitung

Jetzt wird's gefühlvoll: Platziere das Buch auf einer ebenen Oberfläche, zum Beispiel einem Tisch, schlage es mittig auf und stelle den Ring in den Buchfalz. Positioniere eine Lampe hinter dem Buch in genau der Höhe, dass der Ring einen herzförmigen Schatten wirft.

## Zubereitung

Befestige die Kamera auf dem Stativ und zoome das Objektiv auf 55 mm.

Wechsle in den manuellen Modus M der Kamera, wähle Blende f5,6, ISO 400 und 1/25 s Verschlusszeit. Korrigiere die Verschlusszeit falls nötig über den Live View oder eine Testaufnahme.

Drehe die Kamera so, dass der Buchfalz diagonal im Bild ist, und stelle den Selbstauslöser auf zwei Sekunden ein. Fokussiere auf den Ring und achte darauf, dass der Schatten vollständig im Bild ist.

**TIPP**

Ein Buch mit einem romantischen Text sorgt für den doppelten Kitschfaktor.

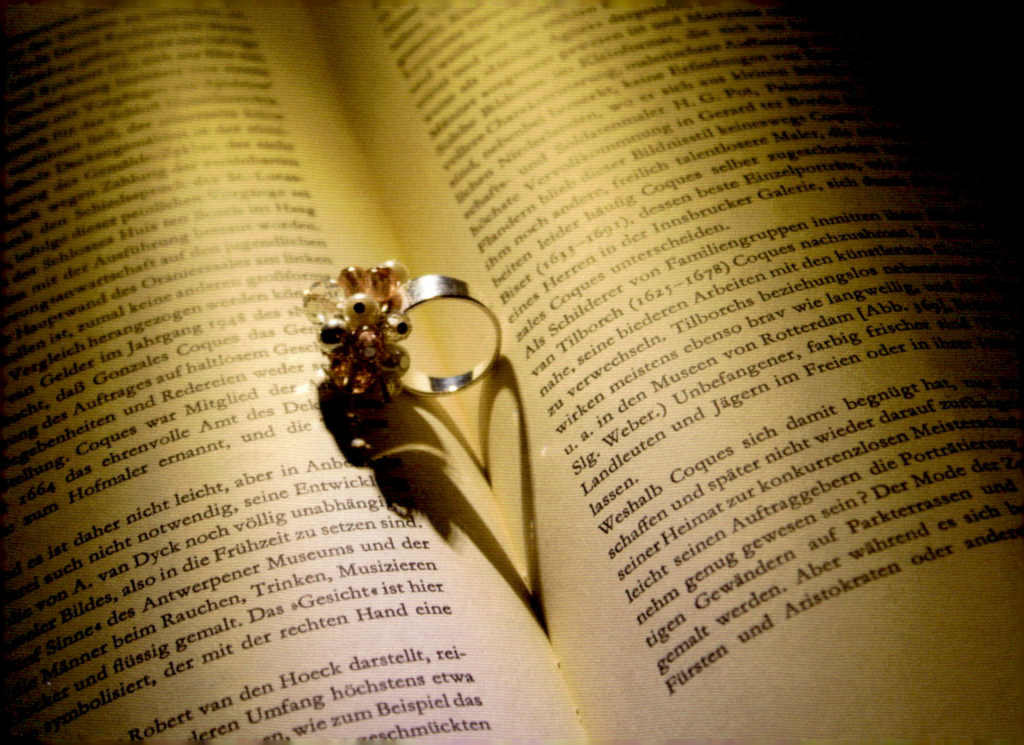
Vergleich herangezogen werden
van Gelder im Jahrgang 1948 des
nicht, daß Gonzales Coques das
des Auftrages auf haltlosem
begebenheiten und Redereien weder
Coques war Mitglied der
1664 das ehrenvolle Amt des
zum Hofmaler ernannt, und die
ist daher nicht leicht, aber in
auch nicht notwendig, seine
von A. van Dyck noch völlig
Bildes, also in die Frühzeit zu setzen sind.
Sinne« des Antwerpener Museums und der
Männer beim Rauchen, Trinken, Musizieren
und flüssig gemalt. Das »Gesicht« ist hier
symbolisiert, der mit der rechten Hand eine
Robert van den Hoeck darstellt, rei-
Umfang höchstens etwa
wie zum Beispiel das
geschmückten
zales Coques unterscheiden.
Als Schilderer von Familiengruppen inmitten
van Tilborch (1625–1678) Coques
nahe, seine biederen Arbeiten mit den
zu verwechseln. Tilborchs beziehungslos
wirken meistens ebenso brav wie langweilig,
u. a. in den Museen von Rotterdam
Slg. Weber.) Unbefangener, farbig frischer
Landleuten und Jägern im Freien oder in
lassen.
Weshalb Coques sich damit begnügt hat,
schaffen und später nicht wieder darauf
seiner Heimat zur konkurrenzlosen
leicht seinen Auftraggebern die Porträtierung
nehm genug gewesen sein? Der Mode der
tigen Gewändern auf Parkterrassen und
gemalt werden. Aber während es sich
Fürsten und Aristokraten oder

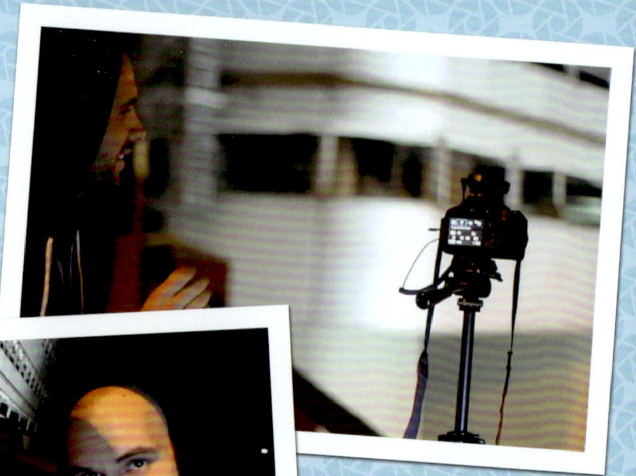

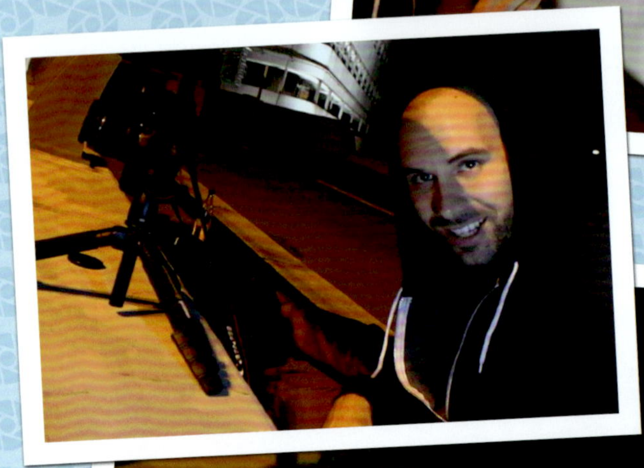

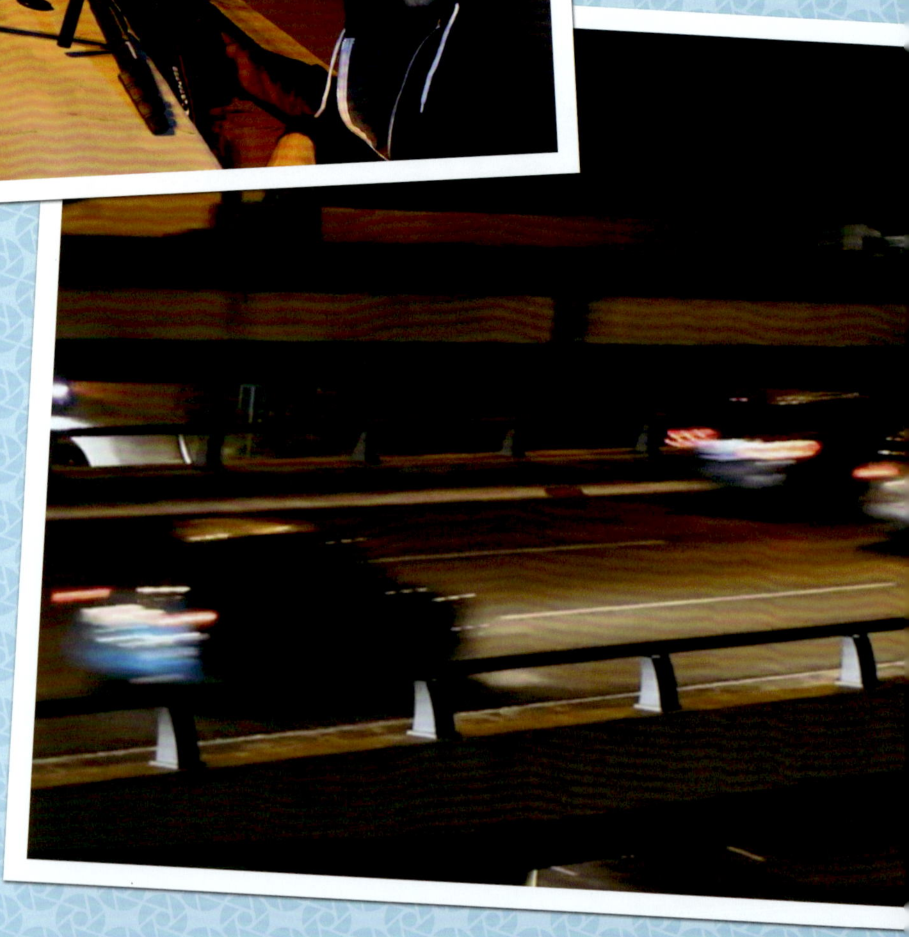

# WENN ES NACHT WIRD IN DER STADT

**Zutaten**

- Dunkelheit
- Straße mit Kurve
- eine erhöhte Position
- Digitale Spiegelreflexkamera
- Kit-Objektiv 18 – 55 mm
- Speicherkarte
- Akku
- Stativ

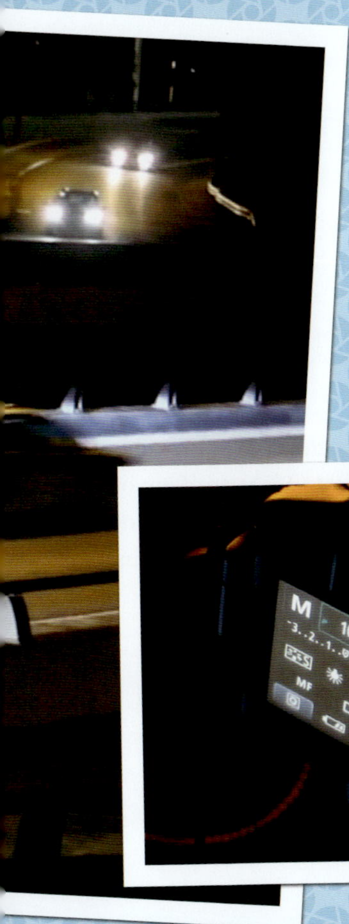

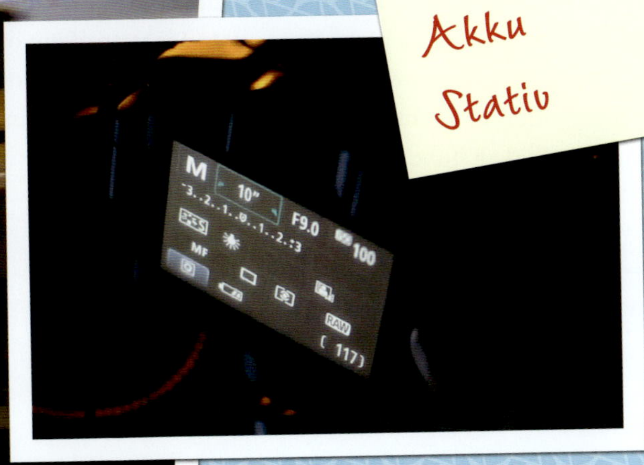

# Wenn es Nacht wird in der Stadt

## Vorbereitung

Finde eine Brücke, auf der du Sicht auf eine viel befahrene Straße mit einer Kurve hast.

## Zubereitung

Befestige die Kamera auf dem Stativ und zoome das Objektiv auf 18 mm.

Wechsle in den manuellen Modus M der Kamera, wähle Blende f9, eine Verschlusszeit von 10 s und ISO 100.

Deaktiviere den Autofokus und den Bildstabilisator. Stelle den Selbstauslöser auf zwei Sekunden ein. Richte die Kamera so aus, dass die Kurve das Bild in zwei Bereiche unterteilt, und fokussiere auf entfernte Laternen oder Bäume. Stelle den Selbstauslöser auf zwei Sekunden ein.

Wenn du auslöst, wird jedes Auto, das in den nächsten 30 Sekunden durch das Bild fährt, zu einem Lichtstreifen – rote Lichtstreifen von wegfahrenden Autos und weiße von herankommenden. Solltest du Ampelphasen fotografieren, achte auf das richtige Timing, um keine wartenden Autos im Bild zu haben.

**TIPP**

Kombiniere Lichtzieher mit Gebäuden oder anderen starren Gegenständen.

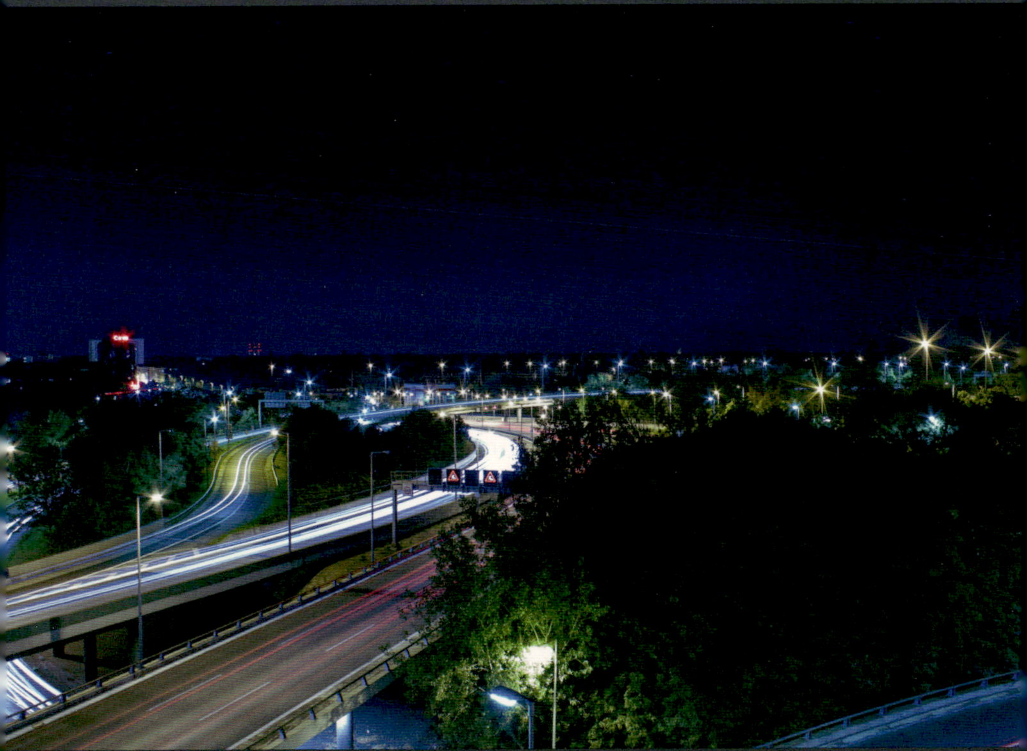

18 mm / f9 / 10 s / ISO 100

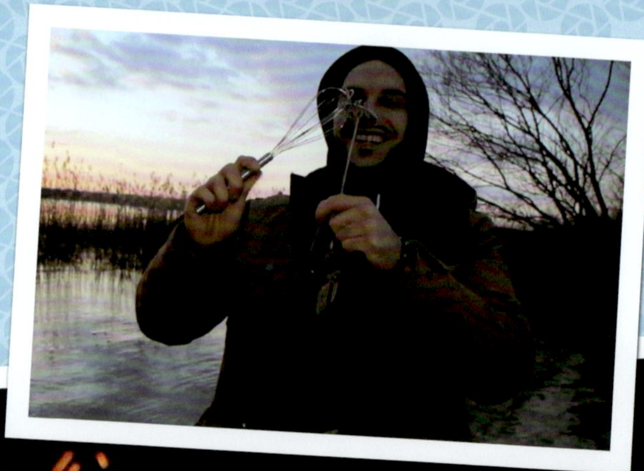

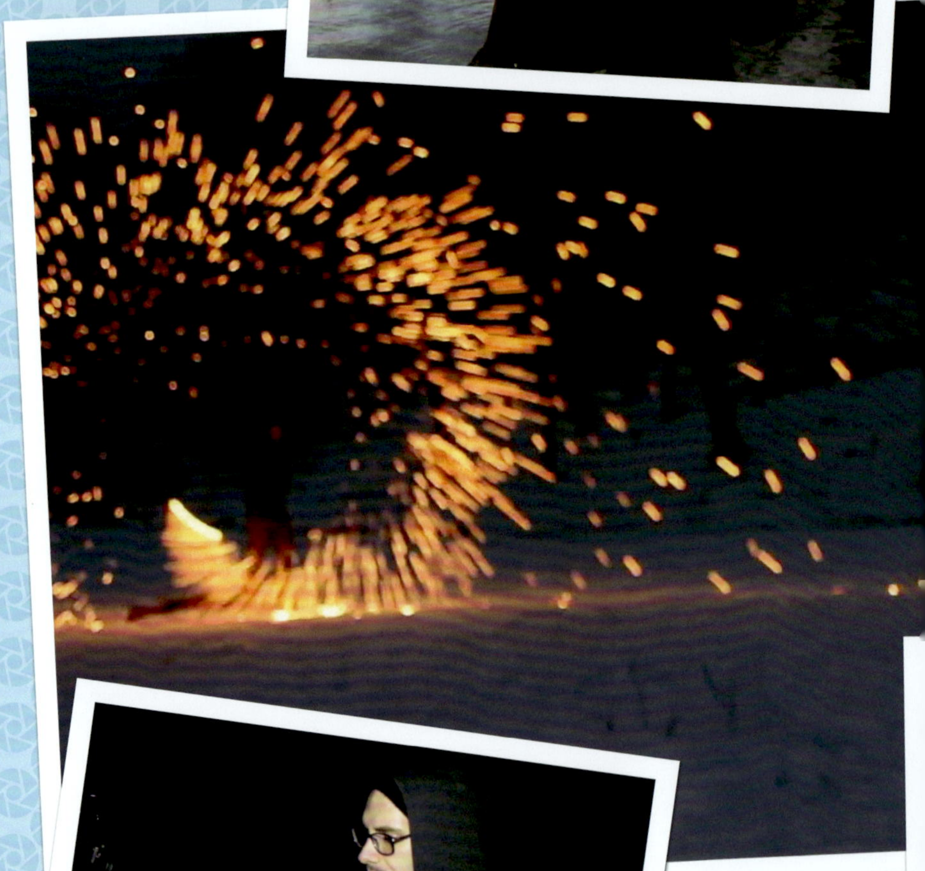

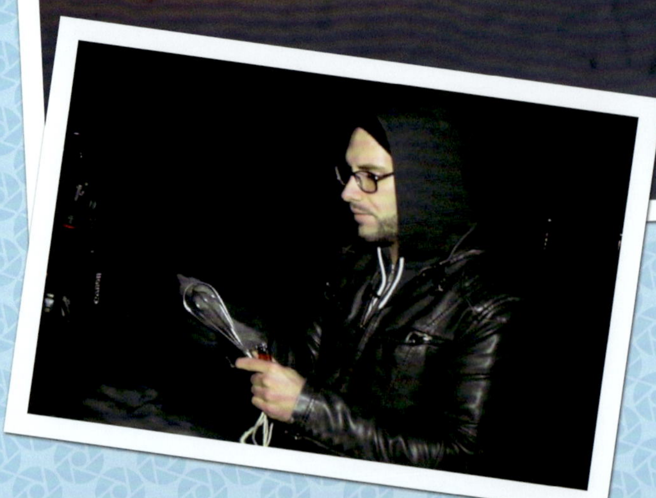

# STAHLWOLLE

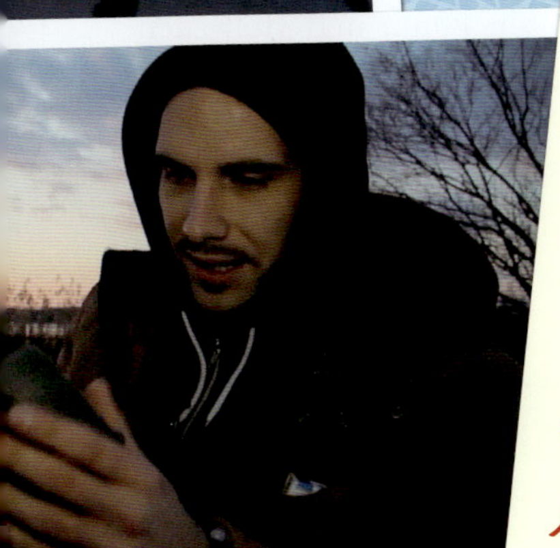

## Zutaten

- Dunkelheit
- Stahlwolle Stärke 0
- Schneebesen
- Gewebeklebeband
- 1 m Paketkordel
- dunkle Kleidung
- Kopf- und Augenbedeckung
- Feuerzeug
- Taschenlampe
- einer Eimer mit Wasser (zum Löschen falls nötig)
- Digitale Spiegelreflexkamera
- Kit-Objektiv 18 – 55 mm
- Speicherkarte
- Akku
- Stativ

# Stahlwolle

## Vorbereitung

Für diese Aufnahme sind die Vorbereitungen etwas aufwendiger. Mit dem Klebeband verbindest du den Stiel des Schneebesens mit der Kordel. Nimm ein Stück Stahlwolle, zerre es auseinander und drücke es in das Geflecht des Schneebesens. Jetzt musst du darauf achten, dass deine Augen und Haare sich nicht entflammen können und dass der Untergrund und die Umgebung nicht brennbar sind. Stell dir zur Sicherheit einen Eimer Wasser zur Seite.

## Zubereitung

Befestige die Kamera auf dem Stativ und zoome das Objektiv auf 18 mm. Wechsle in den manuellen Modus M der Kamera, wähle die Blende f7,1, ISO 100 und eine Verschlusszeit von 25 Sekunden.

Deaktiviere den Autofokus und den Bildstabilisator und markiere dir einen Punkt in etwa drei bis vier Meter Abstand zur Kamera. Fokussiere mithilfe der Taschenlampe auf diesen Punkt und stelle den Selbstauslöser auf zehn Sekunden ein. Sobald du auslöst, begibst du dich zu dem fokussierten Punkt, zündest die Stahlwolle an und fängst (wenn der Selbstauslöser startet) an, die Kordel mit dem Schneebesen im Kreis zu schwingen. Sobald die Wolle abgebrannt ist, bewegst du dich aus dem Bild.

**TIPP**

Stahlwolle im Schnee oder in Betonunterführungen gibt den fotografischen Extrakick.

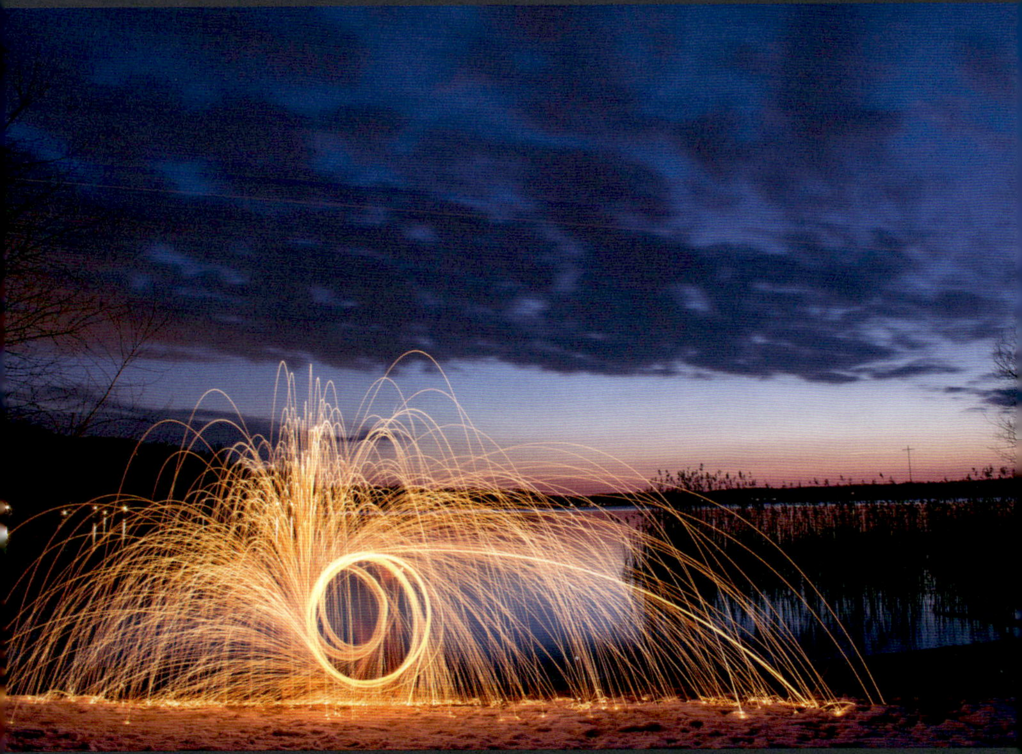

18 mm / f7,1 / 25 s / ISO 100

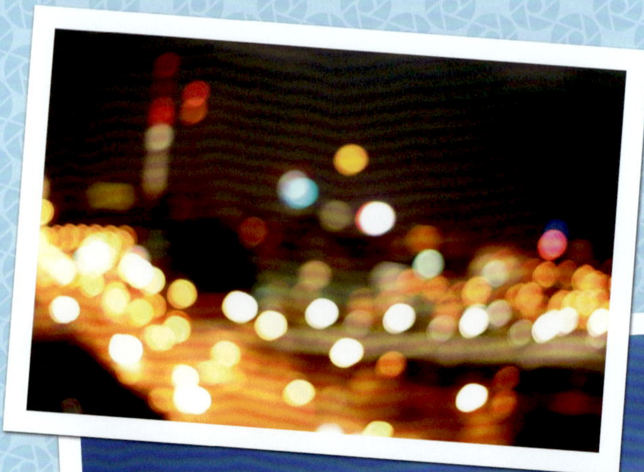

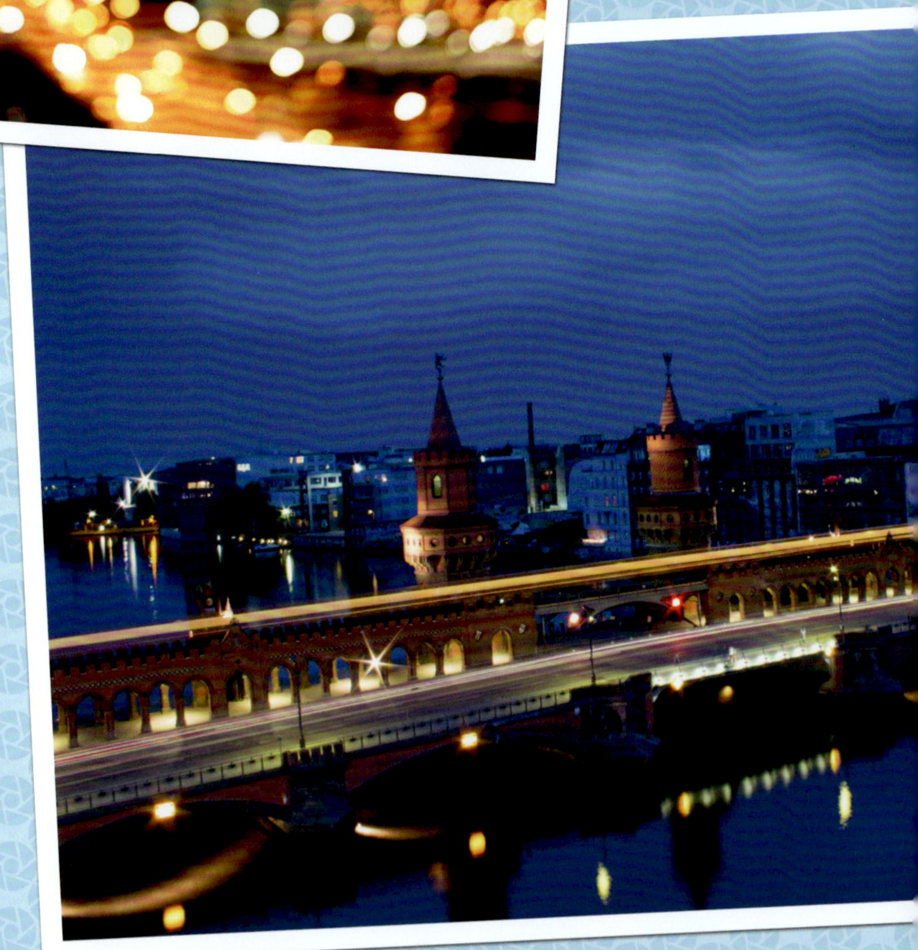

# WASSERSPIEGELUNG BEI NACHT

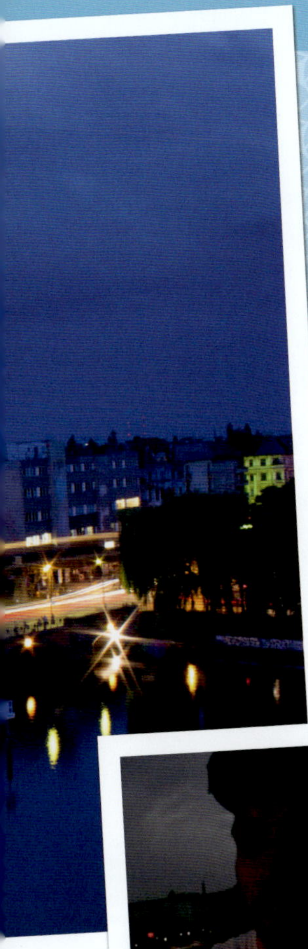

**Zutaten**

- Dunkelheit
- beleuchtete Gebäude
- Fluss oder See
- Digitale Spiegelreflexkamera
- Kit-Objektiv 18 – 55 mm
- Speicherkarte
- Akku
- Stativ

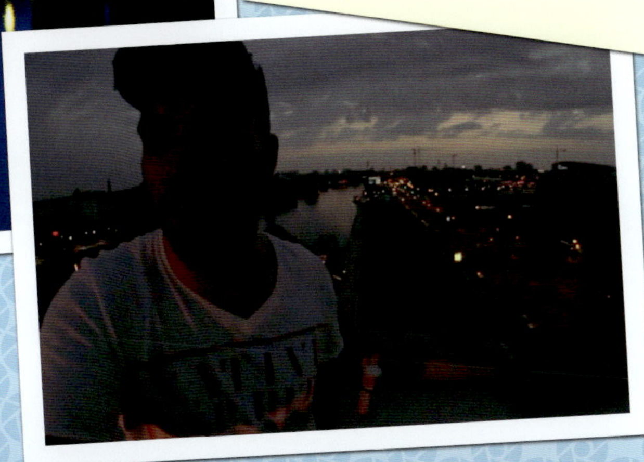

# Wasserspiegelung bei Nacht

## Vorbereitung

Suche dir eine Stelle in der Stadt, an der du über einen Fluss hinweg Sicht auf beleuchtete Gebäude hast.

## Zubereitung

Befestige die Kamera auf dem Stativ und zoome das Objektiv auf 18 mm. Wechsle in den manuellen Modus M der Kamera, wähle Blende f11, eine Verschlusszeit von 30 s und ISO 100.

Deaktiviere den Autofokus und den Bildstabilisator. Teile das Bild so auf, dass du ein Drittel Wasser und zwei Drittel Stadt und Himmel im Sucher siehst, und fokussiere auf die Gebäude. Sollte das Bild zu hell sein, verkürze die Verschlusszeit. Sollte es zu dunkel sein, erhöhe den ISO-Wert auf 200. (Die Belichtung kontrollierst du über den Live View oder eine Testaufnahme.)

**TIPP**

Kurz nach Sonnenuntergang hat die Umgebungsbeleuchtung dieselbe Helligkeit wie die Straßenbeleuchtung. Deshalb eignet sich diese Zeit besonders zum Fotografieren.

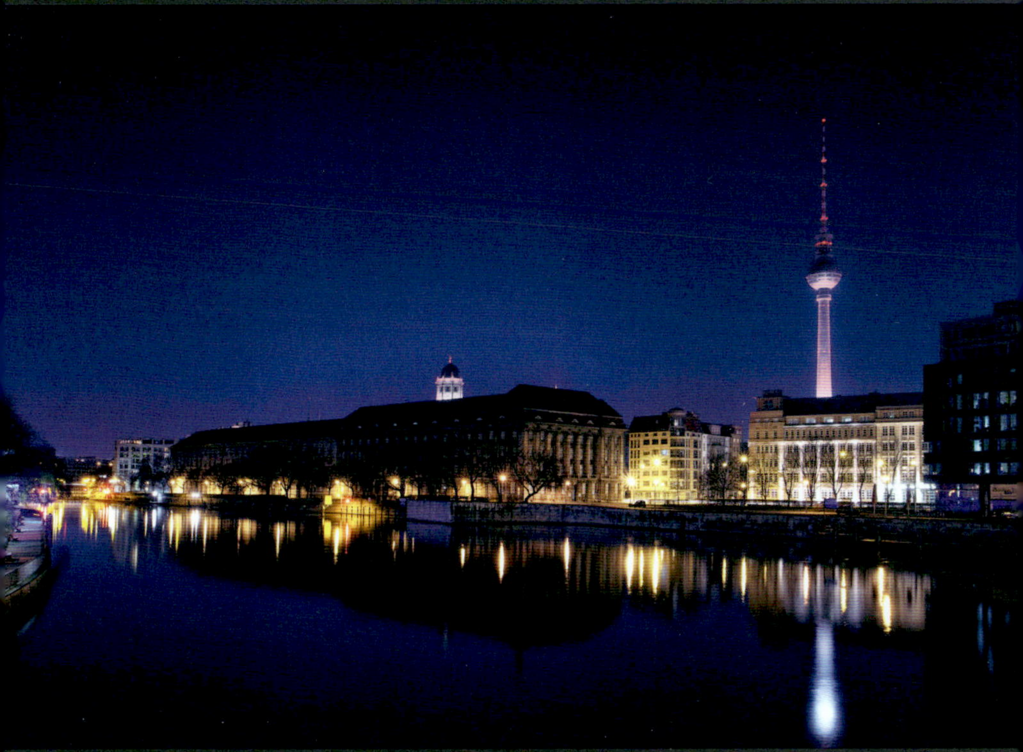

18 mm / f11 / 30 s / ISO 100

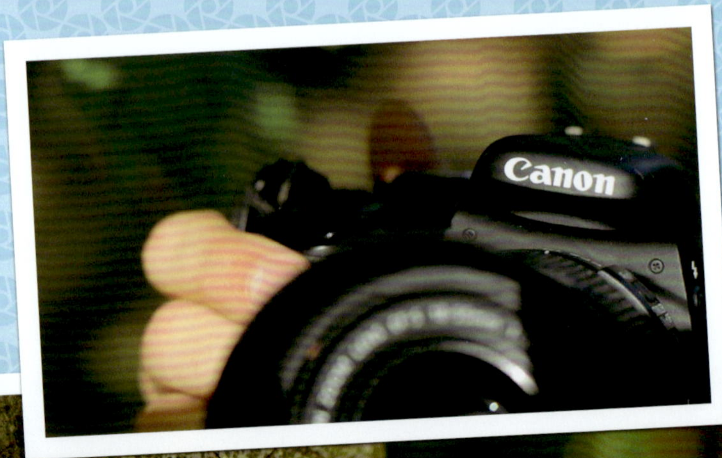
Canon

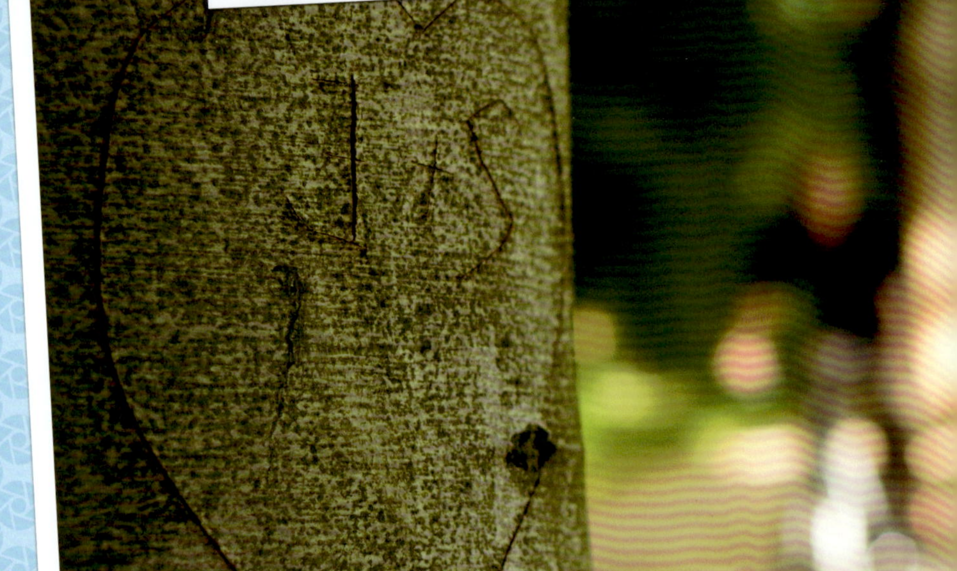

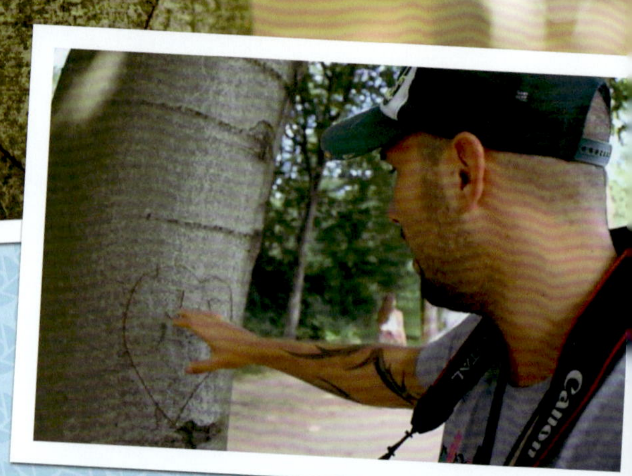
Canon

# MIT HERZ

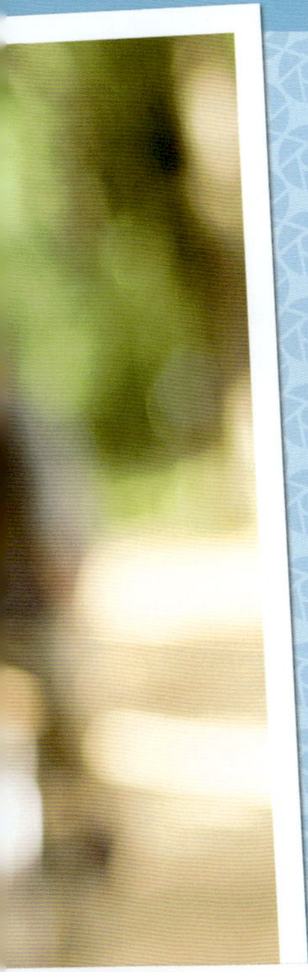

## Zutaten

- Tageslicht, kein direktes Sonnenlicht
- Baum mit Herzschnitzerei
- ein Pärchen
- Digitale Spiegelreflexkamera
- Kit-Objektiv 18 – 55 mm
- Speicherkarte
- Akku
- Stativ

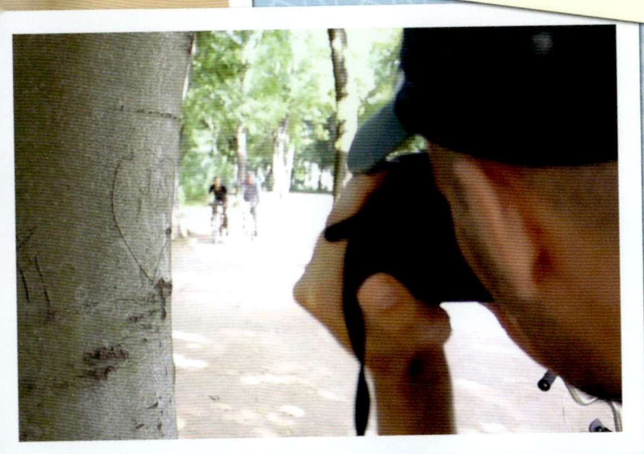

# Mit Herz

## Vorbereitung

Und noch mehr Romantik: Finde einen Baum in einem Park, in den ein Herz mit Initialen eingeschnitzt ist.

## Zubereitung

Zoome das Objektiv auf 55 mm und wechsle in den Zeitautomatikmodus Av/A der Kamera. Wähle eine Blende um f5,6, ISO 100 und lege den Fokuspunkt nach links außen. Fokussiere auf das Herz und warte bitte dein Modelpärchen, durch den rechten Bildbereich zu gehen.

Das Bild erzählt nun eine Geschichte und lenkt den Betrachter vom Herz mit den Buchstaben (das das Paar geschnitzt haben könnte) hin zum Pärchen in der Unschärfe.

**TIPP**

Finde andere Symbole oder Zeichen, auf die du den Fokus legst, und kombiniere sie mit Personen oder Dingen in der Unschärfe.

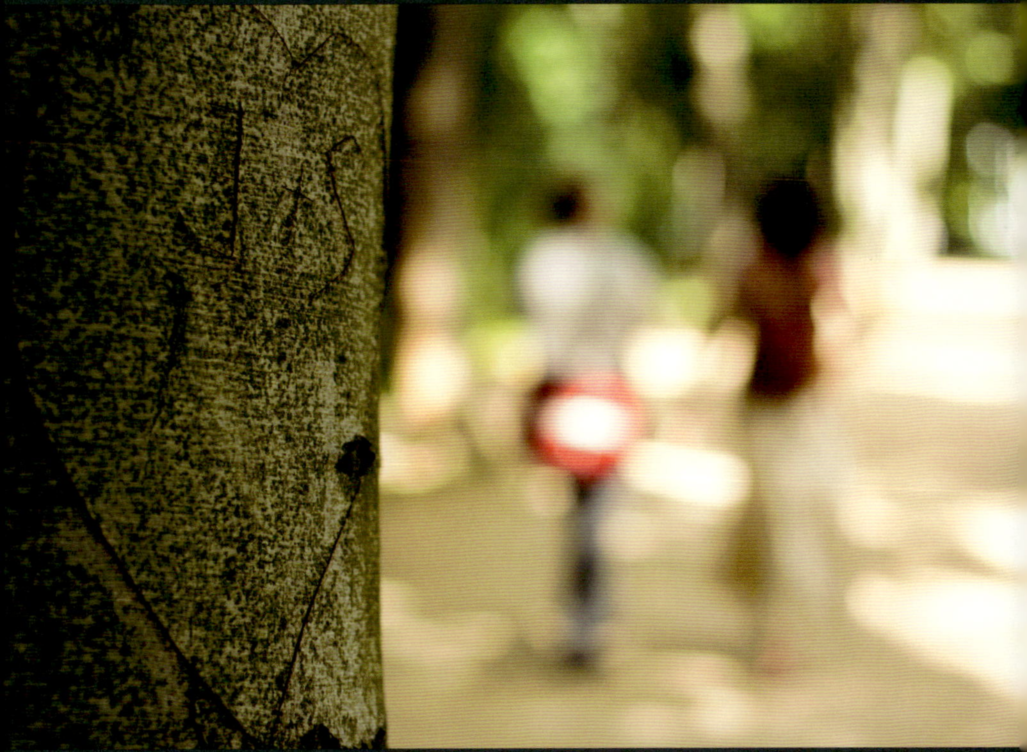

50 mm / f2,2 / f 1/320 s / ISO 100

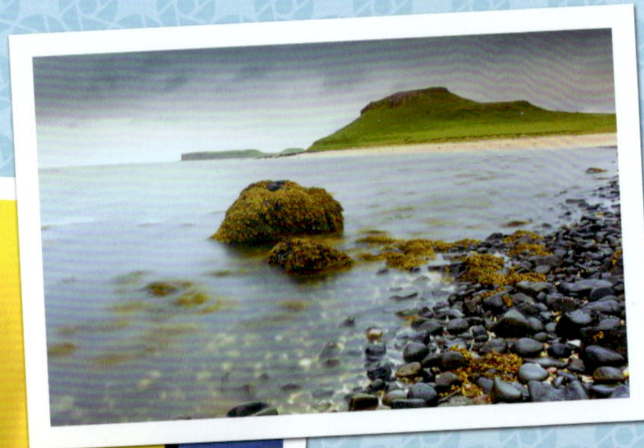

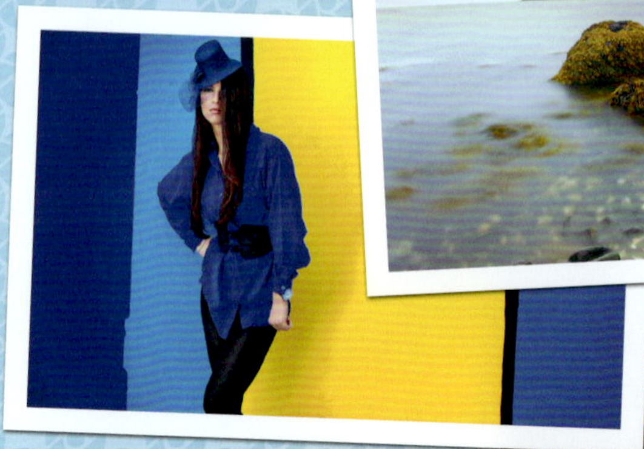

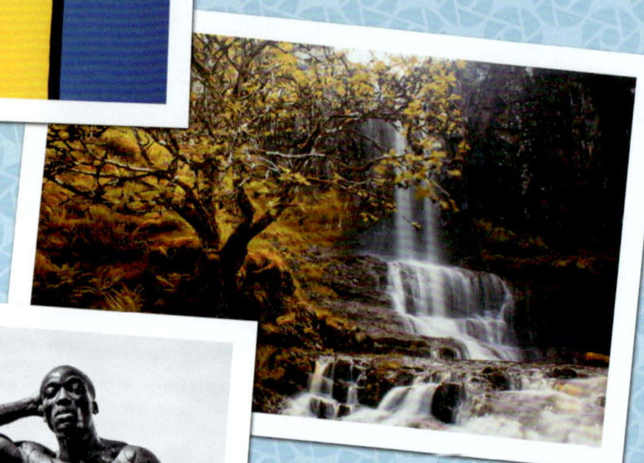

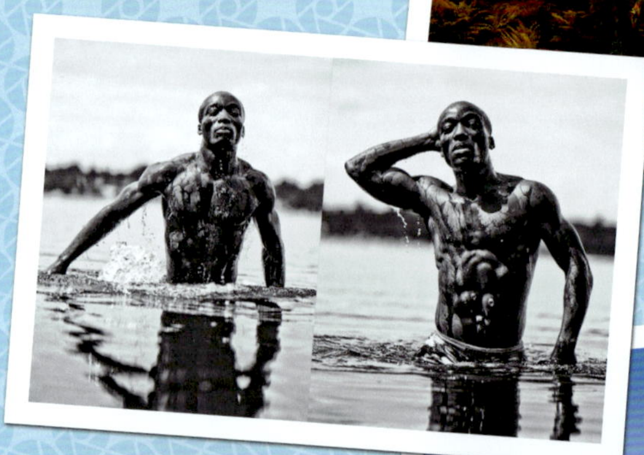

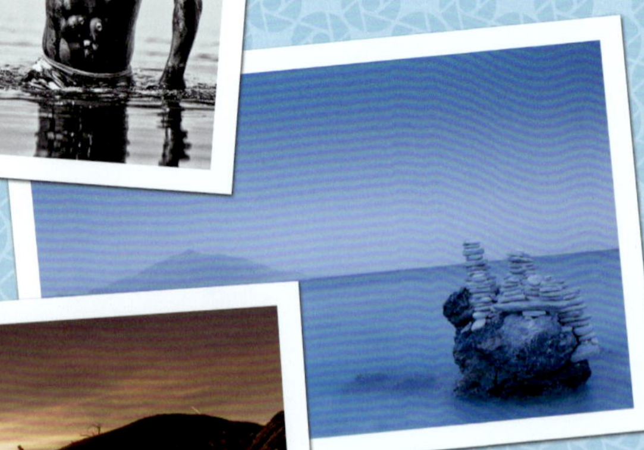

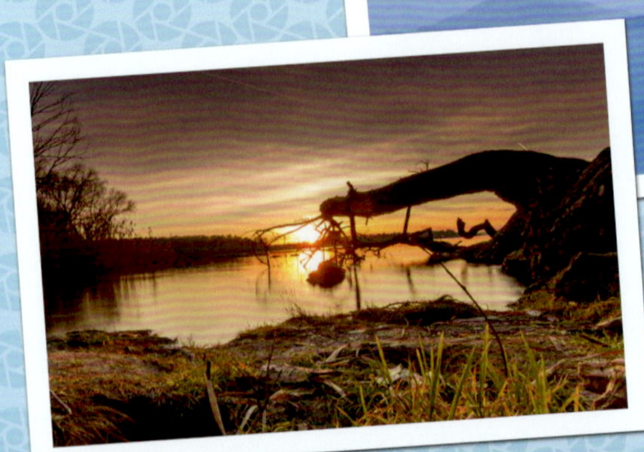

# LASST EUCH INSPIRIEREN

*Ich hoffe, ihr habt richtig coole Bilder gemacht und hattet jede Menge Spaß beim Fotografieren! Postet doch eure Ergebnisse auf meiner Facebook Seite http://www.facebook.com/bjfoto. Ich bin gespannt auf eure Bilder.*

Ihr solltet nun – da ihr alle Rezepte ausprobiert habt – eure Kamera viel besser verstehen. Um euch aber noch ein wenig Inspiration für zukünftige Bilder zu liefern, habe ich auf den folgenden Seiten Fotos aus meinem Portfolio mit den jeweiligen Kamera-Einstellungen zusammengestellt. Die Bilder wurden fast alle mit der gleichen Kamera gemacht, die ich auch für die in diesem Buch gezeigten Fotorezepte genutzt habe. Zu manchen Bildern gibt es kostenlose Videos auf meinem Youtube-Kanal http://www.youtube.com/jaworskyjpictures, mit dem QR Code kommt ihr direkt zum Video. Es schadet aber auch nicht, generell vorbeizuschauen, da ich dort wöchentlich kostenlose Tipps rund ums Thema Fotografie gebe.

Genießt nun einfach nur die Bilder, reißt sie aus dem Buch und hängt sie an die Wand oder nutzt sie als Inspiration für eure zukünftigen Bilder.

**Und bei allem niemals vergessen:**

„Sag mal Einstellung, Digga!"

(Wer jetzt nicht weiß, was er mit diesem Satz anfangen soll, sollte sofort auf meinen Youtube-Kanal gehen.)

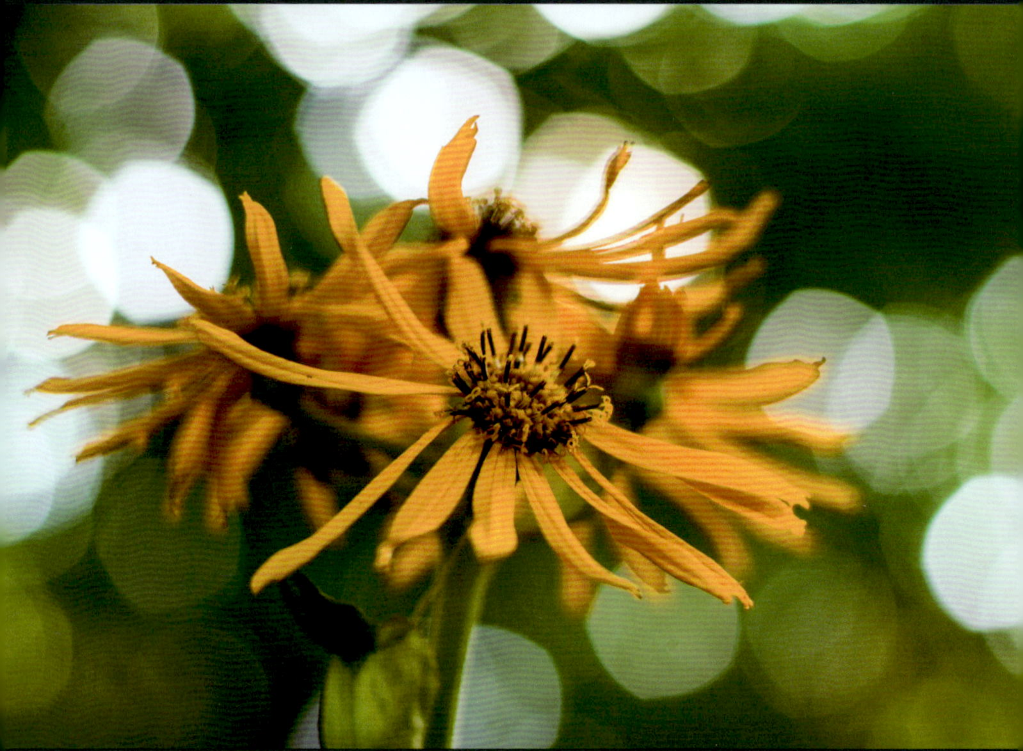

- Blume mit schönem Bokeh, gemacht mit Canon 600D und Canon 50 mm 1.8 Objektiv.
- Blende f2,2, 1/125 s, ISO 100.
- Wichtig war hierbei die Perspektive. Ich habe von unten nach oben fotografiert.

**DAS VIDEO ZUM FOTO**

www.humboldt.de/url/2081

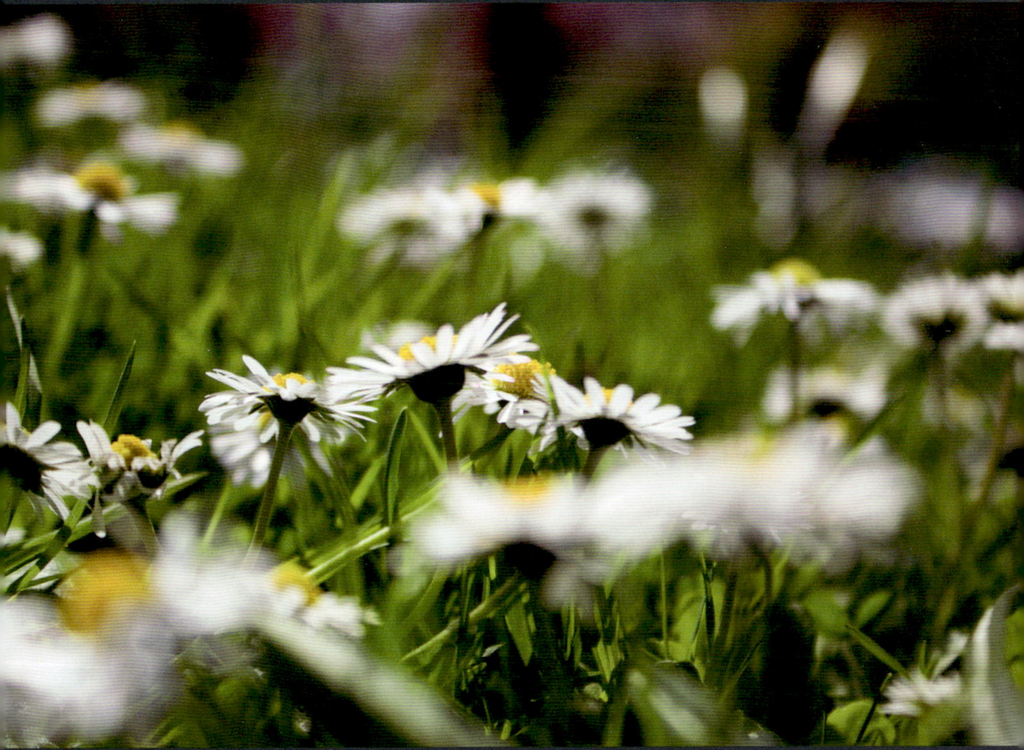

- Gänseblümchen im Frühling, gemacht mit Canon 600D und Canon 18–55 mm 3.5–5,6 Objektiv.
- 18 mm, Blende f4,5, 1/1600 s, ISO 100.
- Für dieses Bild lag ich direkt auf dem Boden und habe sehr nah fokussiert.

**DAS VIDEO ZUM FOTO**

www.humboldt.de/url/2082

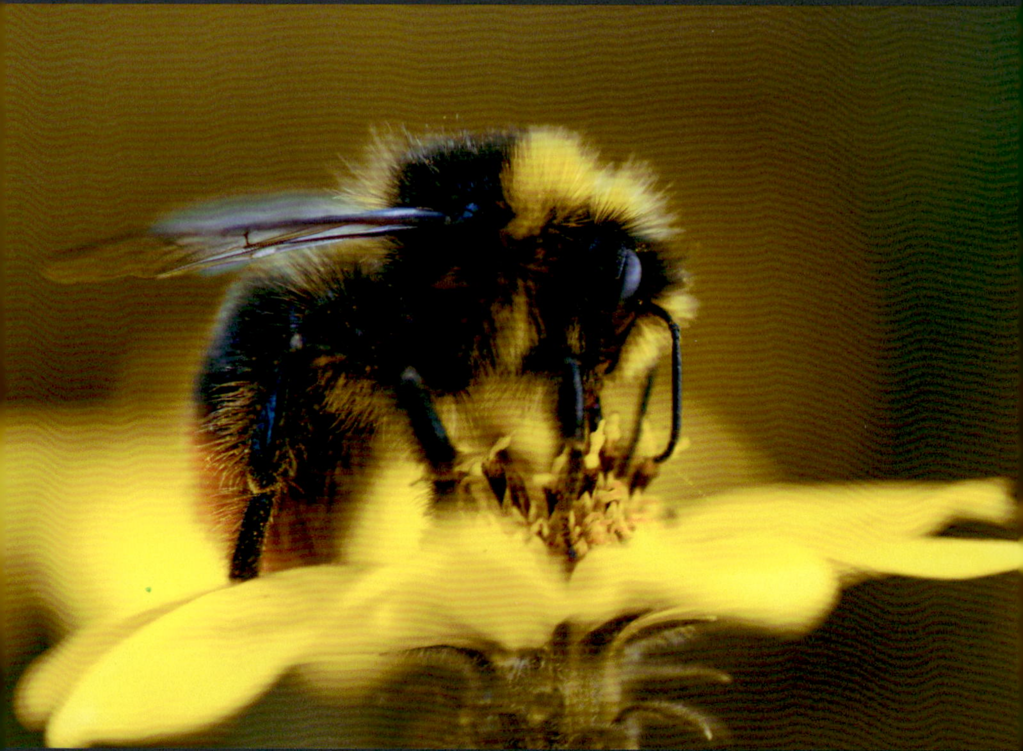

- Hummel mit Blütenstaub, Makro, gemacht mit Canon 600D und Tokina 100 mm 2.8 Objektiv.
- Blende f3,2, 1/250 s, ISO 400.
- Im Grunde ähnlich wie das Fotorezept „Natur im Fokus" in diesem Buch, lediglich das Objektiv und damit verbunden auch die Einstellungen mussten geändert werden. Durch das fehlende direkte Sonnenlicht musste der ISO-Wert erhöht werden.

**DAS VIDEO ZUM FOTO**

www.humboldt.de/url/2083

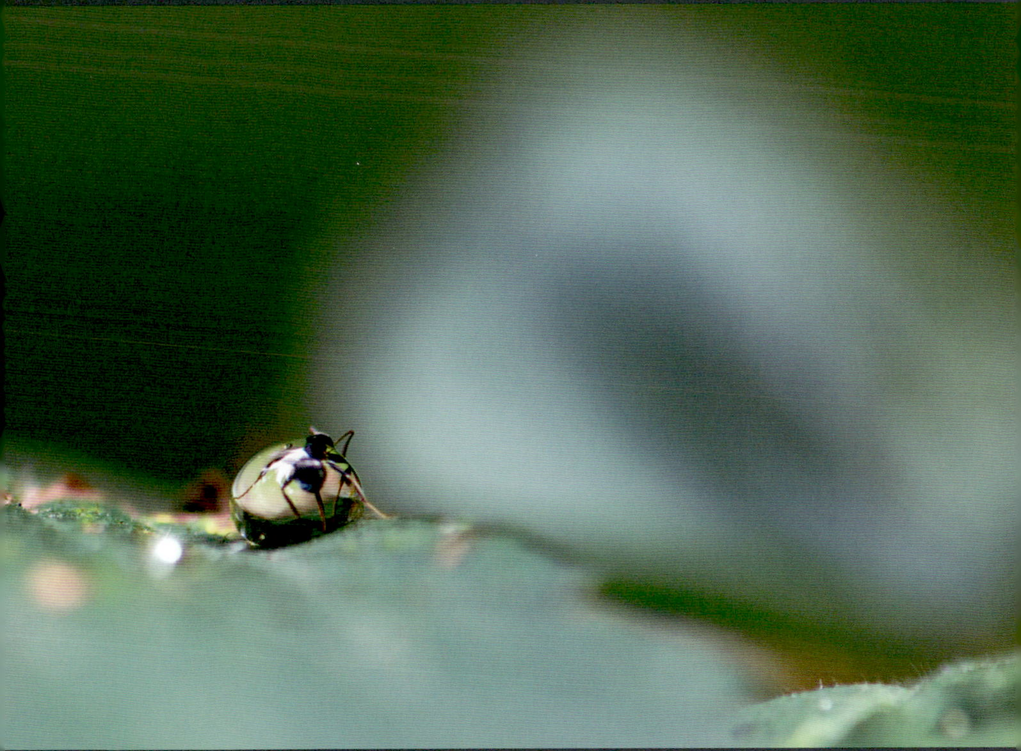

- Ameise gefangen im Wassertropfen, Makro, gemacht mit Canon 600D, Tokina 100 mm 2.8 Objektiv und Stativ.
- Blende f3,5, 1/160 s, ISO 200.
- Zufällig beim Spazieren mit dem Hund im Wald entdeckt. Um das Bild nicht zu verwackeln, habe ich ein Stativ benutzt.

**DAS VIDEO ZUM FOTO**

www.humboldt.de/url/2084

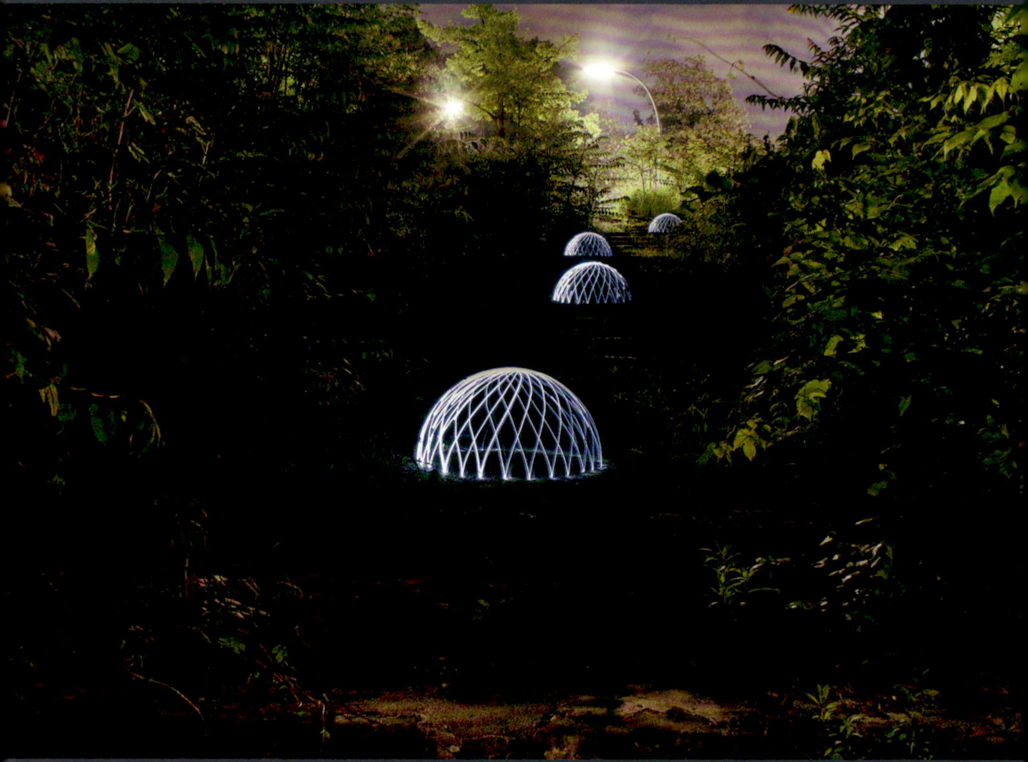

- Domes auf einer Treppe, gemacht mit Canon 600D und 18–55 mm 3,5–5,6 Objektiv.
- 18 mm, Blende f6,3, 70 s, ISO 100.
- Dieses Bild ist nicht in Photoshop entstanden, sondern ist so in einem Bild fotografiert. Eine abgewandelte Form des Lightpaintings.

**DAS VIDEO ZUM FOTO**

www.humboldt.de/url/2085

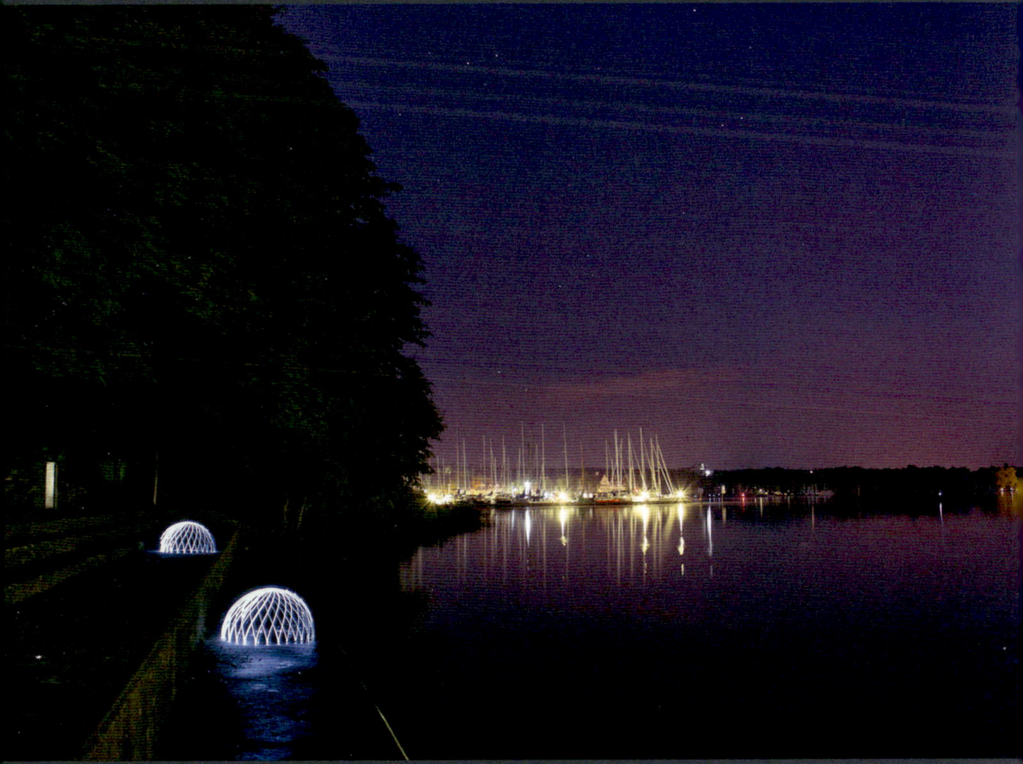

- Domes mit Wasser, gemacht mit Canon 600D und Canon 18–55 mm 3,5–5,6 Objektiv.
- 18 mm, Blende f5, 25 s, ISO 100.
- Bei diesem Bild wurde dieselbe Technik wie beim Bild vorher benutzt. Da die Umgebungsbeleuchtung aber stärker war, konnte ich nicht länger als 25 Sekunden belichten.

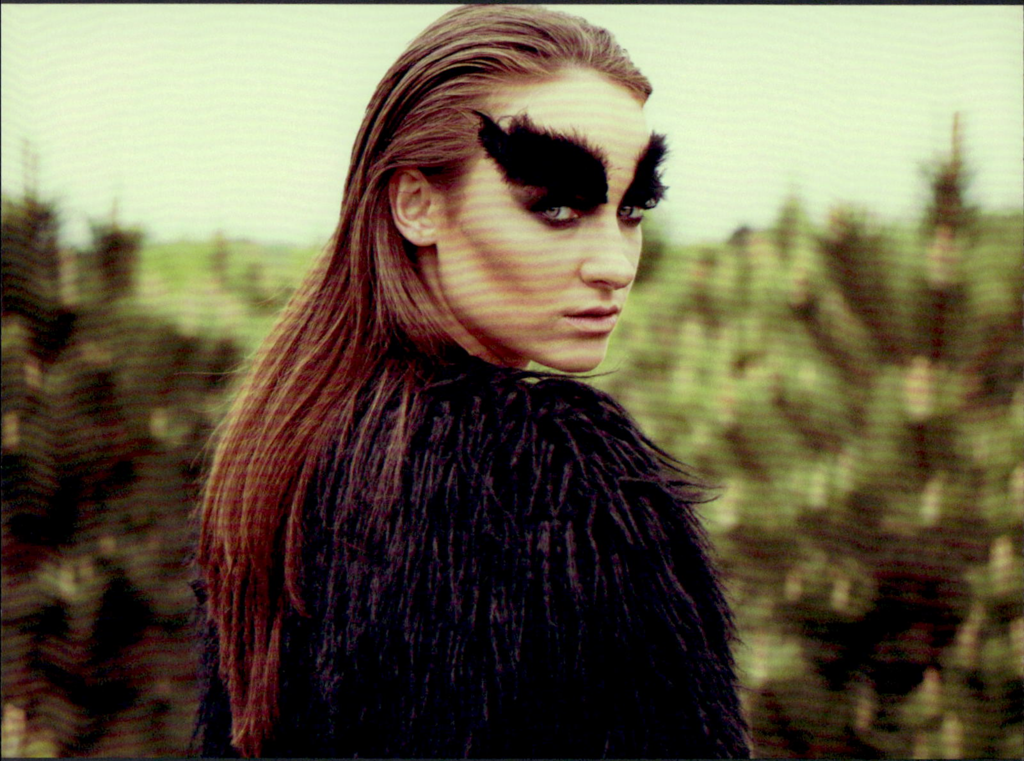

- Fashion Shooting mit Available Light, gemacht mit Canon 600D und Canon 50 mm 1.8 Objektiv.
- Blende f3,2, 1/320 s, ISO 100.
- Dieses Bild wurde nur mit natürlichem Licht und bedecktem Himmel fotografiert. Model: Larissa White, Make-up: Susann Grassow

**DAS VIDEO ZUM FOTO**

www.humboldt.de/url/2086

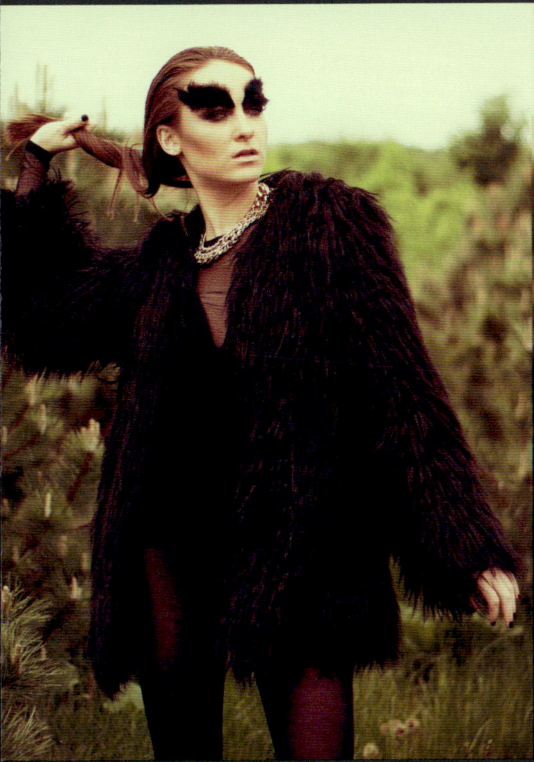

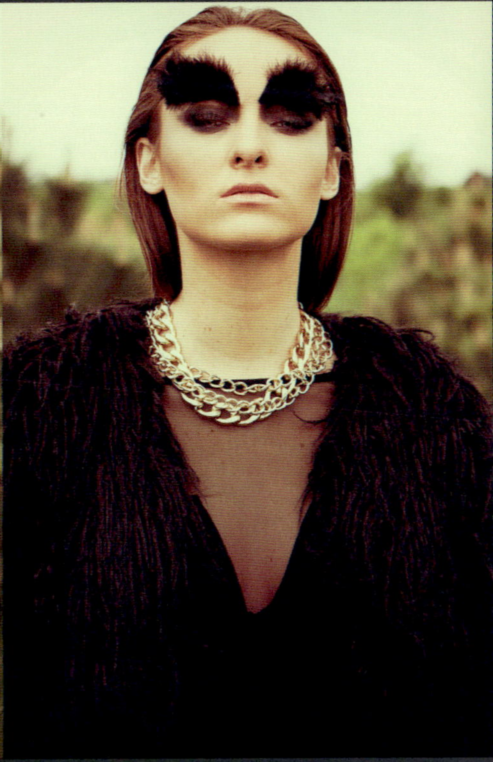

- Fashion Shooting mit Available Light, gemacht mit Canon 600D und Canon 50 mm 1.8 Objektiv.
- Blende f3,2, 1/320 s, ISO 100.
- Wenn ich fotografiere, nutze ich bei gleichbleibendem Licht auch die gleichen Einstellungen aus verschiedenen Perspektiven und auch mal hochkant. So sind die Bilder einzigartig, man sieht aber, dass sie trotzdem zusammengehören. Model: Larissa White, Make-up: Susann Grassow.

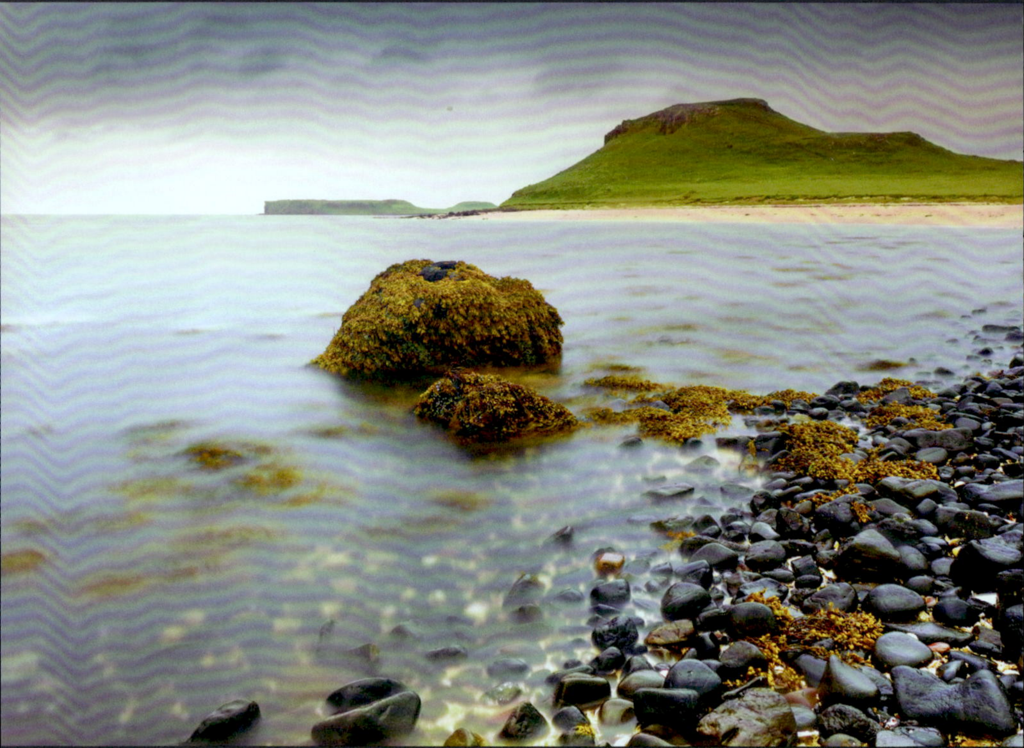

- Coral Beach in Schottland, gemacht mit Canon 600D, Canon 18–55 mm 3,5–5,6 Objektiv, variablem ND-Filter und Stativ.
- 18 mm, Blende f8, 2,5 s, ISO 100.
- Mit einem ND-Filter kann man auch am Tag lange belichten. Das eignet sich besonders bei Landschaftsaufnahmen mit Wasser.

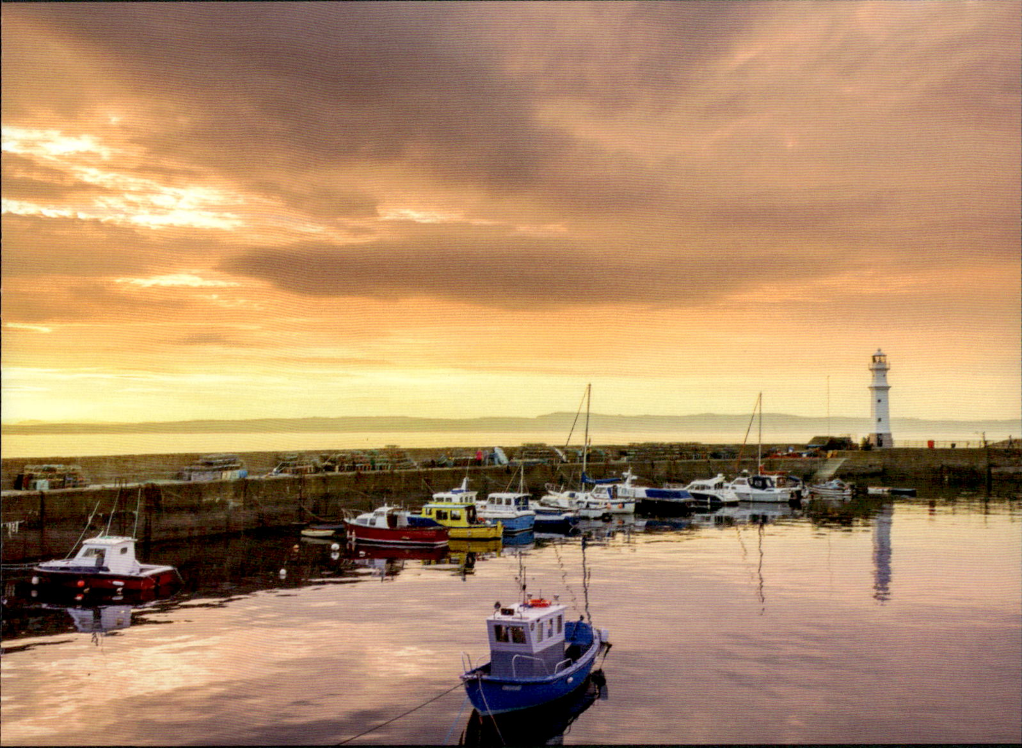

- Leuchtturm in Edinburgh, gemacht mit Canon 600D, Canon 18–55 mm 3,5–5,6 Objektiv.
- 18 mm, Blende f9, 1/200 s, ISO 100.
- Der Sonnenuntergang in Edinburgh direkt am Meer. Wie im Fotorezept „Das Riesenrad“ erklärt, sind das die besten Momente, um eindrucksvolle Landschaftsaufnahmen zu machen.

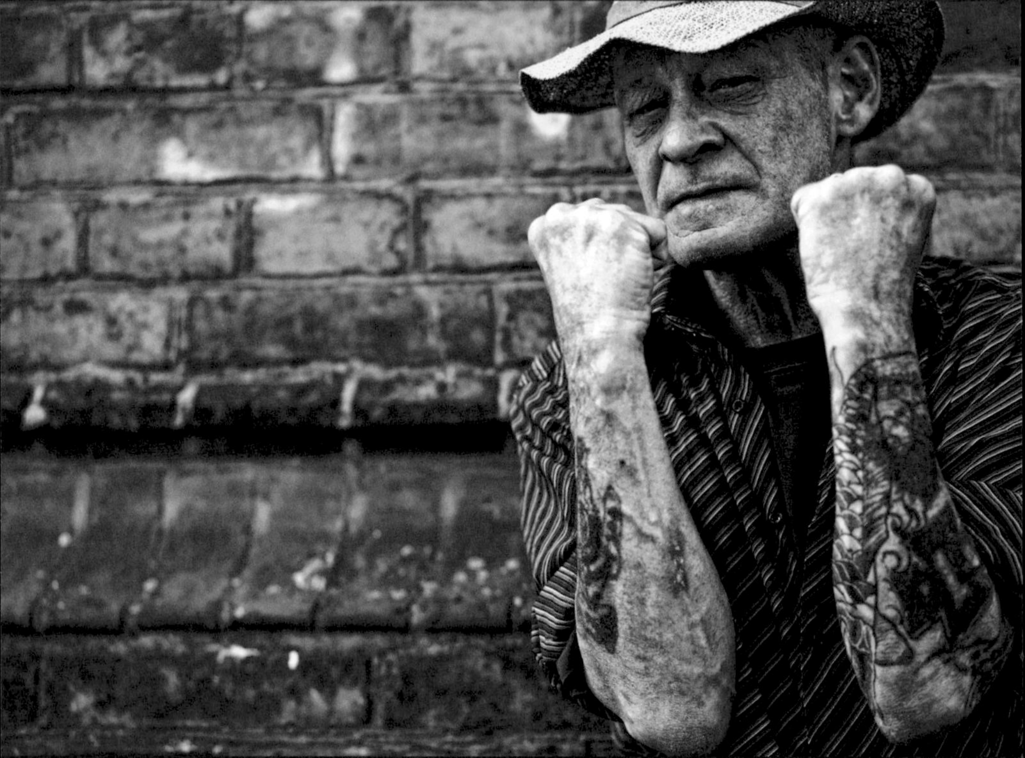

- Bernard für das Projekt Adresse:Strasse, gemacht mit Canon 5D Mark II und Canon 85 mm 1.8 Objektiv.
- Blende f2,5, 1/320 s, ISO 100.
- Mit reflektiertem, direktem Sonnenlicht im Schatten aufgenommen. Dadurch konnte ich auch ohne Blitz das Licht lenken und dosieren.

**FOTOPROJEKT ADRESSE: STRASSE**

Mehr über das Projekt erfahrt ihr auf meiner Website www.benjamin-jaworskyj.de

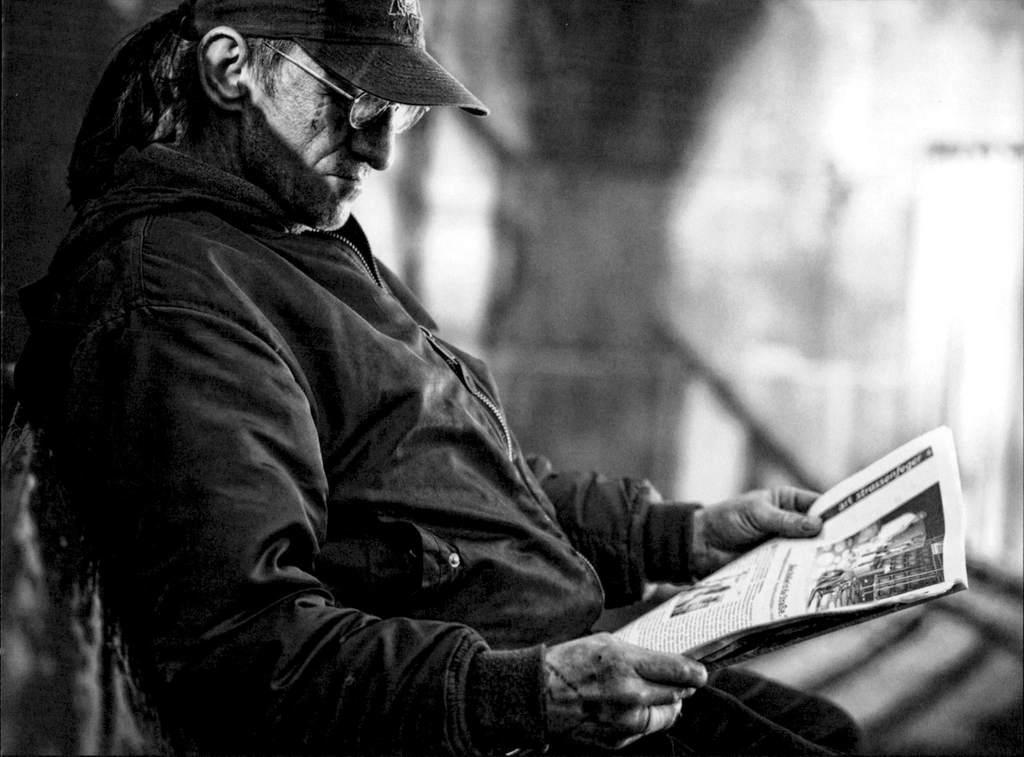

- Thomas für das Projekt Adresse:Strasse, gemacht mit Canon 5D Mark II und Canon 85 mm 1.8 Objektiv.
- Blende f2,8, 1/500 s, ISO 100.
- Hier nutze ich das Spiel zwischen Licht und Schatten im Gesicht, um einen Interessanten Effekt zu erzielen und den Blick des Betrachters zu lenken.

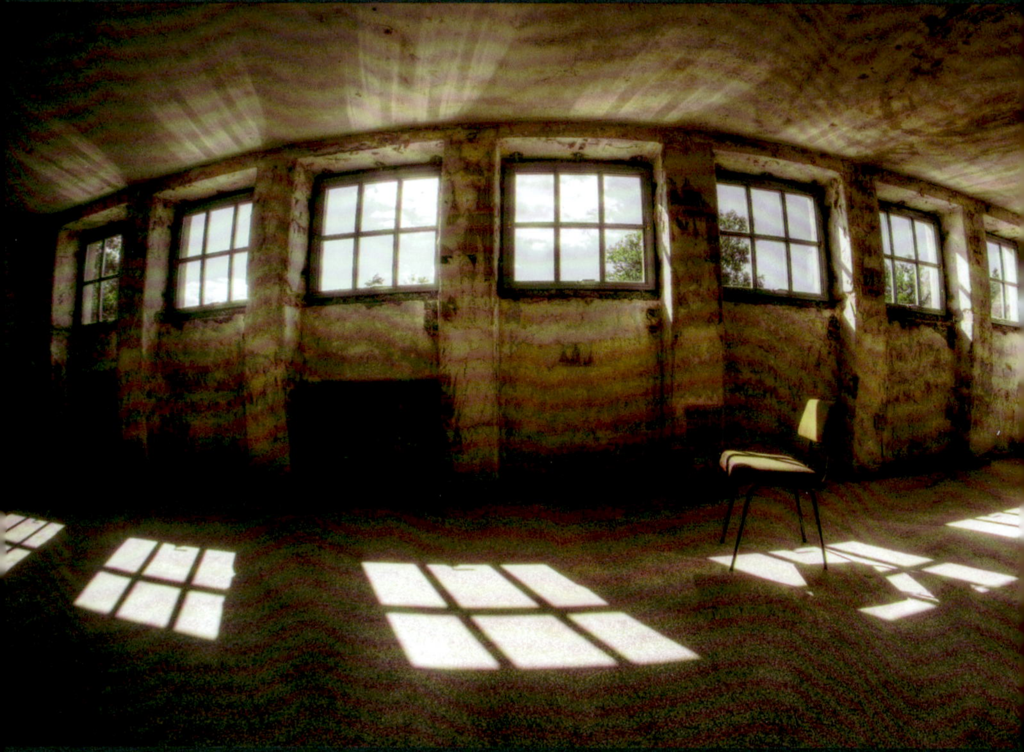

- HDR-Aufnahme aus drei Bildern, gemacht mit Canon 600D, Phorrex 8 mm Fisheyeobjektiv und Stativ.
- Blende f8, ISO 100. Die Verschlusszeiten waren 1/60, 1/6 und 1/160 s.
- Durch drei Belichtungen kann man mit der Kamera (je nach Modell) oder einer Software ein Bild mit hohem Dynamikumfang aufnehmen. Man vermeidet so das Ausbrennen oder ganz schwarze Bildbereiche, da eine Kamera oft nur einen geringen Dynamikumfang in einem Bild abbilden kann.

**DAS VIDEO ZUM FOTO**

www.humboldt.de/url/2087

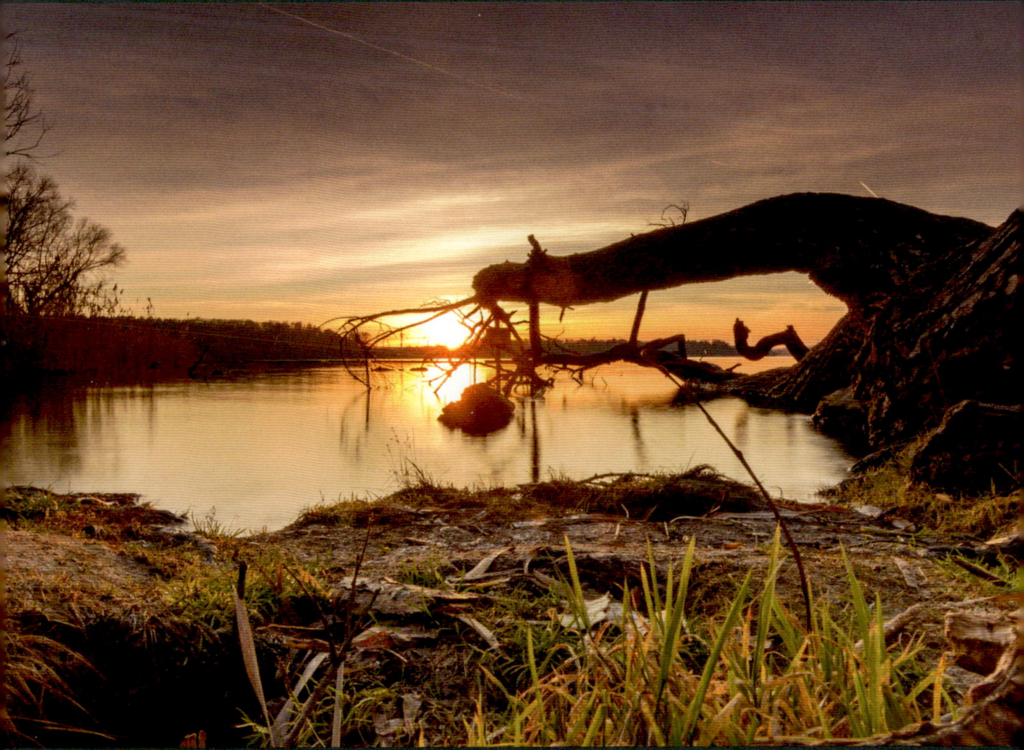

- Der letzte Sonnenuntergang im Jahr 2013, gemacht mit Canon 600D, Tokina 11–16 mm 2.8 Objektiv, Hoya ND 8 Filter, Cokin Verlaufsfilter.
- 13 mm, Blende f20, 2,5 s, ISO 100.
- An dem Tag hatte ich vergessen, meine Stativplatte mitzunehmen, und hätte aus freier Hand fotografieren müssen. Da ich aber eine Langzeitbelichtung machen wollte, habe ich die Kamera einfach auf den Boden ins Gras gelegt. Dadurch ist eine interessante Perspektive entstanden.

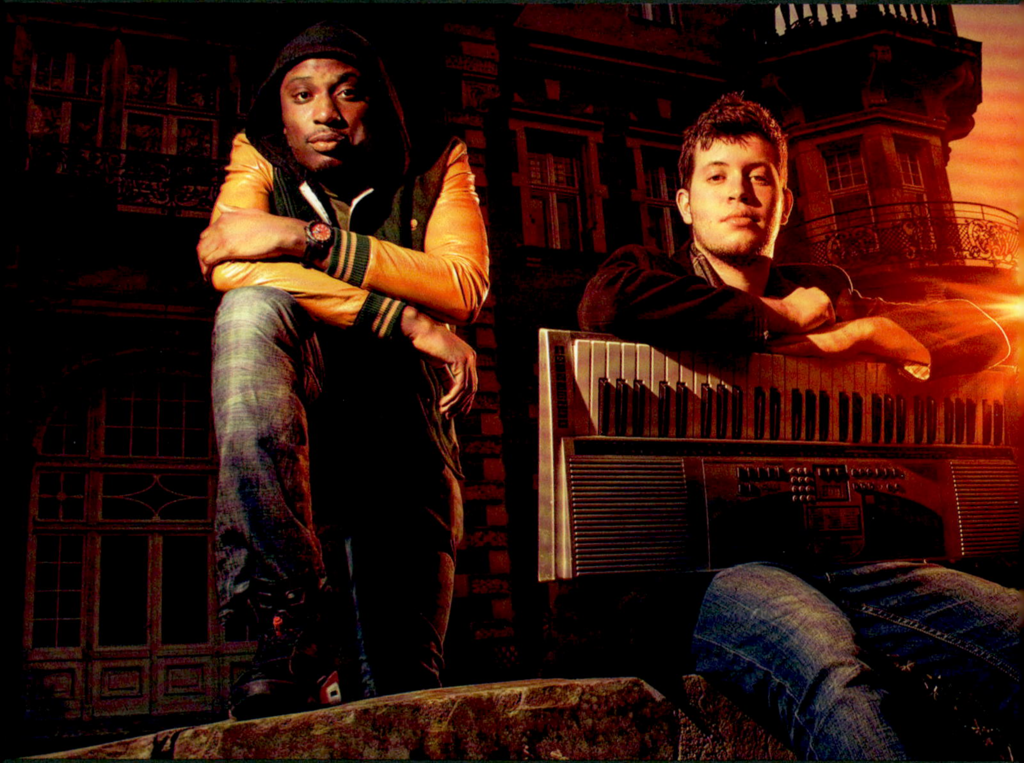

- Chiddy Bang, gemacht mit Canon 600D, Canon 18–55 mm 3,5–5,6 Objektiv und zwei Aufsteckblitzen.
- 35 mm, Blende f9, 1/160 s, ISO 100.
- Die Aufsteckblitze wurden diagonal von zwei Personen gehalten. Das Shooting hat fünf Minuten gedauert, und das Bild wurde als Tourplakat für Berlin verwendet.

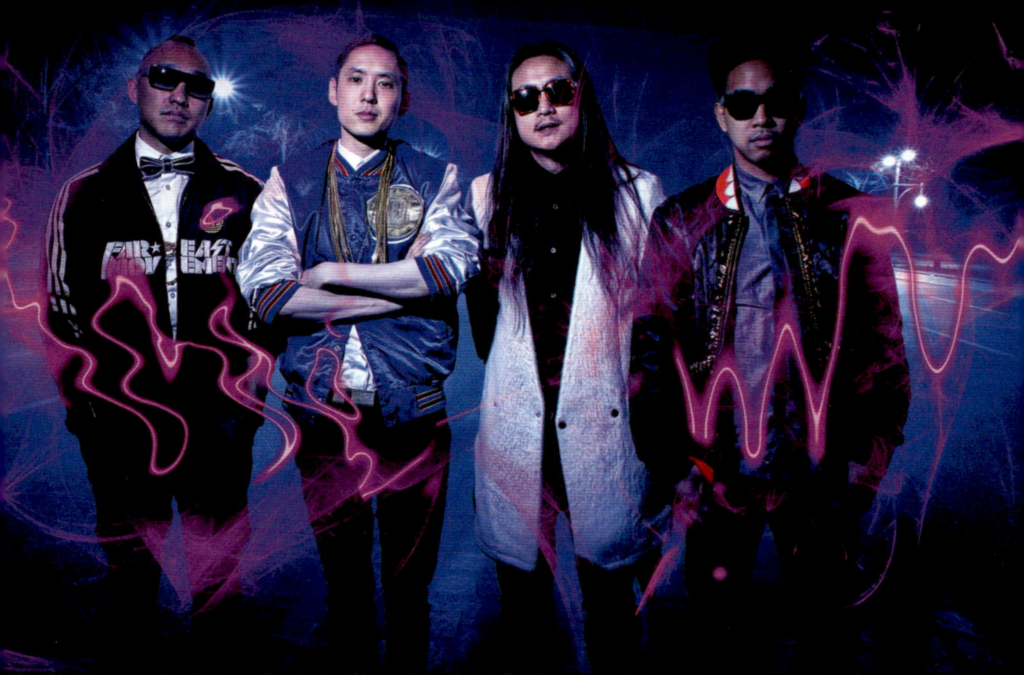


- Far East Movement, gemacht mit Canon 600D, Canon 18–55 mm, 3,5–5,6 Objektiv und einem Aufsteckblitz.
- 18 mm, Blende f9, 1/160 s, ISO 100.
- Das Bild ist vor einem weißen Hintergrund aufgenommen worden und wurde dann in Photoshop zusammengesetzt.

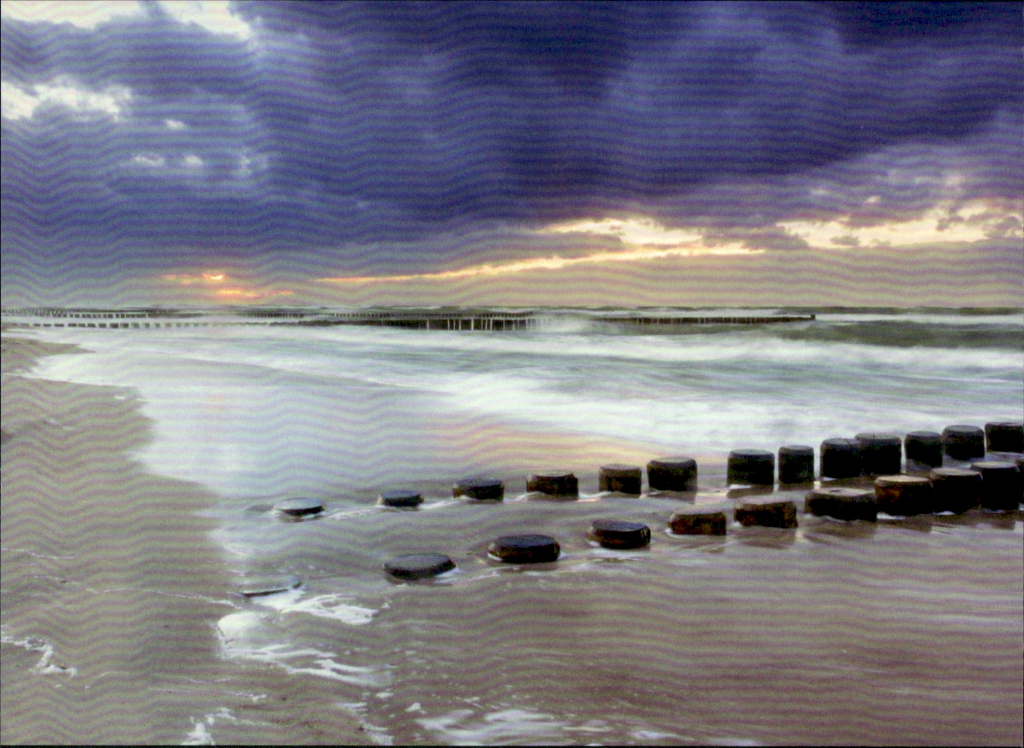

- Ostsee, gemacht mit Canon 600D, Canon 18–55 mm, 3,5–5,6 Objektiv, variablem ND-Filter und Stativ.
- 18 mm, Blende f20, 2,5 s, ISO 100.
- Das Bild wurde bei extremem Wind und hohen Wellen gemacht. Die Füße waren nass, die Kamera voller Salz und Sand – aber das Bild ist schön geworden. Einsatz zahlt sich aus!

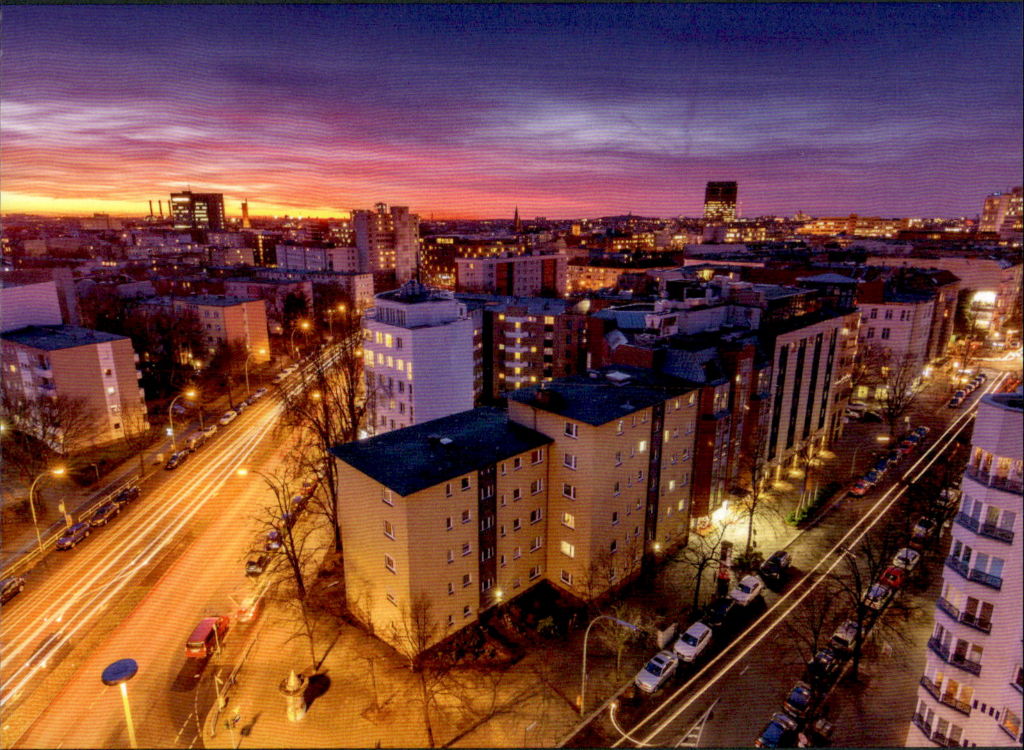

- Berlin von oben, gemacht mit Canon 600D, Tokina 11–16 mm, 2.8 Objektiv, Hoya ND 8 Filter, Cokin Verlaufsfilter und Stativ.
- 13 mm, Blende f16, 30 s, ISO 100.
- Dieses Bild ist auf einem Dach entstanden, kurz nach Sonnenuntergang. Oft sind das Licht und der Himmel genau zu diesem Moment für ein paar Minuten besonders schön.

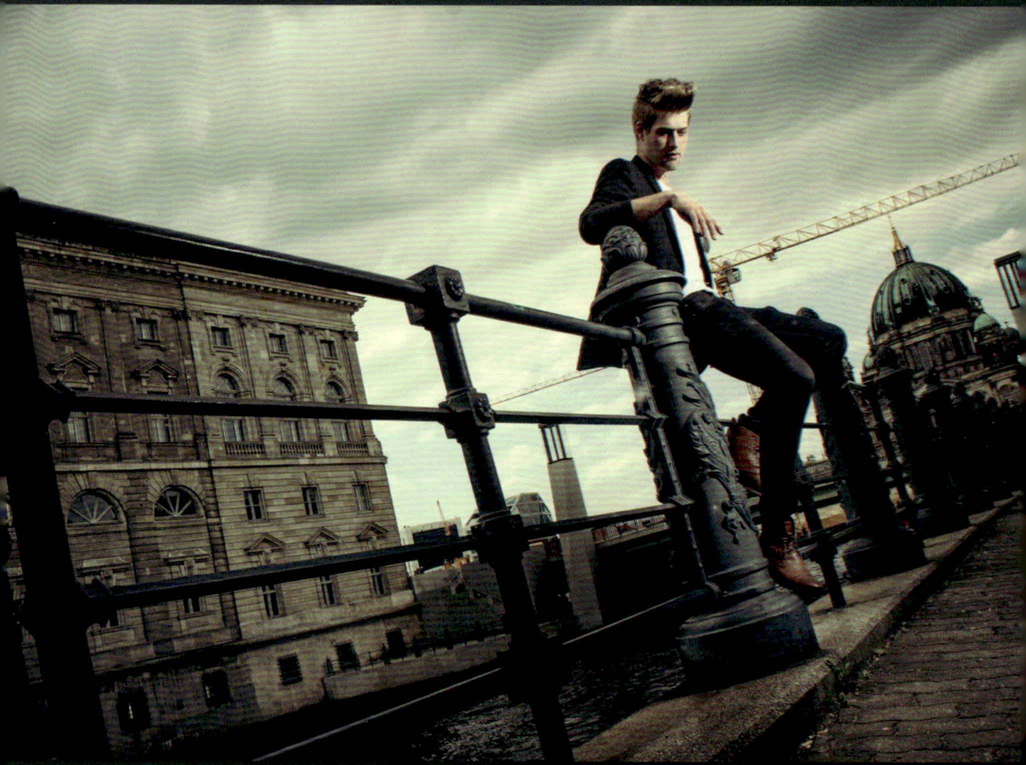

- Fashionporträt, gemacht mit Canon 600D, Canon 18–55 mm, 3,5–5,6, Objektiv und einem Aufsteckblitz mit Softbox.
- 18 mm, Blende f13, 1/160 s, ISO 100.
- Die Softbox wurde hier ca. im 90-Grad-Winkel von der Kamera aus gehalten und gibt dem Model eine schöne Zeichnung. Model: Lennart Haug.

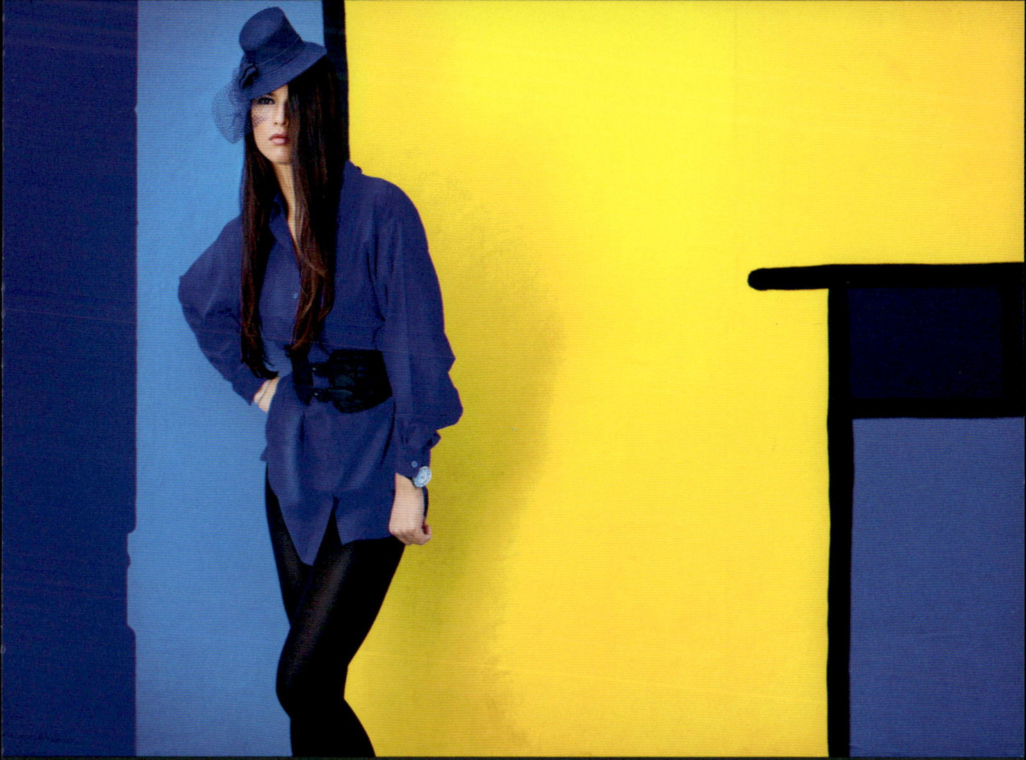

- Available Light Fashion Shoot, gemacht mit Canon 5D Mark II und Canon 85 mm, 1.8 Objektiv.
- Blende f2,8, 1/500 s, ISO 100.
- Bei diesem Bild habe ich besonderen Wert auf Farben gelegt. Blau und Gelb ergeben tolle Kontraste. Das Bild wurde im Schatten fotografiert, ähnlich wie bei dem im vorangegangenen Kapitel beschriebenen Fotorezept „Porträt im Schatten“.

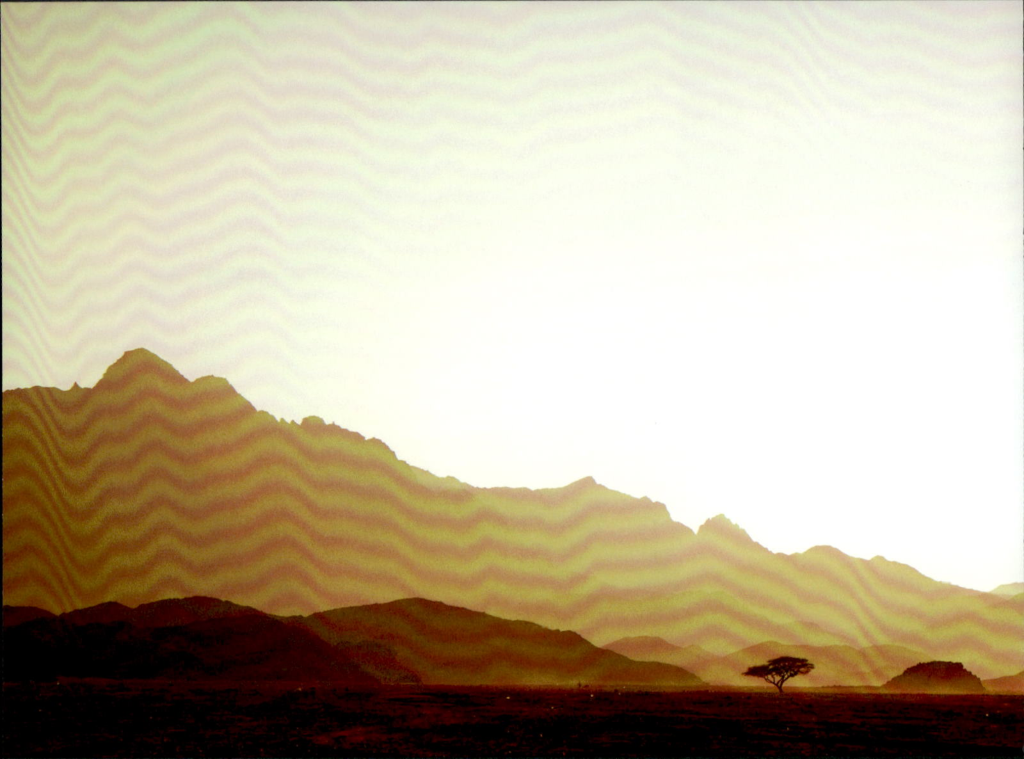

- Wüste in Ägypten, gemacht mit Canon 600D und Canon 18–55 mm, 3,5–5,6 Objektiv.
- 55 mm, Blende f9, 1/160 s, ISO 100.
- Kurz bevor dieses Bild gemacht wurde, ist ein Jeep vor dem Baum langgefahren und hat Sand aufgewirbelt. Dadurch gibt es diese tollen Ebeneneffekte im Hintergrund, weil das Licht sich in dem Staub und Sand bricht. Wäre der Jeep dort nicht langgefahren, wäre das Bild um einiges langweiliger.

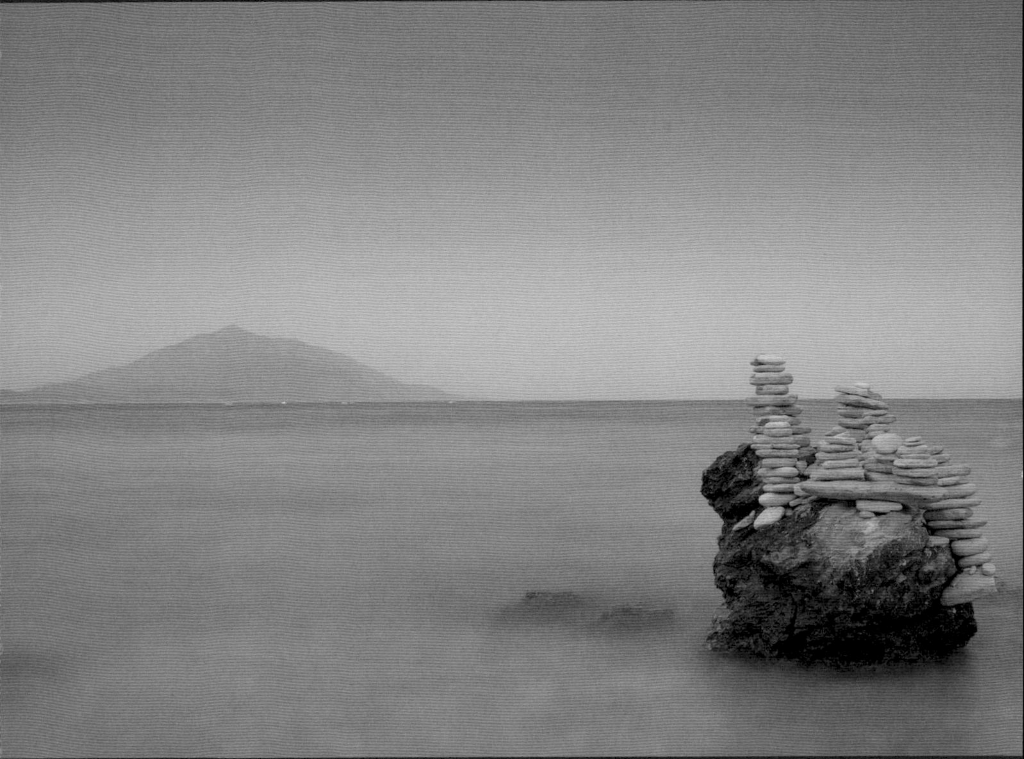

- Steinskulptur in Samos, gemacht mit Canon 600D, Canon 18–55 mm 3,5–5,6 Objektiv und Stativ.
- 55 mm, Blende f20, 15 s, ISO 100.
- Dieses Bild habe ich genau wie das Fotorezept mit dem Wasserfall („Fließendes Wasser") in der Dämmerung aufgenommen. Dadurch brauchte ich keinen ND-Filter für eine längere Belichtung.

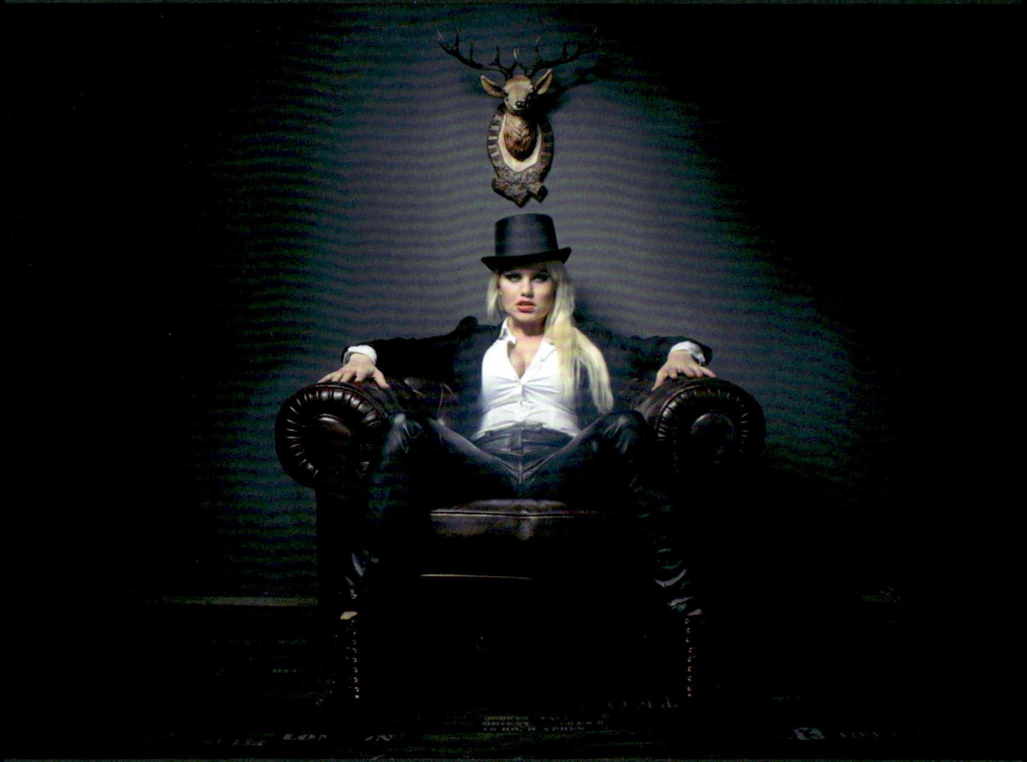

- Model-Studio-Shooting, gemacht mit Canon 600D, Canon 18–55 mm 3,5–5,6 Objektiv, Studioblitz und Beautydish.
- 18 mm, Blende f9, 1/60 s, ISO 100.
- Ein Beautydish ist ein Lichtformer für Blitze, der ein besonders cooles Licht macht. Er war bei diesem Bild direkt hinter der Kamera platziert. Model: Felina

**DAS VIDEO ZUM FOTO**

www.humboldt.de/url/2088

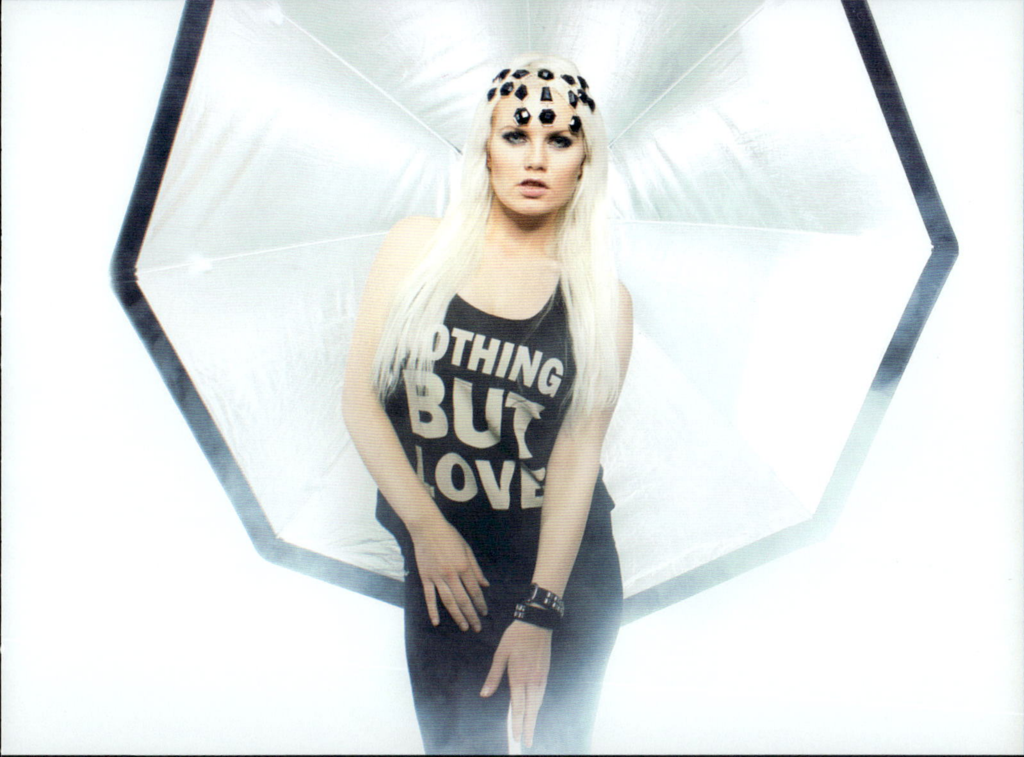

- Model-Shooting mit viele Blitzen, gemacht mit Canon 600D, Canon 18–55 mm 3,5–5,6 Objektiv, vier Blitzen und Nebelmaschine.
- 18 mm, Blende f9, 1/100 s, ISO 100.
- Bei diesem Bild waren viele Blitze im Einsatz, um das eigentlich kleine Studio verschwinden zu lassen. Eine Nebelmaschine macht das Bild zum einen heller, lässt aber auch den Hintergrund verblassen.

**DAS VIDEO ZUM FOTO**

www.humboldt.de/url/2089

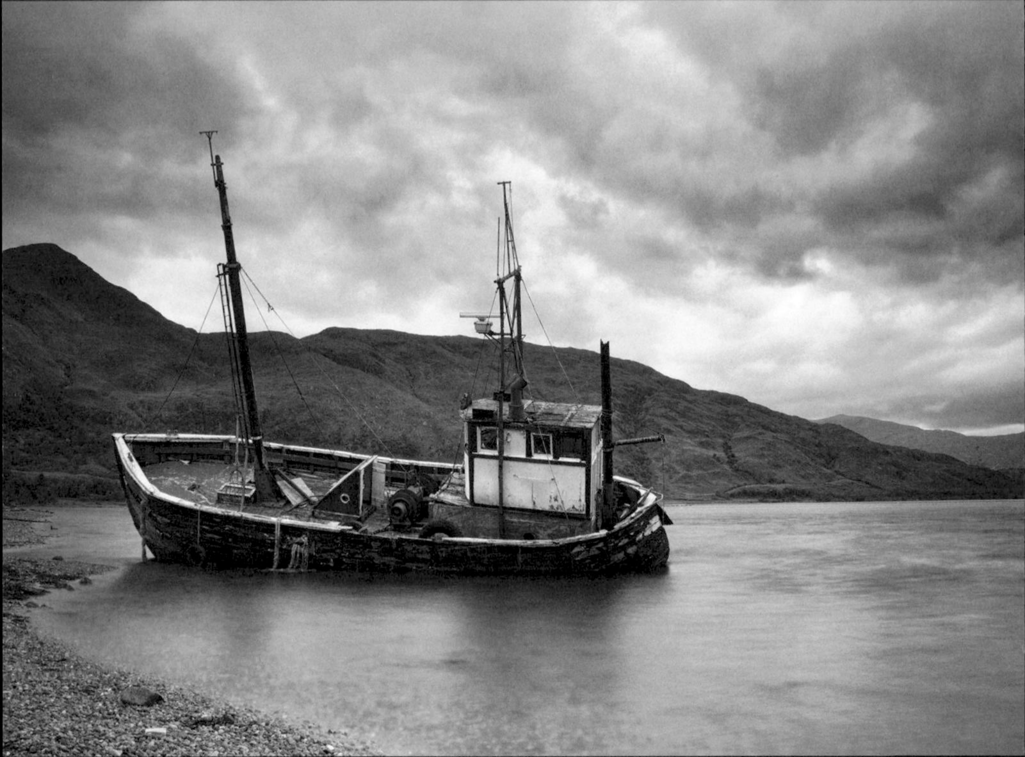

- Schiff in Schottland, gemacht mit Canon 600D, Canon 18–55 mm 3,5–5,6 Objektiv, variablem ND-Filter und Stativ.
- 18 mm, Blende f9, 8 s, ISO 100.
- Das Schiff habe ich zufällig in einem kleinen Ort in Schottland entdeckt und wusste: Das ist das perfekte Motiv – das stille Boot und der dramatische Himmel mit dem sich bewegenden Meer.

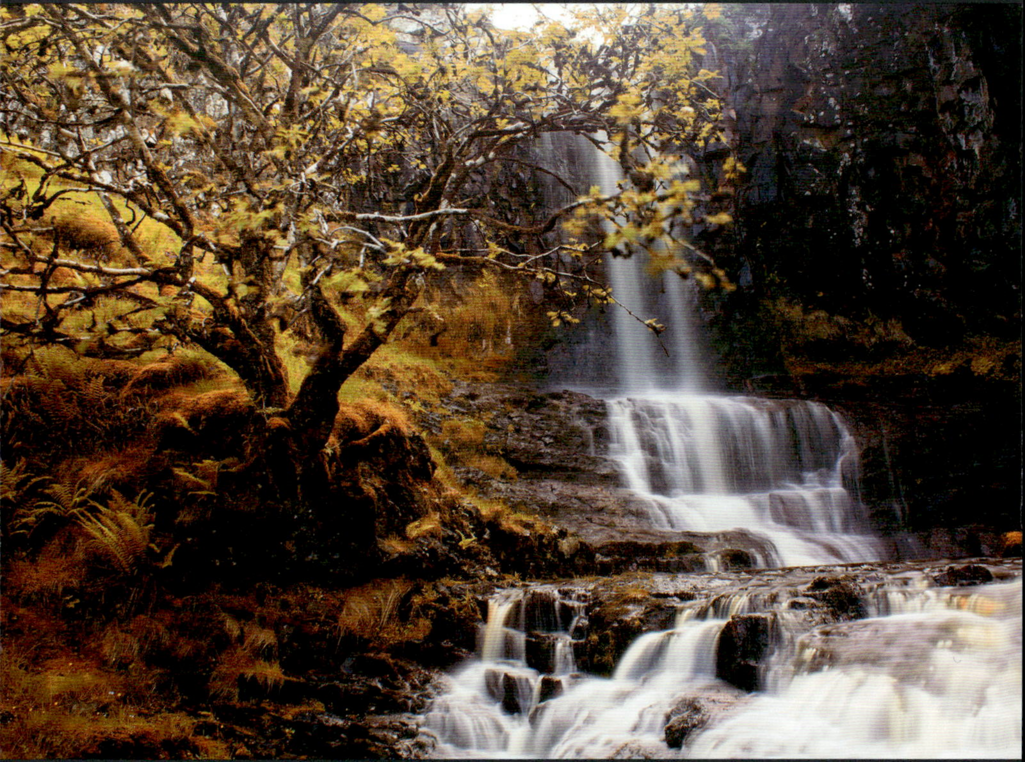

- Wasserfall in Schottland, gemacht mit Canon 600D, Canon 18–55 mm 3,5–5,6 Objektiv, variablem ND-Filter und Stativ.
- 18 mm, Blende f13, 4 s, ISO 100.
- Wie im Tipp beim Fotorezept mit dem Wasserfall („Fließendes Wasser") kannst du mit deinem ND-Filter auch am Tage das Wasser in Nebel verwandeln. Bei diesem Bild waren mir besonders die Farben wichtig, die ich im Nachhinein in Photoshop angepasst habe.

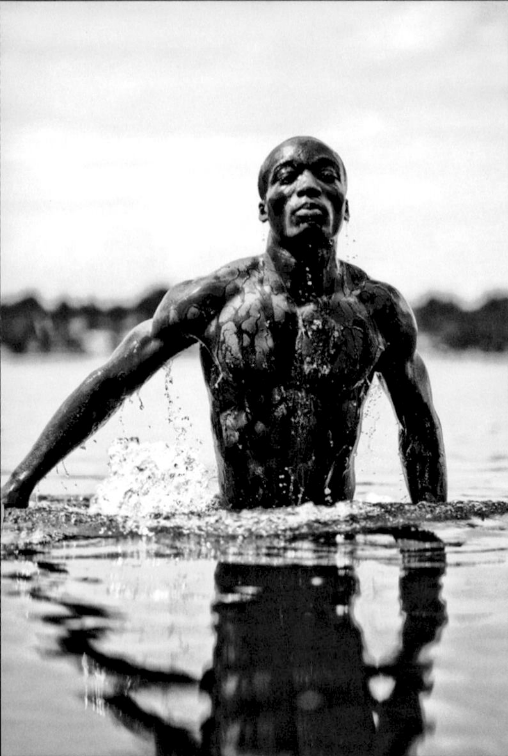

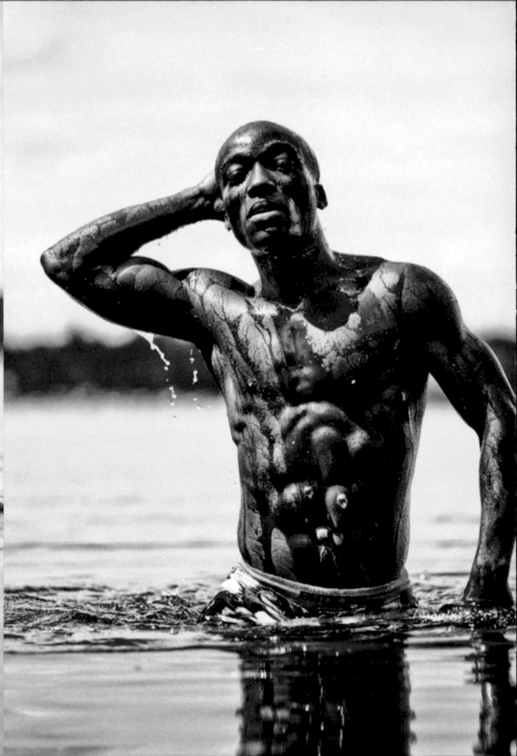

- Model im Sonnenlicht, gemacht mit Canon 5D und Canon 85 mm 1.8.
- Blende f2, 1/1600 s, ISO 100.
- Dieses Bild ist ähnlich wie das Fotorezept „Der spritzende Brunnen“: Die schnelle Verschlusszeit lässt die Wassertropfen erstarren und bildet sie scharf ab. Model: Patrice Kessé.

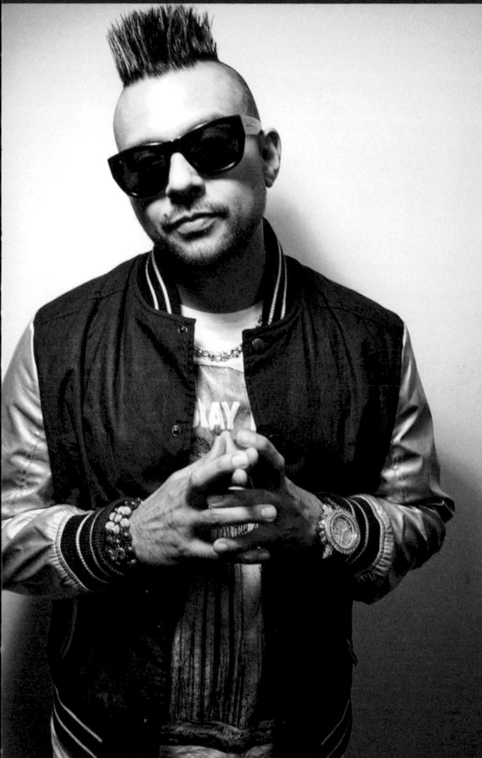
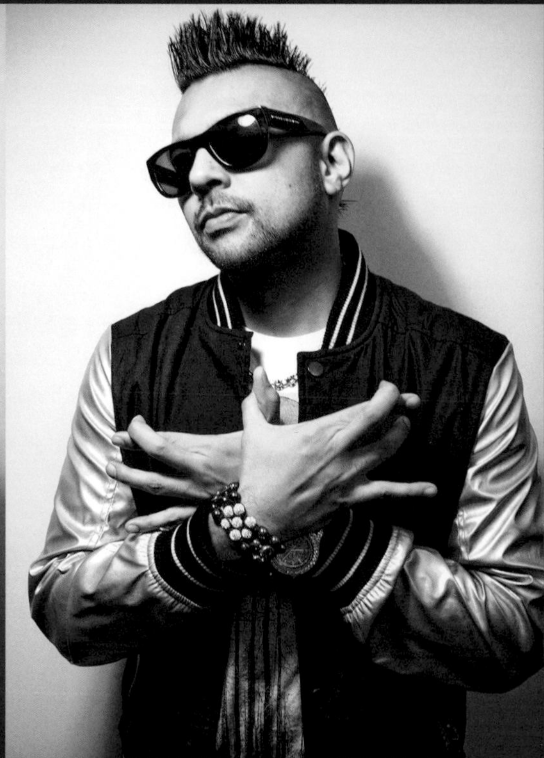

- Sean Paul, gemacht mit Canon 600D, Canon 18–55 mm 3,5–5,6 Objektiv und einer Tageslichtleuchte.
- 22 mm, Blende f3,5, 1/60 s, ISO 400.
- Diese Bilder von Musiker Sean Paul sind spontan auf kleinstem Raum entstanden. Da ich keinen Blitz und keine Kamera dabeihatte, musste ich die DSLR vom Kameramann nehmen und die Videoleuchte vom Interview. Hat funktioniert, und die Bilder sind cool geworden! Fotografieren bedeutet oft auch improvisieren.

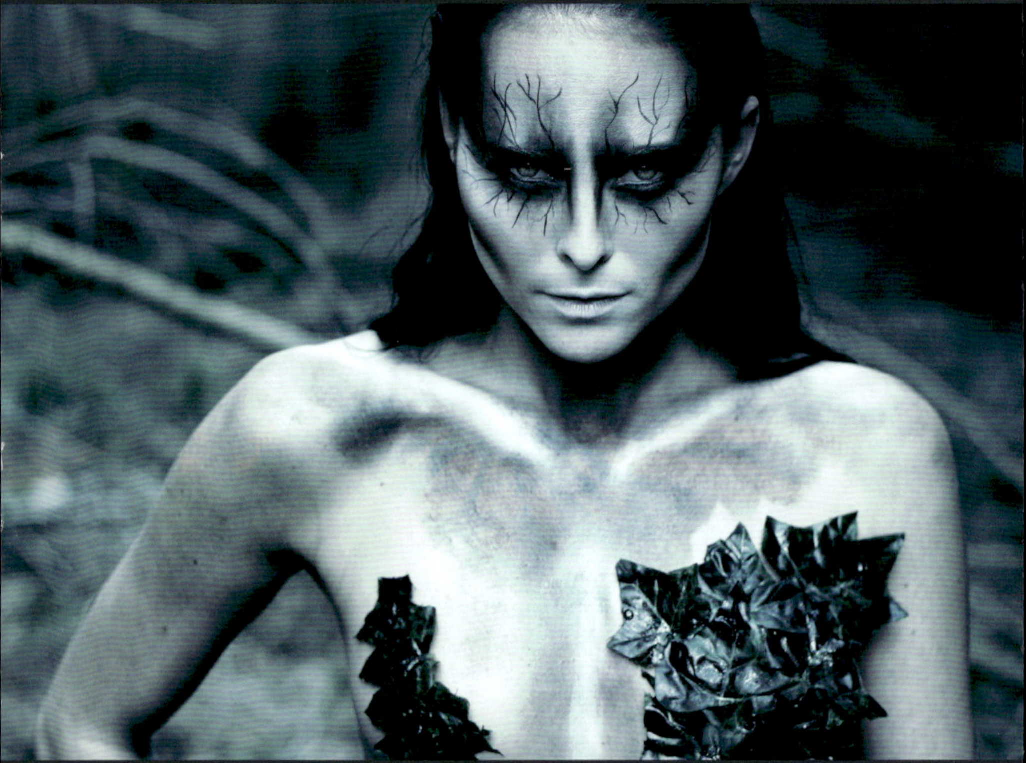

- Dunkles Fashionporträt, gemacht mit Canon 600D und Canon 50 mm 1.8.
- Blende f2.8, 1/160 s, ISO 100.
- Dieses Bild ist nach dem eigentlichen Shooting entstanden und hat mir vom Look her sehr gut gefallen. Ich wechsle manchmal nach getaner Arbeit noch mal kurz auf eine Festbrennweite, und dabei entstehen oft tolle Bilder. Model: Mel Odie, Make-up: Susann Grassow.

**DAS VIDEO ZUM FOTO**

www.humboldt.de/url/20810

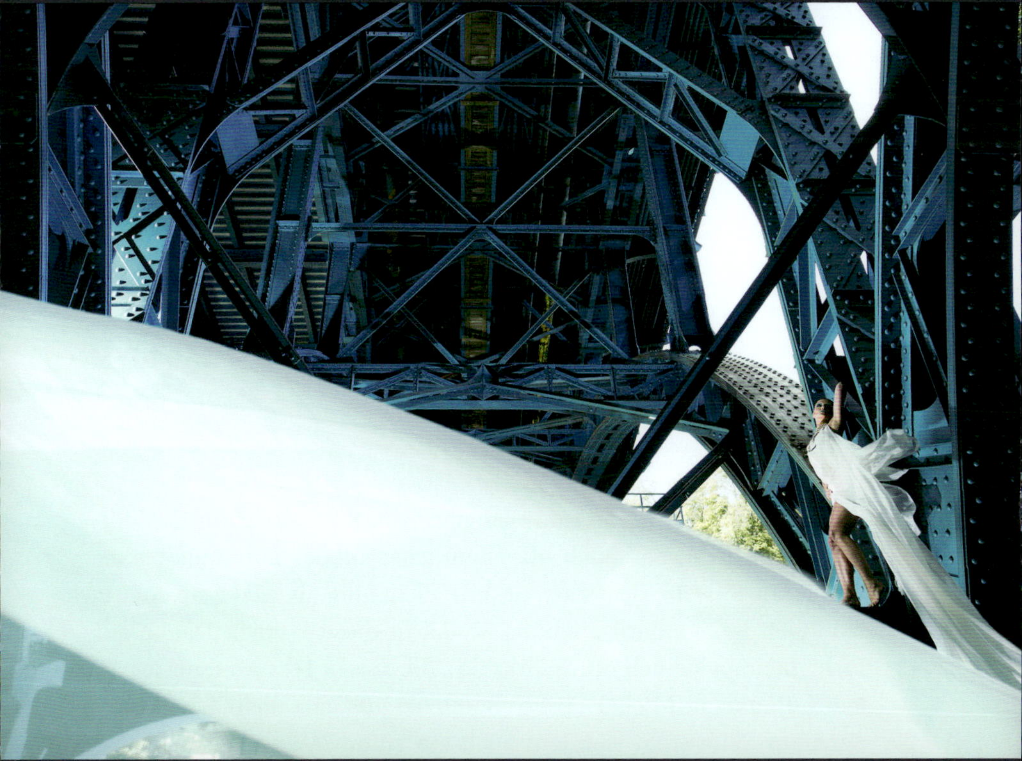

- Langes Kleid, gemacht mit Canon 5D Mark III,, Canon 24–105 4.0 L und fünf Blitzen.
- 24 mm, Blende f6.3, 1/80 s, ISO 100.
- Bei diesem Bild haben wir mit einem langen Kleid unter einer Brücke fotografiert. Schwierig war dabei, das Licht zu balancieren, da außerhalb der Brücke strahlender Sonnenschein war und unter der Brücke tiefster Schatten. Ein Blitz leuchtet das Model aus und vier Blitze hellen die Brücke und das Kleid auf. Manchmal braucht man einfach ein wenig mehr Licht. Model: Mel Odie, Make-up: Susann Grassow.

# DANKE

*Ich möchte an dieser Stelle jedem danken, der dieses Buch gekauft hat und mich unterstützt. Sei es auf YouTube, Facebook, Twitter, Instagram oder im echten Leben.*

Danke an meinen Freund und langjährigen Kollegen „Dan“iel Zoll, der mich in diesem Buch als männliches Model unterstützt hat. Danke an Susann Grassow, die mir nicht nur als Make-up-Artist behilflich ist, sondern auch als Model in diesem Buch. Danke an Fiebi, meinen kleinen Mini-Yorkshire, die diesen Text wohl nie lesen kann. Danke an Michal „Mike“ Suminski, der mir nicht nur filmerisch zur Seite steht, sondern auch ein guter Freund ist und viele Making-of-Bilder in diesem Buch gemacht hat. Danke an meine Werbepartner, die mich supporten. Danke an Mark vom humboldt Verlag, der mich auf die Idee brachte, ein Buch zu schreiben. Danke an alle, die sonst an diesem Buch mitgearbeitet haben, mich inspiriert haben und mich auch weiterhin inspirieren.

Ben

# Register

**Bibliografische Information der Deutschen Nationalbibliothek**
Die Deutsche Nationalbibliothek verzeichnet diese Publikation in der Deutschen Nationalbibliografie; detaillierte bibliografische Daten sind im Internet über http://dnb.ddb.de abrufbar.

**ISBN 978-3-86910-208-5** (Print)
**ISBN 978-3-86910-256-6** (PDF)
**ISBN 978-3-86910-255-9** (EPUB)

Der Autor: Benjamin Jaworskyj gilt als „Jamie Oliver der Fotografie". Er betreibt mit „jaworskyjpictures" den größten deutschsprachigen Fotografie-Youtube-Kanal; seine Video-Workshops erreichen mehr als 400 000 Besucher pro Monat. 2013 wurde Benjamin Jaworskyj dafür mit dem Deutschen Webvideopreis ausgezeichnet. Fotobegeisterte aus ganz Deutschland schätzen ihn, weil er vermeintlich kompliziertes Fotografenwissen verständlich auf den Punkt bringt.

2. Auflage


Eine Marke der Schlüterschen Verlagsgesellschaft mbh & Co. KG,
Hans-Böckler-Allee 7, 30173 Hannover
www.schluetersche.de
www.humboldt.de



**Lektorat:** Dateiwerk GmbH, Nathalie Röseler, Pliening
**Layout:** Sehfeld, Hamburg
**Covergestaltung:** Kerker + Baum Büro für Gestaltung, Hannover
**Coverfoto:** Michal Suminski
**Satz:** PER Medien+Marketing GmbH, Braunschweig
**Druck und Bindung:** gutenberg beuys feindruckerei GmbH, Langenhagen